NOMOSANWALT

Dirk Hinne
Rechtsanwalt, Fachanwalt für Versicherungsrecht,
Fachanwalt für Sozialrecht und Fachanwalt für Medizinrecht

Anwaltsvergütung im Sozialrecht

Erläuterungen und Gestaltungsvorschläge
für die Abrechnungspraxis

3. Auflage

Deutscher Anwaltverein
Arbeitsgemeinschaft
Sozialrecht

Zitiervorschlag: Hinne Anwaltsvergütung im Sozialrecht § ... Rn. ...

Die Deutsche Nationalbibliothek verzeichnet diese Publikation in
der Deutschen Nationalbibliografie; detaillierte bibliografische
Daten sind im Internet über http://dnb.d-nb.de abrufbar.

ISBN 978-3-8487-6092-3

3. Auflage 2021
© Nomos Verlagsgesellschaft, Baden-Baden 2021. Gesamtverantwortung für Druck
und Herstellung bei der Nomos Verlagsgesellschaft mbH & Co. KG. Alle Rechte, auch die
des Nachdrucks von Auszügen, der fotomechanischen Wiedergabe und der Übersetzung,
vorbehalten.

Vorwort zur dritten Auflage

In den ersten beiden Auflagen habe ich das Zurückbleiben der anwaltlichen Vergütung im Sozialrecht hinter der allgemeinen anwaltlichen Vergütung kritisiert. Mit dem Vorhaben eines 3. KostRMoG verbanden sich große Erwartungen an die Anpassung der Vergütung im Sozialrecht an das Notwendige. Neben einer Anhebung der Gebühren auf das Niveau der Gebühren in Zivilrechtssachen haben BRAK und DAV gemeinsam die Einführung einer Pauschgebühr, wie es sie im Strafrecht bereits gibt, für die Fälle gefordert, deren hoher Bearbeitungsaufwand in einem besonders starken Missverhältnis zur gesetzlichen Gebühr steht.

Zu einem 3. KostRMoG mit strukturellen Änderungen des RVG ist es nicht gekommen. Das jetzt in Kraft getretene Kostenrechtsänderungsgesetz beschränkt sich im Wesentlichen auf die Anhebung der Gebühren im Allgemeinen um 10 % und im Sozialrecht um 20 %. Da seit der letzten Anpassung die Kosten der Anwaltskanzleien mit dem Lohnniveau um rund 19 % gestiegen sind, bleibt die Entwicklung der Vergütung im Sozialrecht weiterhin nicht zufriedenstellend. Der zeitweilige Rückgang der Zahlen der Fachanwälte im Sozialrecht ist ein warnendes Signal für die Gewährleistung des Zugangs zu diesem Rechtsbereich, in dem häufig die Existenz der rechtssuchenden Bevölkerung auf dem Spiel steht.

Dirk Hinne

Dortmund, im März 2021

Vorwort zur zweiten Auflage

Mit dem Erscheinen der ersten Auflage vor vier Jahren hielt ich das Thema für erschöpft – zu Unrecht. Die Zahl der Rückmeldungen, Fragen und Mitteilungen hat mich überrascht. Sie kamen sowohl aus der Anwaltschaft als auch von Urkundsbeamten und Richtern. Schon deshalb war eine Aktualisierung und Ergänzung sinnvoll.

Die Klage, dass das RVG entgegen dem Ziel des Gesetzgebers eher eine Verschlechterung der Vergütung für Sozialrechts-Anwälte gebracht hatte, blieb nicht ungehört. Mit dem Zweiten Kostenrechtsmodernisierungsgesetz (2. KostRMoG) hat der Gesetzgeber gerade im Sozialrecht Anstrengungen unternommen, um eine Anpassung an die Entwicklung der Vergütung insgesamt nachzuholen. Viele Änderungen sind richtig und gut; andere werden das Ziel des Gesetzgebers in Teilen zunichte machen.

Zudem wird die Gewährung von Prozesskosten- und Beratungshilfe weiter beschnitten. Auch die in Kombination mit dem 2. KostRMoG beschlossenen Beschränkungen dieser auf dem Sozialstaats- und dem Gleichheitsgrundsatz sowie dem Rechtsgewährungsanspruch beruhenden Regelungen wurden in die 2. Auflage mit eingearbeitet.

Durch die zunehmende fachliche Spezialisierung gibt es kaum noch eine Quersubventionierung von nicht Kosten deckenden Gebühren im Sozialrecht. Daher wird die Entwicklung der Vergütung im Sozialrecht weiterhin unter Beobachtung stehen müssen.

Dirk Hinne
Dortmund, im Juni 2013

Vorwort zur ersten Auflage

Als ich Ende 2006 gefragt wurde, ob ich eine Fortbildung zu den Gebühren im Sozialrecht durchführen würde, hatte ich zunächst Zweifel, ob ich zu diesem Thema einen Abend füllenden Vortrag halten könnte. Es wurde schließlich ein Vortrag über fünf Zeitstunden. Bei der Vorbereitung musste ich feststellen, dass es kaum Veröffentlichungen über sozialrechtliche Gebühren gibt und dass auch die Kommentare kaum Stoff bieten. Das deckte sich mit meinen Erfahrungen in Kostenfestsetzungsverfahren, in denen ich immer wieder feststellte, dass die Kostenbeamten mir Entscheidungen ortsferner Sozialgerichte vorhalten konnten, während ich mit meiner Suche nach Entscheidungen zur Verifizierung oder Widerlegung auf der Strecke blieb. Als ich dann gebeten wurde, vor der Konferenz der Gebührenreferenten der Rechtsanwaltskammern die wirtschaftliche Entwicklung der Vergütung im Sozialrecht vorzutragen und dabei herausfand, dass es faktisch seit Jahrzehnten keine Verbesserung, sondern eher eine Verschlechterung gegeben hat, entstand der Entschluss, dieses Buch zu schreiben.

Dieses Buch richtet sich an alle, die mit Vergütung im Sozialrecht zu tun haben. Es ist als Arbeitsbuch gedacht und nicht als wissenschaftliche Abhandlung. Deshalb wiederholen sich manche Hinweise und Zitierungen, um Verweisungen und unnötiges Suchen zu ersparen und die Verständlichkeit zu fördern.

Das größte Problem bei der Erstellung des Buches war es, Entscheidungen zu finden. Ich bitte Sie, meine geneigten Leser, deshalb, mir jede Entscheidung zukommen zu lassen, die Sie für interessant halten.

Ich danke meiner Frau für ihr Verständnis wegen der für dieses Buch verwendeten Wochenenden und Ferientage und meinen Sozien für ihr Verständnis für manchen wirtschaftlich kaum zu rechtfertigenden Gebührenstreit.

Dirk Hinne

Dortmund, im November 2009

Inhaltsverzeichnis

§ 1 Einführung

Die gesetzlichen Vergütungen des Rechtsanwalts im Sozialrecht sind traditionell so 1
bemessen, dass sie auch weniger Begüterten den Zugang zum Recht ermöglichen sollen. Die Vergütung wurde zunächst durch das Kostenrechtsmodernisierungsgesetz
2004 teilweise neu geregelt, nachdem die Gebührenstruktur seit nahezu 50 Jahren
unverändert geblieben war. Dabei sollte nach der Zielrichtung des Gesetzgebers zum
einen dem berechtigten Anspruch der Anwaltschaft auf einen Anschluss an die Entwicklung der Lebenshaltungskosten Rechnung getragen werden,[1] zum anderen sollten strukturelle Änderungen aus fiskalischer Sicht zu einer besseren Vergütung bei
Entlastung der Gerichte[2] und aus Anwaltssicht zu einer mehr **am Aufwand orientier-
ten Bemessung der Vergütung**[3] führen. Dieses Ziel hatte der Gesetzgeber des RVG
2004 nicht erreicht. Mit dem Zweiten Kostenrechtsmodernisierungsgesetz 2013 sollten konstruktive Fehler beseitigt werden und strukturelle Verbesserungen eingeführt
werden. Durch eine angemessene Anhebung der Gebührenrahmen sollte die Vergütung im Sozialrecht das Niveau der Entwicklung der Gebühren insgesamt erreichen,
wobei die 2004 unterbliebene Anpassung der Gebühren nachgeholt wurde. Dennoch
blieb der Wertunterschied zwischen der durchschnittlichen Vergütung in allgemeinen
Sachen und sozialrechtlichen Angelegenheiten bestehen. Mit dem Kostenrechtsänderungsgesetz 2021 hat der Gesetzgeber die sozialrechtlichen Gebühren um 20 % angehoben, während die allgemeinen Gebühren nur um 10 % angehoben wurden. Damit
soll jetzt die Unterbewertung der sozialrechtlichen Gebühren ausgeglichen werden.

I. Vergleich BRAGO/RVG 2004/RVG 2013/RVG 2021

Die Anpassung der anwaltlichen Vergütung an die Entwicklung der Lebenshaltungs- 2
kosten und die Anpassung besonders der sozialrechtlichen Vergütung an den Tätig-
keitsaufwand erschienen 2004 durch das RVG gelungen zu sein. Grund dazu gaben
zunächst die Schaffung eines zweiten vorgerichtlichen Verfahrensabschnittes (§ 17
Ziff. 1 RVG) und die Abwendung von der Gesamtpauschalierung durch Schaffung
einer zusätzlichen Terminsgebühr in gerichtlichen Verfahren.

Tatsächlich wurde nach dem RVG 2004 der Anhebungseffekt faktisch durch die 3
Minderung der Gebühren für das zweite vorgerichtliche Verfahren (Nr. 2501 VV-
RVG 2004/Nr. 2401 VV-RVG 2006) und für das gerichtliche Verfahren bei Vorbefassung (Nr. 3103 VV-RVG) sowie durch die mit dem RVG eingeführten Kappungsgrenzen (Anmerkung zu Nr. 2400 und zu Nr. 2401 VV-RVG) teilweise aufgezehrt. Das
zeigt ein Vergleich der Netto-Gesamtgebühren für das vorgerichtliche und das erstinstanzliche Verfahren nach BRAGO und RVG.

Mit dem RVG 2013 will der Gesetzgeber die 2004 unterbliebene Anpassung der
Gebühren an die allgemeine Kostenentwicklung nachholen.[4] Zudem wird das System

---

1 BT-Drs. 15/1971, 139 f., 144.
2 BT-Drs. 15/1971, 140.
3 BT-Drs. 15/1971, 146 f.
4 BT-Drs. 17/11471, 146 f.

der Gebührenminderung durch das **Anrechnung**ssystem abgelöst. Das führt nicht nur zu einer systematischen Angleichung an die wertbezogenen Gebühren; es wird auch durch die Kappung des Anrechnungsbetrages eine Verbesserung der Vergütungssumme erreicht.

Mit dem RVG 2021 bleibt die Gebührenstruktur so, wie sie durch das RVG 2013 geregelt worden ist. Es ändern sich lediglich die Betragsrahmengebühren.

	Minimum	Mitte	Maximum
BRAGO:			
1. Geschäftsgebühr analog § 116 Abs. 1	50 EUR	355 EUR	660 EUR
2. Verfahrensgebühr § 116 Abs. 1	50 EUR	355 EUR	660 EUR
Gesamt	**100 EUR**	**710 EUR**	**1.320 EUR**
RVG 2004:			
1. Geschäftsgebühr initiales Verfahren	40 EUR	240 EUR	520 EUR
2. Geschäftsgebühr Folgeverfahren	40 EUR	120 EUR	260 EUR
3. Verfahrensgebühr Nr. 3103 VV-RVG	20 EUR	170 EUR	320 EUR
4. Terminsgebühr Nr. 3106 VV-RVG	20 EUR	200 EUR	380 EUR
Gesamt	**120 EUR**	**730 EUR**	**1.480 EUR**
RVG 2013:			
1. Geschäftsgebühr initiales Verfahren	50 EUR	300 EUR	640 EUR
2. Geschäftsgebühr Folgeverfahren	25 EUR	150 EUR	465 EUR
3. Verfahrensgebühr Nr. 3102 VV-RVG	37,50 EUR	200 EUR	375 EUR
4. Terminsgebühr Nr. 3106 VV-RVG	50 EUR	305 EUR	510 EUR
Gesamt	**162,50 EUR**	**955 EUR**	**1.990 EUR**
RVG 2021:			
1. Geschäftsgebühr initiales Verfahren	60 EUR	359 EUR	768 EUR
2. Geschäftsgebühr Folgeverfahren	30 EUR	179,50 EUR	561 EUR
3. Verfahrensgebühr Nr. 3102 VV-RVG	45 EUR	270,25 EUR	453 EUR
4. Terminsgebühr Nr. 3106 VV-RVG	60 EUR	335 EUR	610 EUR
Gesamt	**195 EUR**	**1.143,75 EUR**	**2.392 EUR**

4 Diese Aufstellung zeigt, dass im Regelfall durch das RVG 2004 nach zehnjähriger Gebührenstabilität lediglich eine **Anhebung um knapp 3 %** eingetreten war. Das RVG 2013 scheint nach fast 20 Jahren endlich eine erhebliche lineare Anhebung vorzusehen. Immerhin sieht die Anhebung der einzelnen Gebühr zahlenmäßig nach einer Anhebung um 30 bis 40 % aus. In der Summe der insgesamt vorgerichtlich und in erster Instanz zu erbringenden Leistungen liegt die Erhöhung im Bereich von ca. 25 % verglichen mit dem RVG 2004 und bei rund 30 % im Vergleich zur BRAGO 1997. Mit der Anhebung der Gebühren 2021 wird lediglich der Kostenanstieg seit dem RVG 2013 ausgeglichen.

5 Diese Berechnung setzt jedoch voraus, dass der Auftrag für eine Vertretung in zwei vorgerichtlichen Angelegenheiten (initiales und folgendes Verwaltungsverfahren) erteilt wurde. Im Normalfall erfolgt im Sozialrecht jedoch die **Beauftragung erst im Widerspruchsverfahren.** Dann sieht die Berechnung so aus:

	Minimum	Mitte	Maximum
BRAGO:			
1. Geschäftsgebühr analog § 116 Abs. 1	50 EUR	355 EUR	660 EUR
2. Verfahrensgebühr § 116 Abs. 1	50 EUR	355 EUR	660 EUR

Gesamt	100 EUR	710 EUR	1.320 EUR
RVG 2004:			
1.Geschäftsgebühr Widerspruchsverf.	40 EUR	240 EUR	520 EUR
2.Verfahrensgebühr Nr. 3103 VV-RVG	20 EUR	170 EUR	320 EUR
3.Terminsgebühr Nr. 3106 VV-RVG	20 EUR	200 EUR	380 EUR
Gesamt	80 EUR	610 EUR	1.220 EUR
RVG 2013:			
1.Geschäftsgebühr Widerspruchsverf.	50 EUR	300 EUR	640 EUR
2.Verfahrensgebühr Nr. 3102 VV-RVG	25 EUR	150 EUR	375 EUR
3.Terminsgebühr Nr. 3106 VV-RVG	50 EUR	305 EUR	510 EUR
Gesamt	125 EUR	755 EUR	1.525 EUR
RVG 2021:			
1.Geschäftsgebühr Widerspruchsverf.	60 EUR	359 EUR	768 EUR
2.Verfahrensgebühr Nr. 3102 VV-RVG	30 EUR	180,50 EUR	453 EUR
3.Terminsgebühr Nr. 3106 VV-RVG	60 EUR	335 EUR	610 EUR
Gesamt	150 EUR	874,50 EUR	1.831,00 EUR

In diesem Normalfall lag nach dem RVG 2004 gegenüber der BRAGO sogar eine effektive **Gebührenverminderung** um 14 % vor. Nach fast 20 Jahren sieht das RVG 2013 unter Berücksichtigung der Kappungsgrenzen und der Anrechnungsvorschriften eine allenfalls moderat zu nennende Gebührenanpassung vor, die bei durchschnittlichen Gebühren keine 10 % erreicht. Noch nicht zahlenmäßig zu bewerten sind die Auswirkungen einer weiteren strukturellen Vereinheitlichung: Die fiktive Terminsgebühr soll in den Fällen, in denen durch Gerichtsbescheid entschieden wird, entfallen, wenn der Rechtsanwalt nicht die mündliche Verhandlung erzwingen kann. Das entspricht zwar den Regeln bei den Wertgebühren im Verwaltungsrecht. Allerdings bleibt dabei die Geschichte der Gebühren im Sozialrecht unberücksichtigt. Diese sahen nach der BRAGO keinen Unterschied dahin gehend vor, ob eine mündliche Verhandlung stattfand oder nicht. Mit dem Wegfall der Terminsgebühr in Verfahren mit Entscheidung durch Gerichtsbescheid wird deshalb nachträglich in das Gebührengefüge im Sozialrecht eingeschnitten. Da es regional sehr unterschiedlich ist, ob Gerichte das Verfahren mit Gerichtsentscheid nutzen oder nicht, wird es zu einer sehr unterschiedlichen Benachteiligung von Sozialrechtsanwälten kommen.   6

Lediglich dann, wenn bei der Berechnung der vorgerichtlichen Gebühren nach der BRAGO mit einem Teil der Rechtsprechung ein Abschlag von einem Drittel auf den Gebührenrahmen vorgenommen wurde (was im Gesetz keine Stütze fand und im Hinblick auf die damit verbundene Einschränkung der Berufsausübung deshalb verfassungswidrig war), kann davon die Rede sein, dass die sozialrechtliche Vergütung gegenüber der BRAGO ihr Niveau gehalten habe. Leider gilt das trotz der nominell ganz erheblichen **Gebührenanpassung** für die einzelne Gebühr auch für das RVG 2013.   7

Die Praxiskosten der Rechtsanwälte sind seit der Schaffung des RVG erheblich gestiegen. Davon, dass das Vergütungsniveau für Rechtsanwälte im Sozialrecht gehalten worden wäre, ist die Anwaltschaft immer noch weit entfernt.   8

II. Vergleich Abrechnung nach § 2 RVG/§ 3 RVG

9 Das zeigt auch ein Vergleich der Vergütungen in den Angelegenheiten nach § 183 SGG und nach § 197 a SGG. Wird dieselbe Tätigkeit des Rechtsanwaltes in einer gleichen Angelegenheit nach **Wertgebühren** oder nach **Betragsrahmengebühren** berechnet, ergeben sich **erhebliche Unterschiede**. Das ist signifikant, wenn der Rechtsanwalt in einem Statusrechtsstreit hinsichtlich der Rückforderung von Beiträgen sowohl den Versicherten als auch den Arbeitgeber in getrennten Verfahren oder in subjektiver Klagehäufung in der Aktivposition (nicht als nur Beigeladenen) vertritt. Die Tätigkeit ist gegenüber dem Versicherten mit Betragsrahmengebühren und gegenüber dem Arbeitgeber mit Wertgebühren abzurechnen. Die Abrechnungen ergeben markante Unterschiede.

1. Gebührenvergleich abstrakt

10 Bei dem nachstehenden Vergleich wird bezüglich der Wertgebühren als Gegenstands- bzw. Streitwert lediglich gemäß § 23 Abs. 3 S. 2 Hs. 2 RVG 2004 der Regelwert von 4.000 EUR und nach dem RVG 2013 der Regelwert von 5.000 EUR angenommen, obwohl der Durchschnittsstreitwert eher bei etwa 8.000 EUR angesiedelt sein dürfte.[5]

a) Beratungsgebühren

11 Die Wertgebühr Nr. 2100 VV-RVG konnte noch bei bis zum 30.6.2006 erteilten Beratungsaufträgen abgerechnet werden. Sie ergab bei einem Rahmen von 24,50 EUR bis 245 EUR eine Mittelgebühr von 134,75 EUR.

12 Die Betragsrahmengebühr Nr. 2101 VV-RVG konnte ebenfalls noch bei bis zum 30.6.2006 erteilten Aufträgen abgerechnet werden. Sie ergab bei einem Rahmen von 10 EUR bis 260 EUR eine Mittelgebühr von 135 EUR.

13 Die Beratungsvergütung ist seit dem 1.7.2006 vollständig freigegeben. Das bedeutet, dass gesetzliche Vergütungstatbestände weder bei einer Abrechnung nach § 2 RVG noch bei einer Abrechnung nach § 3 RVG angewendet werden können. Vielmehr hat der Rechtsanwalt gemäß § 34 RVG entweder eine **Gebührenvereinbarung** mit dem Mandanten zu treffen oder er muss seine Vergütung nach den Vorschriften des bürgerlichen Rechts berechnen. Man wird davon ausgehen können, dass die Gebühren in der Mehrzahl der Fälle etwa in derselben Höhe wie bei der bisherigen Beratungsgebühr in Rechnung gestellt werden.

14 Der Vergleich ergibt abstrakt für die Beratung eine etwa gleiche Vergütungshöhe. In der weit überwiegenden Mehrzahl der Fälle wird die Beratungsgebühr gemäß § 34 Abs. 2 RVG in voller Höhe auf die folgenden Kosten der Rechtsvertretung angerechnet, so dass praktisch der Vergleich der Beratungsvergütungen nicht aussagekräftig ist.

---

5 Teubel in: Mayer/Kroiß, RVG, Rn. 15 zu Nr. 2400 VV; Statistisches Bundesamt, Fachserie 10, Reihe 2.1, 2002.

b) Geschäftsgebühr initiales Verwaltungsverfahren

Bei Abrechnung der Wertgebühr für den Regel-Gegenstandswert von 4.000 EUR sah 15
Nr. 2300 VV-RVG 2004 folgende Vergütungshöhe vor:

Rahmen:	122,50 EUR bis 612,50 EUR
Mittelgebühr (1,5):	367,50 EUR
Kappungsgrenze (1,3):	318,50 EUR

Bei der Abrechnung der Betragsrahmengebühr ergab sich nach Nr. 2400 VV-RVG 16
2004 folgende Vergütungshöhe:

Rahmen:	40 EUR bis 520 EUR
Mittelgebühr:	280 EUR
Kappungsgrenze:	240 EUR

Bei Abrechnung der Wertgebühr zum Gegenstandswert von jetzt 5.000 EUR sieht 17
Nr. 2300 VV-RVG 2013 folgende Vergütungshöhe vor:

Rahmen:	149 EUR bis 745 EUR
Mittelgebühr (1,5):	447 EUR
Kappungsgrenze (1,3):	387,40 EUR

Bei der Abrechnung der Betragsrahmengebühr ergibt sich nach Nr. 2302 VV-RVG
2013 folgende Vergütungshöhe:

Rahmen:	50 EUR bis 640 EUR
Mittelgebühr:	345 EUR
Kappungsgrenze:	300 EUR

Bei Abrechnung der Wertgebühr zum Gegenstandswert von 5.000 EUR sieht
Nr. 2300 VV-RVG 2021 folgende Vergütungshöhe vor:

Rahmen:	167 EUR bis 835 EUR
Mittelgebühr (1,5):	501 EUR
Kappungsgrenze (1,3):	434,20 EUR

Bei der Abrechnung der Betragsrahmengebühr ergibt sich nach Nr. 2302 VV-RVG
2021 folgende Vergütungshöhe:

Rahmen:	60 EUR bis 768 EUR
Mittelgebühr:	414 EUR
Kappungsgrenze:	359 EUR

18 Der Regelfall soll nach den Vorgaben des Gesetzgebers des RVG in Höhe der Kappungsgrenze abzurechnen sein.[6] Der Vergleich zeigt, dass die Geschäftsgebühr in diesem Regelfall bei der Berechnung nach Betragsrahmengebühren nach dem RVG 2004 fast genau 25 % unter der nach Wertgebühren abgerechneten liegt. Nach dem RVG 2013 hat sich hieran nichts Wesentliches geändert. Durch das RVG 2021 hat sich das Verhältnis zwar gebessert, jedoch bleiben die gesetzlichen Gebühren im Sozialrecht weiterhin um knapp 18 % hinter den allgemeinen Gebühren bei Ansatz des Regelgegenstandswertes zurück.

c) Geschäftsgebühr folgendes Verwaltungsverfahren

19 Bei Abrechnung nach Wertgebühren ergab sich nach Nr. 2301 VV-RVG 2004 unter Ansatz des Regel-Gegenstandswertes von 4.000 EUR folgende Gebührenhöhe für das folgende Verwaltungsverfahren:

Rahmen:	122,50 EUR bis 318,50 EUR
Mittelgebühr (0,9):	220,50 EUR
Kappungsgrenze (0,7):	171,50 EUR

20 Bei Abrechnung der Betragsrahmengebühr Nr. 2401 VV-RVG 2004 war folgende Gebührenhöhe vorgesehen:

Rahmen:	40 EUR bis 260 EUR
Mittelgebühr:	150 EUR
Schwellengebühr:	120 EUR

21 Bei Abrechnung nach Wertgebühren ergibt sich nach Nr. 2300 VV-RVG 2013 bei Ansatz des Regel-Gegenstandswertes von jetzt 5.000 EUR und unter Annahme, dass im initialen Verwaltungsverfahren jeweils derselbe Faktor der Wertgebühr abzurechnen ist, wie im folgenden Verwaltungsverfahren folgende Gebührenhöhe für das folgende Verwaltungsverfahren:

Rahmen:	75,75 EUR bis 530,25 EUR
Mittelgebühr (1,5):	227,25 EUR

22 Bei Abrechnung der Betragsrahmengebühr Nr. 2302 VV-RVG 2013 ist folgende Gebührenhöhe vorgesehen:

Rahmen:	25 EUR bis 465 EUR
Mittelgebühr:	172,50 EUR

23 Bei Abrechnung nach Wertgebühren ergibt sich nach Nr. 2300 VV-RVG 2021 bei Ansatz des Regel-Gegenstandswertes von 5.000 EUR und unter Annahme, dass im initialen Verwaltungsverfahren jeweils derselbe Faktor der Wertgebühr abzurechnen

---

6 BT-Drs. 15/1971, 207.

ist, wie im folgenden Verwaltungsverfahren, folgende Gebührenhöhe für das folgende Verwaltungsverfahren:

Rahmen:	83,50 EUR bis 584,50 EUR
Mittelgebühr (1,5):	250,50 EUR

Bei Abrechnung der Betragsrahmengebühr Nr. 2302 VV-RVG 2021 ist folgende Ge-   24
bührenhöhe vorgesehen:

Rahmen:	30 EUR bis 562 EUR
Mittelgebühr:	179,50 EUR

Der Vergleich zeigt, dass die Abrechnung nach Betragsrahmengebühren im folgenden   25
Verwaltungsverfahren sogar um mehr als 30 % unter der nach Wertgebühren abgerechneten Geschäftsgebühr geblieben ist. Die bereits zum RVG 2004 kritisierte Ungleichbehandlung der Regelgebühren bei Abrechnung nach § 2 und nach § 3 RVG ist
durch das RVG 2013 nicht korrigiert worden; im Gegenteil: Der Unterschied hat sich
eher vergrößert. Auch nach dem RVG 2021 liegt die gekappte Mittelgebühr für das
Widerspruchsverfahren im Sozialrecht bei Vorbefassung um fast 30 % unter derjenigen bei Abrechnung nach Wertgebühren.

d) Verfahrensgebühr 1. Instanz

Die Wertgebühr ohne Vorbefassung belief sich im RVG 2004 mit einem Regel-Gegen-   26
standswert von 4.000 EUR nach Nr. 3100 VV-RVG auf 318,50 EUR und bei unterstellter Vorbefassung in initialem und folgendem Verwaltungsverfahren unter Berücksichtigung der Anrechnung auf 232,75 EUR. Es handelt sich jeweils um Festgebühren.

Die Betragsrahmengebühr berechnete sich im RVG 2004 ohne Vorbefassung gemäß   27
Nr. 3102 VV-RVG bei einem Rahmen von 40 EUR bis 460 EUR mit einer Mittelgebühr von 250 EUR. Die Betragsrahmengebühr mit Vorbefassung belief sich dagegen
nach Nr. 3103 VV-RVG bei einem Rahmen von 20 EUR bis 320 EUR auf eine Mittelgebühr von 170 EUR.

Im RVG 2013 berechnet sich die Wertgebühr ohne Vorbefassung bei dem Regel-Ge-   28
genstandswert von 5.000 EUR auf 387,30 EUR und bei unterstellter Vorbefassung in
initialem und folgendem Verwaltungsverfahren bei Anrechnung der letzten Geschäftsgebühr auf 290,45 EUR.

Die Betragsrahmengebühr im RVG 2013 berechnet sich ohne Vorbefassung gemäß   29
Nr. 3102 VV-RVG bei einem Rahmen von 50 EUR bis 550 EUR mit einer Mittelge-
bühr von 300 EUR. Die Betragsrahmengebühr mit Vorbefassung berechnet sich bei
Vorbefassung in initialem und folgendem Verwaltungsverfahren unter Berücksichti-
gung der Anrechnung der letzten Geschäftsgebühr auf eine Mittelgebühr von
EUR 213,75 EUR.

Im RVG 2021 berechnet sich die Wertgebühr ohne Vorbefassung bei dem Regel-Ge-   30
genstandswert von 5.000 EUR auf 434,20 EUR und bei unterstellter Vorbefassung in

initialem und folgendem Verwaltungsverfahren bei Anrechnung der letzten Geschäftsgebühr auf 325,65 EUR.

31 Die Betragsrahmengebühr im RVG 2021 berechnet sich ohne Vorbefassung gemäß Nr. 3102 VV-RVG bei einem Rahmen von 50 EUR bis 550 EUR mit einer Mittelgebühr von 360 EUR. Die Betragsrahmengebühr mit Vorbefassung berechnet sich bei Vorbefassung in initialem und folgendem Verwaltungsverfahren unter Berücksichtigung der Anrechnung der letzten Geschäftsgebühr auf eine Mittelgebühr von EUR 270,25 EUR.

32 Die Betragsrahmengebühr ohne Vorbefassung lag im RVG 2004 damit knapp 22 % unter der Wertgebühr; mit Vorbefassung lag sie sogar fast 27 % unter der Wertgebühr. Daran hatte sich 2013 im Wesentlichen nichts geändert. Durch die Gebührenanpassung 2021 liegen die Betragsrahmengebühren ohne und mit Vorbefassung jeweils rund 17 % unter den Wertgebühren. Das ist eine deutliche Verbesserung des Verhältnisses, zeigt aber dennoch erneut ein erhebliches Ungleichgewicht in der Vergütung.

e) Terminsgebühr

33 Bei der Abrechnung nach Wertgebühren belief sich die Terminsgebühr Nr. 3104 VV-RVG 2004 auf 294 EUR; im RVG 2013 bei dem neuen Regel-Gegenstandswert von 5.000 EUR beläuft sie sich auf 363,60 EUR und nach dem RVG 2021 auf 400,80 EUR. Es handelt sich um Festgebühren.

34 Die Betragsrahmengebühr Nr. 3106 VV-RVG 2004 berechnete sich bei einem Rahmen von 20 EUR bis 380 EUR auf eine Mittelgebühr von 200 EUR; im RVG 2013 liegt die Mittelgebühr bei einem Rahmen von 50 bis 510 EUR bei 280 EUR. Im RVG 2021 sind für die Mittelgebühr 335 EUR vorgesehen.

35 Der Vergleich ergab 2004 im Regelfall eine mindere Vergütung von 32 % gegenüber der Wertgebühr bei Berechnung von Betragsrahmengebühren; nach dem RVG 2013 ist die Terminsgebühr als Betragsrahmengebühr immer noch 20 % geringer als die Wertgebühr. Nach dem liegt die Betragsrahmengebühr noch immer 16,5 % unter der Wertgebühr.

36 Bei der Bewertung der Terminsgebühren war nach dem RVG 2004 jedoch zu berücksichtigen, dass nach der überwiegenden Rechtsprechung der Landessozialgerichte[7] die fiktive Terminsgebühr bei Betragsrahmengebühren wesentlich seltener abgerechnet werden konnte als bei Wertgebühren. So enthielt die Anmerkung zu Nr. 3104 VV-RVG unter anderem auch die Abrechenbarkeit der Terminsgebühr bei Abschluss eines schriftlichen Vergleiches oder eines im Beschlusswege (§ 278 Abs. 6 ZPO; über § 202 SGG auch im sozialgerichtlichen Verfahren anwendbar) geschlossenen Vergleichs. Die Anmerkung 3106 VV-RVG enthielt eine gleich lautende Regelung nicht.

Diese Ungleichbehandlung war unverständlich und wurde (vgl. die erste Auflage dieses Buches) stark kritisiert. Der Gesetzgeber des RVG 2013 hatte deshalb die Texte der Anmerkungen zu Nr. 3104 und Nr. 3106 vereinheitlicht. In den Gesetzesmateria-

---

7 Beispielhaft nur LSG NRW 27.11.2007 – L 16 B 38/07 P KO; die Auslegung ist zulässig, so BVerfG 19.12.2006 – 1 BvR 2091/06.

lien[8] zum RVG 2013 wird dazu ausgeführt, dass es für die Unterscheidung keine sachliche Rechtfertigung gegeben habe.

Gründe für die unterschiedliche Regelung in den Anmerkungen zu Nr. 3104 und zu   37
Nr. 3106 VV-RVG hatten sich in den Gesetzesmaterialien zum RVG 2004 auch nicht finden lassen.[9] Das hatte die Sozialgerichtsbarkeit aber nicht abgehalten, die offensichtliche und nicht zu rechtfertigende Ungleichbehandlung dennoch in ihrer Rechtsprechung zu praktizieren, obwohl es sich ganz offenbar um ein Redaktionsversehen des Gesetzgebers des RVG 2004 gehandelt hatte.

Leider war die Rechtslage durch das KostRMoG 2 nicht geklärt. Obwohl die Formu-   38
lierung „schriftlicher Vergleich" eigentlich eine glasklare Subsumtion ermöglichte, lasen viele Sozialgerichte in die Formulierung hinein, dass ein schriftlicher Vergleich nur vorliegen solle, wenn ein Vergleich gerichtlich festgestellt worden sei.[10] Das entsprach weder dem Sinn der Regelung noch dem klaren Wortlaut des RVG. Der Gesetzgeber hat daher durch das KostRÄG 2021 in der Anm. 1 zu Nr. 3106 VV-RVG klarstellend geregelt, dass jeder Vertrag im Sinne der Nr. 1000 VV-RVG, gleich ob mit oder ohne Mitwirkung des Gerichts abgeschlossen, die Gebühr Nr. 3106 VV-RVG auslöst.

f) Ergebnis des Vergleiches

Betrachtet man den abstrakten Vergleich aller üblicherweise abgerechneten Gebühren   39
im Sozialrecht, so ist festzustellen, dass die Betragsrahmengebühren nach § 3 RVG um ein Viertel bis ein Drittel weniger Vergütung gewähren als die Wertgebühren nach § 2 RVG. Weiter ist festzustellen, dass das entgegen der Intention des Gesetzgebers auch für das RVG 2013 gilt.

2. Gebührenvergleich real/fallbezogen

Realistisch ist jedoch weniger ein abstrakter Vergleich zwischen einzelnen Gebühren.   40
Aussagekräftig ist vielmehr, wie sich die Gebühren in der Bearbeitung eines typischen Falles aufaddieren und welche Unterschiede sich zwischen Wertgebühren und Betragsrahmengebühren daraus ergeben. Das soll nachstehend versucht werden.

Bei den nachstehenden Berechnungen ist zunächst Folgendes vorausgesetzt worden: 41
Die Abrechnung umfasst die anwaltliche Tätigkeit im initialen Verfahren und im Widerspruchsverfahren sowie im gerichtlichen Verfahren, wobei eine Erledigung ohne gerichtliche Verhandlung erfolgt. Bei den Wertgebühren wird wiederum als Gegenstands- bzw. Streitwert lediglich gemäß § 23 Abs. 3 S. 2 Hs. 2 RVG der Regelwert von 4.000 EUR im RVG 2004 bzw. 5.000 EUR im RVG 2013 angenommen, obwohl der Durchschnittsstreitwert eher bei 8.000 EUR angesiedelt sein dürfte.[11] Unter Ansatz eines durchschnittlichen Arbeitnehmereinkommens dürfte in der gedachten Statusangelegenheit (→ Rn. 9) mit dem Rückerstattungsverlangen ein noch höherer Gegen-

---

8 BT-Drs. 17/11471 (neu), 275.
9 BT-Drs. 15/1971, 212, 213.
10 Als erstes LSG NRW 11.3.2015 – L 9 AS 277/14 B; eingehend dazu und zur Kritik Hinne ASR 2020, 64.
11 Teubel in: Mayer/Kroiß, RVG, 1. Aufl. Rn. 15 zu Nr. 2400 VV; Statistisches Bundesamt, Fachserie 10, Reihe 2.1, 2002; neuere Zahlen liegen nicht vor.

standswert anzusetzen sein. Das würde zu einer noch erheblich markanteren Gebüh-rendifferenz führen. Weiter werden alle Anrechnungs- und Minderungsvorschriften des Vergütungsverzeichnisses sowie auch eventuelle Kappungsgrenzen bei Durch-schnittsfällen berücksichtigt.

42   Der Vergleich ergibt für das RVG 2004 Folgendes:

a)   Mindest-Wertgebühren mit Anrechnung:

122,50 EUR	0,5 Geschäftsgebühr Nr. 2300 VV-RVG
122,50 EUR	0,5 Geschäftsgebühr Nr. 2301 VV-RVG
251,13 EUR	1,025 Verfahrensgebühr Nr. 3100 VV-RVG
294,00 EUR	Terminsgebühr Nr. 3104 VV-RVG
790,13 EUR	

b)   Mindest-Betragsrahmengebühren mit Minderung (RVG 2004):

40,00 EUR	Geschäftsgebühr Nr. 2400 VV-RVG
40,00 EUR	Geschäftsgebühr Nr. 2401 VV-RVG
20,00 EUR	Verfahrensgebühr Nr. 3103 VV-RVG
20,00 EUR	Terminsgebühr Nr. 3106 VV-RVG
120,00 EUR	

c)   (Gekappte) Mittelgebühren mit Anrechnung bei Wertgebühren:

318,50 EUR	1,3 Geschäftsgebühr Nr. 2300 VV-RVG
171,50 EUR	0,7 Geschäftsgebühr Nr. 2301 VV-RVG
232,75 EUR	0,95 Verfahrensgebühr Nr. 3100 VV-RVG
294,00 EUR	1,2 Terminsgebühr Nr. 3104 VV-RVG
1.016,75 EUR	

d)   (Gekappte) mittlere Betragsrahmengebühren mit Minderung:

240,00 EUR	Geschäftsgebühr Nr. 2400 VV-RVG
120,00 EUR	Geschäftsgebühr Nr. 2401 VV-RVG
170,00 EUR	Verfahrensgebühr Nr. 3103 VV-RVG
200,00 EUR	Terminsgebühr Nr. 3106 VV-RVG
730,00 EUR	

e)   Höchst-Wertgebühren mit Anrechnung:

612,50 EUR	2,5 Geschäftsgebühr Nr. 2300 VV-RVG
318,50 EUR	1,3 Geschäftsgebühr Nr. 2301 VV-RVG
159,25 EUR	0,65 Verfahrensgebühr Nr. 3100 VV-RVG
294,00 EUR	1,2 Terminsgebühr Nr. 3104 VV-RVG
1.384,25 EUR	

f)   Höchst-Betragsrahmengebühren mit Minderung:

520,00 EUR	Geschäftsgebühr Nr. 2400 VV-RVG
260,00 EUR	Geschäftsgebühr Nr. 2401 VV-RVG
320,00 EUR	Verfahrensgebühr Nr. 3103 VV-RVG
380,00 EUR	Terminsgebühr Nr. 3196 VV-RVG
1.480,00 EUR	

Für das RVG 2013 ergibt der Vergleich:

a) Mindest-Wertgebühren mit Anrechnung:

149,00 EUR	0,5 Geschäftsgebühr Nr. 2300 VV-RVG
74,50 EUR	0,25 Geschäftsgebühr Nr. 2300 VV-RVG
312,90 EUR	1,05 Verfahrensgebühr Nr. 3100 VV-RVG
357,60 EUR	Terminsgebühr Nr. 3104 VV-RVG
894,00 EUR	

b) Mindest-Betragsrahmengebühren mit Anrechnung:

50,00 EUR	Geschäftsgebühr Nr. 2302 VV-RVG
25,00 EUR	Geschäftsgebühr Nr. 2302VV-RVG
37,50 EUR	Verfahrensgebühr Nr. 3102 VV-RVG
50,00 EUR	Terminsgebühr Nr. 3106 VV-RVG
162,50 EUR	

c) (Gekappte) Mittelgebühren mit Anrechnung bei Wertgebühren:

387,40 EUR	1,3 Geschäftsgebühr Nr. 2300 VV-RVG
193,70 EUR	0,65 Geschäftsgebühr Nr. 2300 VV-RVG
290,55 EUR	0,975 Verfahrensgebühr Nr. 3100 VV-RVG
357,60 EUR	1,2 Terminsgebühr Nr. 3104 VV-RVG
1.229,25 EUR	

d) (Gekappte) mittlere Betragsrahmengebühren mit Anrechnung:

300,00 EUR	Geschäftsgebühr Nr. 2302 VV-RVG
150,00 EUR	Geschäftsgebühr Nr. 2302 VV-RVG
225,00 EUR	Verfahrensgebühr Nr. 3102 VV-RVG
280,00 EUR	Terminsgebühr Nr. 3106 VV-RVG
8.550,00 EUR	

e) Höchst-Wertgebühren mit Anrechnung:

745,00 EUR	2,5 Geschäftsgebühr Nr. 2300 VV-RVG
521,50 EUR	1,75 Geschäftsgebühr Nr. 2300 VV-RVG
163,90 EUR	0,55 Verfahrensgebühr Nr. 3100 VV-RVG
357,60 EUR	1,2 Terminsgebühr Nr. 3104 VV-RVG
1.787,70 EUR	

f) Höchst-Betragsrahmengebühren mit Anrechnung:

640,00 EUR	Geschäftsgebühr Nr. 2302 VV-RVG
465,00 EUR	Geschäftsgebühr Nr. 2302 VV-RVG
375,00 EUR	Verfahrensgebühr Nr. 3103 VV-RVG
510,00 EUR	Terminsgebühr Nr. 3196 VV-RVG
1.990,00 EUR	

Für das RVG 2021 ergibt der Vergleich:

a) Mindest-Wertgebühren mit Anrechnung:

167,00 EUR	0,5 Geschäftsgebühr Nr. 2300 VV-RVG
83,50 EUR	0,25 Geschäftsgebühr Nr. 2300 VV-RVG
350,70 EUR	1,05 Verfahrensgebühr Nr. 3100 VV-RVG
400,80 EUR	Terminsgebühr Nr. 3104 VV-RVG
1.002,00 EUR	

b) Mindest-Betragsrahmengebühren mit Anrechnung:

60,00 EUR	Geschäftsgebühr Nr. 2302 VV-RVG
30,00 EUR	Geschäftsgebühr Nr. 2302VV-RVG
45,00 EUR	Verfahrensgebühr Nr. 3102 VV-RVG
60,00 EUR	Terminsgebühr Nr. 3106 VV-RVG
195,00 EUR	

c) (Gekappte) Mittelgebühren mit Anrechnung bei Wertgebühren:

434,20 EUR	1,3 Geschäftsgebühr Nr. 2300 VV-RVG
217,10 EUR	0,65 Geschäftsgebühr Nr. 2300 VV-RVG
325,65 EUR	0,975 Verfahrensgebühr Nr. 3100 VV-RVG
400,80 EUR	1,2 Terminsgebühr Nr. 3104 VV-RVG
1.377,75 EUR	

d) (Gekappte) mittlere Betragsrahmengebühren mit Anrechnung:

359,00 EUR	Geschäftsgebühr Nr. 2302 VV-RVG
179,50 EUR	Geschäftsgebühr Nr. 2302 VV-RVG
270,25 EUR	Verfahrensgebühr Nr. 3102 VV-RVG
335,00 EUR	Terminsgebühr Nr. 3106 VV-RVG
1.143,75 EUR	

e) Höchst-Wertgebühren mit Anrechnung:

835,00 EUR	2,5 Geschäftsgebühr Nr. 2300 VV-RVG
584,50 EUR	1,75 Geschäftsgebühr Nr. 2300 VV-RVG
183,70 EUR	0,55 Verfahrensgebühr Nr. 3100 VV-RVG
400,80 EUR	1,2 Terminsgebühr Nr. 3104 VV-RVG
2.004,00 EUR	

f) Höchst-Betragsrahmengebühren mit Anrechnung:

768,00 EUR	Geschäftsgebühr Nr. 2302 VV-RVG
561,00 EUR	Geschäftsgebühr Nr. 2302 VV-RVG
453,00 EUR	Verfahrensgebühr Nr. 3103 VV-RVG
610,00 EUR	Terminsgebühr Nr. 3196 VV-RVG
2.392,00 EUR	

Der Vergleich einer solchen typischen Folge von Leistungen nach dem RVG 2004, 2013 und 2021 zeigt, dass auch weiterhin nur bei Ansatz eines Steigerungsfaktors im obersten Bereich des Gebührenrahmens ein Gleichstand in der Vergütung nach Wert- oder Betragsrahmengebühren erreicht werden kann. Bei der Abrechnung von Mindestgebühren wird ab 2021 die anwaltliche Leistung um 80 % geringer bewertet, wenn nicht Wert-, sondern Betragsrahmengebühren abgerechnet werden.

Im Regelfall liegt dagegen die Abrechnung nach Betragsrahmengebühren um rund 17 % unter derjenigen nach Wertgebühren.

Insgesamt kann man feststellen, dass dieselbe Leistung nach Betragsrahmengebühren in einem typischen Fall im Durchschnitt um mehr als ein Fünftel schlechter vergütet wird als nach Wertgebühren. Dabei ist die Berechnung lediglich mit dem vergleichsweise geringen Auffangstreitwert gemäß § 23 Abs. 3 S. 2 RVG und nicht mit einem realistischerweise wesentlich höheren Gegenstandswert vorgenommen worden.

III. Wirtschaftliche Auswirkungen

Die Vergleiche sagen letztendlich nichts über die wirtschaftliche Bedeutung der Vergütung aus. Hierzu werden nachstehende Überlegungen angestellt: 43

1. Entgeltfunktion der Vergütung im Einzelfall

Die Vergütungsregelungen des RVG stellen Beschränkungen der Berufsausübungsfreiheit dar.[12] Sie sind jedoch durch Belange des Gemeinwohls[13] gedeckt, sofern sie jedenfalls noch ein angemessenes Verhältnis zwischen Leistung und Gegenleistung unter Berücksichtigung der Sicherung einer wirtschaftlichen Lebensgrundlage des Rechtsanwalts zulassen.[14]   44

Geht man davon aus, dass ein Rechtsanwalt in einer kleineren Sozietät bei standardgemäßer Kanzleiausstattung (Personal, Literatur, Fortbildung etc) und durchschnittlicher Kostenstruktur zur Erzielung eines angemessenen Unternehmergehaltes, welches einem durchschnittlichen Richtergehalt vergleichbar sein sollte, das auch die Kosten von Gesundheits- und Altersvorsorge für ein einem Richter vergleichbares Alterseinkommen umfassen soll, stündlich eine Einnahme von etwa 250 EUR erzielen muss, ergibt sich, dass das mit der Vergütung nach Betragsrahmengebühren nicht möglich ist.   45

Die gekappte mittlere Geschäftsgebühr Nr. 2302 VV-RVG ergibt eine Vergütung von 359 EUR für die Bearbeitung des gesamten Geschäfts. Das gesamte **Geschäft** umfasst die erste Besprechung mit dem Mandanten, die Prüfung der Sach- und Rechtslage anhand von überlassenen Unterlagen, die Beiziehung von Verwaltungsakten, vielleicht noch mit medizinischen Gutachten, das Verfassen eines Antrags, einer Stellungnahme oder eines Widerspruches, sowie gegebenenfalls weitere Besprechungen und weitere Korrespondenz mit dem Gegner.   46

In sozialrechtlichen Angelegenheiten sind zumeist die Lebensgrundlagen des Auftraggebers betroffen; es geht um seine aktuelle Absicherung, seine Alters- oder Gesundheitsvorsorge. Dementsprechend ist bereits das Erstgespräch mit der Befindlichkeit des Mandanten in einer so gefühlten Bedrohungssituation belastet; der Mandant   47

---

12   BVerfGE 97, 228 (253); 115, 205 (229).
13   BVerfGE 83, 1 (14, 15).
14   BVerfGE 80, 103 (109); 107, 133 (143); EuGH NJW 2007, 281 (285), Sondervotum Gaier, Rn. 128 f.;
     BVerfG 13.2.2007 – 1 BvR 910/05 bzw. 1 BvR 1389/05.

bringt umfangreiche Unterlagen, die mit ihm besprochen werden müssen. Insgesamt ist zur Ermittlung des Begehrs, der wesentlichen Anspruchsgrundlagen und einer Beurteilung, ob und wie das Begehr des Mandanten erreicht werden kann, in kaum einem sozialrechtlichen Fall mit wesentlich weniger als einer Stunde auszukommen.

48 Das bedeutet, dass mit der Geschäftsgebühr gerade einmal das Erstgespräch angemessen vergütet wird. Für alle weiteren mit der Geschäftsgebühr abzugeltenden Tätigkeiten bleibt kaum noch eine angemessene **Kostendeckung** übrig. Diese Unterdeckung setzt sich mit den anderen Betragsrahmengebühren fort. Bei Vorbefassung erhält der Rechtsanwalt für die Fortsetzung seiner Tätigkeit im Widerspruchsverfahren durchschnittlich eine Vergütung, die gerade einmal eine etwas mehr als halbstündige Tätigkeit angemessen entgelten kann. Im gerichtlichen Verfahren erhält der Rechtsanwalt für das Verfassen der Klageschrift und alle anderen im Verfahren anfallenden Tätigkeiten durchschnittlich eine Vergütung, die eine einstündige Tätigkeit angemessen entgelten kann. Dabei ist nach der sozialgerichtlichen Rechtsprechung mit der Verfahrensgebühr zudem auch noch die Vorbereitung des Termins und die An- und Abreise zum Termin entgolten.

49 Im sozialrechtlichen Einzelfall ist bei Abrechnung mit Betragsrahmengebühren gemäß § 3 RVG eine angemessene Vergütung gesetzlich weiterhin nicht gewährleistet.

2. Entgeltfunktion in der Gesamtheit

50 Das Bundesverfassungsgericht hat sich bereits mehrfach mit der Frage der Verfassungsmäßigkeit der anwaltlichen Vergütung im Sozialrecht befasst. Es hat in seiner Rechtsprechung bisher stets darauf abgestellt, dass es hinzunehmen ist, wenn eine Vergütungsordnung nicht in jedem Fall eine angemessene Vergütung gewährleistet. Die Vergütungsordnung muss nur für die Gesamtheit der nach ihr abzurechnenden Angelegenheiten eine angemessene Vergütung ermöglichen. Auf diese Weise soll nach den Vorstellungen des Gesetzgebers der BRAGO sichergestellt werden, dass grundsätzlich im Wege der **Quersubventionierung** hochwertige Angelegenheiten die Bearbeitung nicht kostendeckend vergüteter Angelegenheiten mit entgelten. Das RVG nutzt dieses System ebenfalls als Basis.

51 Die Quersubventionierung entspricht jedoch nicht mehr der heutigen Wirklichkeit. Der Markt für anwaltliche Dienstleistungen ist gekennzeichnet von **Spezialisierung**. Dem ist berufsrechtlich durch die Schaffung von Fachanwaltschaften Vorschub geleistet worden. Durch die Fachanwaltschaften wird die Leistungsanforderung durch die Mandantschaft kanalisiert. Einem Fachanwalt für Sozialrecht strömen deshalb ebenso vermehrt sozialrechtliche Mandate zu, wie gleichzeitig andere ausbleiben. Damit ist ihm die Möglichkeit der Quersubventionierung zunehmend abgeschnitten. Es ist deshalb davon auszugehen, dass Fachanwälte für Sozialrecht nahezu ausschließlich die sozialrechtlichen Gebühren abrechnen können. Nach der Erfahrung dürfte der Anteil der mit Wertgebühren abzurechnenden sozialrechtlichen Angelegenheiten weit unter 10 % liegen.

Das der verfassungsgerichtlichen Rechtsprechung (die in ihren Ursprüngen über 35   52
Jahre alt ist) zugrunde liegende Konzept der Quersubventionierung[15] funktioniert
im sozialrechtlichen Bereich auch nach der jetzt durch das KostRÄG 2021 vorgenommenen Gebührenanpassung nicht. Vielmehr ist es den Fachanwälten für Sozialrecht
durchweg nicht mehr möglich, nach den gesetzlichen Vorgaben eine angemessene
Vergütung zu erzielen, und zwar nicht nur im Einzelfall, sondern insgesamt.

Das Vergütungsrecht gewährleistet im Sozialrecht keine angemessene Vergütung   53
mehr.

3. Folgen für das Rechtssystem

Es liegt auf der Hand, dass auf lange Frist mit einer Unterdeckung der Kosten bei   54
Fachanwälten für Sozialrecht die Qualität der anwaltlichen Leistung sinken muss.
Das liegt nicht am Willen, am fachlichen Können und am Verantwortungsbewusst-
sein der Fachanwälte für Sozialrecht. Diese haben mit der kostenträchtigen Fortbildung schon erheblichen Leistungswillen und Leistungsbereitschaft gezeigt. Der eigene
Qualitätsanspruch der Fachanwälte ist hoch. Zumeist steht auch ein besonderes
soziales Engagement hinter der fachlichen Ausrichtung. Allerdings werden die zeitlichen (und damit letztendlich auch die die Qualität bestimmenden) Ressourcen durch
die mangelhafte Vergütung begrenzt.

Zugleich zeigt sich, dass damit auch der Zugang zum Recht für weniger Bemittelte
beeinträchtigt wird. Die Fachanwaltschaft Sozialrecht hat als erste und einzige Fachanwaltschaft in den Jahren 2016 und 2020 jeweils einen Rückgang der Fachanwalts-
zahlen hinnehmen müssen. Die Zahl der Fachanwälte hatte auch in den Jahren 2017
bis 2019 nicht den Höchststand des Jahres 2015 erreichen können.[16] Zugleich sind
die Zahlen der Inanspruchnahme der Sozialgerichte erheblich gestiegen. Das zeigt,
dass in der mangelnden Vergütung eine Gefahr für die Gewährleistung des Zugangs
zum Recht liegt.

Durch eine sinkende anwaltliche Leistungsfähigkeit wird aber auch die Belastung der   55
Justiz zunehmen. Die Filterfunktion der Anwaltschaft, die die Justiz in ganz erhebli-
chem Umfang vor einer unsinnigen Inanspruchnahme schützt (was von der Richter-
schaft häufig nicht wahrgenommen wird, weil die vielen herausgefilterten Fälle gar
nicht erst rechtshängig werden), die Vorbereitung der gerichtlichen Angelegenheiten
durch selektiven Vortrag der maßgeblichen Teile des Sachverhalts und eine **rechtliche
Vorprüfung** werden durch die mangelhafte Vergütung beeinträchtigt.

Es ist zu begrüßen, wenn weitschauende Fachleute, wie der frühere Präsident des   56
LSG NRW, Dr. Jürgen Brand,[17] sich für eine bessere Kommunikation zwischen Gerichten und Anwaltschaft bezüglich der anwaltlichen Vergütung einsetzen und im
Interesse der Justiz versuchen, Kleinlichkeiten bei der Vergütungsbestimmung zu vermeiden. Das ist gut, hilft aber nur in beschränktem Umfang weiter. Der Gesetzgeber

---

15 BVerfGE 83, 1 (13); 107, 133 (143); BVerfG 13.2.2007 – 1 BvR 910/05 / 1 BvR 1389/05.
16 Quelle: lto.de.
17 Siehe Börner, Veranstaltungsbericht Kostenrechtliches Symposon der Sozialgerichtsbarkeit NRW BRAK-
Mitteilungen, August 2008.

hat schließlich die wesentlichen Regeln zur Bestimmung der Gebühr vorgegeben, aus denen die Insuffizienz der Vergütung folgt.

57 Hinzu kommt, dass sich die Sozialgerichte entgegen diesen Bemühungen noch weitgehend eher als Wahrer der fiskalischen Interessen des Staates verstehen denn als Rechtsanwender. Es ist an der Tagesordnung, dass anwaltliche Festsetzungsanträge bis ins Unerträgliche gedrückt werden. Die Schwächung der **Liquidität** der Rechtsanwälte im Sozialrecht durch die lange, teilweise über ein Jahr laufende Bearbeitungsdauer von Kostenangelegenheiten ist ebenfalls ein gravierendes Problem. Der Gesetzgeber des 2. KostRMoG hat hierfür jetzt wenigstens die Verzinsung ab Antragstellung vorgesehen.

58 Andererseits laufen die gesetzlichen Regelungen über den Ansatz der Erledigungsgebühr deshalb fast vollständig leer, weil entgegen dem gesetzlichen Wortlaut (hier ist man, fiskalische Interessen wahrend, wieder dezisionistischer Auffassung) eine „besondere", über das normale Maß hinausgehende Mitwirkung gefordert wird.[18] Leider hat es der Gesetzgeber des 2. KostRMoG und auch des KostRÄG 2021 verpasst, hier eine klarstellende Korrektur des Wortlauts der Erledigungsgebühr vorzunehmen.

59 Auch werden bei Untätigkeitsklagen Mindestgebühren, doppelte Mindestgebühren[19] oder im unteren Rahmenbereich liegende Gebühren[20] festgesetzt. Mit 60 EUR oder 120 EUR sind kaum die Einstandskosten für den Schriftsatz abgedeckt. Solche Festsetzungen können von der Anwaltschaft nur als Schlag ins Gesicht verstanden werden. Es muss den erkennenden Gerichten klar sein, dass die Mindestgebühr schon dann verdient ist, wenn die Klage weder einen Antrag noch den Sachverhalt, sondern nur einen groben Hinweis auf das Begehr des Klägers enthält. Für eine ordnungsgemäß erstellte Klageschrift ist grundsätzlich von der Mittelgebühr auszugehen.

60 So werden Gebühren in einstweiligen Anordnungsverfahren mit erheblichen Abschlägen auf die Regelgebühren[21] festgesetzt. Die Begründung, es handele sich um Sachen minderen Umfangs und minderer Schwierigkeit, ist schlichtweg falsch. In einstweiligen Anordnungsverfahren ist ein **überdurchschnittlicher Aufwand** erforderlich. Die Klage muss unter Zurückstellung der geplanten Praxisabläufe sofort gefertigt werden. Es ist über die normalen rechtlichen Prüfungen für die Feststellung des Anordnungsgrundes eine Abwägung der Folgen für alle Beteiligten unter Berücksichtigung grundgesetzlicher Vorgaben erforderlich. Schließlich muss mit erhöhter Sorgfalt (die Konzentration der Arbeit ist das Maß der Schwierigkeit) der Sachverhalt aufbereitet und glaubhaft gemacht werden. Anders als in anderen Verfahren kann zumeist weder nachgebessert noch die Sachverhaltsermittlung dem Gericht überlassen werden. Die Bearbeitung in dieser Situation ist zudem häufig dadurch erschwert, dass der Großteil der Mandanten nicht in der Lage ist zu erkennen, was für den Erfolg des Rechtsmittels wichtig ist. Sie können somit gar nicht erkennen, welche Informationen sie dem Rechtsanwalt eventuell noch geben müssten.

---

18 BSG ZfS 2007, 86.
19 LSG NRW 5.5.2008 – L 19 B 24/08: das sind gerade 20 EUR!
20 LSG NRW 7.4.2007 – L 12 B 44/07: die halbe Mittelgebühr!
21 LSG NRW 29.1.2008 – L 1 B 35/07 AS: Minderung um 1/3; aA LSG NRW 9.8.2007 – L 20 B 91/07 AS und BayLSG 18.1.2007 – L 15 ,B 224/06 AS KO.

Solche und ähnliche nicht gerechtfertigte Beschneidungen der gesetzlichen Vergütung   61
gibt es bei den Sozialgerichten flächendeckend und in Menge. So wird die schon
gesetzlich nicht ausreichend bemessene Vergütung zusätzlich **verknappt**. Die Mindestgebühr als solche liegt bereits im Bereich der Sittenwidrigkeit, vergleicht man den
Mindestaufwand und die Verantwortung des Rechtsanwalts mit dem Mindestgebüh-
rensatz.

Es ist deshalb der Gesetzgeber, der aufgerufen ist, eine angemessene Vergütung für   62
Rechtsanwälte im Sozialrecht sicherzustellen. Dabei ist es weniger das Modell der
Abrechnung mit Betragsrahmengebühren, das Kritik verdient. Der Rahmen muss nur
angemessene Beträge vorsehen. Dann wird man mit dem Modell sowohl dem fiskalischen und sozialpolitischen[22] Wunsch nach Begrenzung der Gebühren, als auch der
dringenden Notwendigkeit einer angemessenen anwaltlichen Vergütung Rechnung
tragen können. Mit dem 2. KostRMoG ist der richtige Weg begonnen worden; die
Verbesserung der Vergütungshöhe bei den Betragsrahmengebühren ist aber immer
noch bei weitem nicht ausreichend.

Vor dem geschilderten Hintergrund erscheint es deshalb für jeden Rechtsanwalt not-   63
wendig, die Abrechnung in sozialrechtlichen Angelegenheiten zu optimieren. Hierzu
dient das vorliegende Buch. Dabei werden selbstverständlich keine „Tricks" für eine
unseriöse Abrechnungsweise vorgestellt, sondern es wird das System der Vergütungsberechnung im Einzelnen dargestellt, um dem Leser eine richtige Abrechnung unter
Nutzung der gesetzlichen Vorgaben und eine substanziierte argumentative Auseinandersetzung mit dem Mandanten und mit den Gerichten zu ermöglichen.

---

22   BVerGE 83, 1 (14).

§ 2 Grundlagen der gesetzlichen Vergütung

1   Die Erfahrung in der Gutachtenspraxis der Vorstände der Rechtsanwaltskammern zeigt, dass ein erheblicher Teil des möglichen Gebührenaufkommens nicht dadurch verschenkt wird, dass dem abrechnenden Rechtsanwalt die Kenntnis von trickreichen Abrechnungskniffen fehlt, sondern dass keine ausreichende Kenntnis der Grundlagen der Vergütungsberechnung vorhanden ist. Im Folgenden sollen deshalb zunächst die **Abrechnungsgrundlagen** eingehend dargestellt werden. Danach werden die abrechenbaren Vergütungstatbestände mit der zu ihnen bestehenden Kommentierung und Rechtsprechung abgehandelt.

2   Die Abrechenbarkeit anwaltlicher Gebühren hat ihre Grundlage nicht im RVG oder im anhängenden Vergütungsverzeichnis. Sie ergibt sich vielmehr aus dem **Anwaltsvertrag**, der einen entgeltlichen Vertrag über Dienste, Dienstleistungen oder Gewerke darstellen kann. Was abgerechnet werden kann, ergibt sich deshalb aus dem Inhalt der vertraglichen Vereinbarungen. Allein die Erfüllung eines Vergütungstatbestandes des VV-RVG löst hingegen keinen Vergütungsanspruch aus.

I. Anwaltsvertrag

3   Im Regelfall stellt der Anwaltsvertrag einen Vertrag über Dienstleistungen dar. Ausnahmen bestehen dann, wenn der Auftrag sich über die Erstellung eines Gutachtens oÄ verhält.

4   Der Vertrag wird zu Beginn des Mandatsverhältnisses kaum mit bestimmten Regelungen versehen, da sich der genaue Inhalt der anwaltlichen Leistung im Vorhinein kaum absehen lässt. Er ergibt sich vielmehr im Laufe der Bearbeitung des Mandates und unterliegt zu einem erheblichen Teil der Bestimmung durch den insoweit allein sachkundigen Rechtsanwalt. Die Rechtsprechung sieht in dem Anwaltsvertrag deshalb regelmäßig einen Vertrag über die Leistung höherer Dienste.

5   Im Gegenzug enthält der Vertrag im Regelfall auch keine konkrete **Bestimmung der Gegenleistung**. Gemäß § 612 BGB ist bei einer fehlenden Entgeltregelung von dem Auftraggeber in erster Linie die taxmäßige Vergütung geschuldet. Die Vergütungsregelungen des RVG stellen mithin lediglich Taxen für die Feststellung einer Vergütung gemäß § 612 BGB dar. Sie begründen die Vergütung weder dem Gegenstand noch der Höhe nach. Gültig ist nach den Auslegungsregeln des BGB die bei Abschluss des Mandatsvertrages bestehende Fassung der Taxe.

6   Ist eine taxmäßige Vergütung nicht vorgesehen, wie seit dem 1.7.2006 im Bereich der ersten anwaltlichen Tätigkeit im Rahmen des Mandates, nämlich der Beratung, so ist nach § 612 BGB die übliche Vergütung geschuldet. Deren Feststellung ist problematisch, wie sich bei den Ausführungen zu § 34 RVG zeigen wird.

7   Das RVG folgt der zivilrechtlichen Regelung nach. Dabei werden die Grundlagen im Gesetz selbst geregelt, während sich die einzelnen Gebührentatbestände aus dem Vergütungsverzeichnis ablesen lassen. Ob und welche Gebühren geschuldet werden

und wie abgerechnet wird, ergibt sich deshalb zunächst aus den Regelungen des RVG.

II. Auftrag, Angelegenheit und Gegenstand

Die **zentralen Begriffe** des RVG zur Bestimmung der Gebührenabrechnung sind Auftrag, Angelegenheit und Gegenstand. Bei oberflächlicher Lektüre des RVG könnte man zu der Auffassung gelangen, es handle sich um mehrere Begriffe für dieselbe Sache, denn der Gesetzgeber des RVG verwendet diese Begriffe, ohne sie zu definieren. Er setzt die Kenntnis ihrer Bedeutung voraus, obwohl sie seit Schaffung der Rechtsanwaltsgebührenordnung als Teil der Reichsjustizgesetze 1879 nicht definiert worden sind und bis heute immer nur fallweise durch die Rechtsprechung ausgefüllt werden. Die Definition hätte dem Gesetzgeber des RVG allein schon deshalb gut angestanden, weil die Terminologie nicht nur unbestimmt ist, sondern sogar von der des später verabschiedeten BGB des Jahres 1899 abweicht.   8

1. Auftrag, § 7 RVG

Das trifft insbesondere auf den Begriff des Auftrages zu. In § 662 BGB bezeichnet der Auftrag eine unentgeltliche Geschäftsbesorgung. Der Anwaltsvertrag ist hingegen auf die Regelung eines Austauschgeschäftes – Leistung gegen Entgelt – gerichtet. Auf die Definition des § 662 BGB kann deshalb nicht zurückgegriffen werden.   9

In rechtlichen Kategorien gesprochen, stellt der Auftrag die Leistungsbeschreibung der **Hauptleistung des Anwaltsvertrages** dar. Daraus, welchen Auftrag der Rechtsanwalt erhalten hat, ergibt sich also, was er überhaupt abrechnen kann.   10

Erbringt der Rechtsanwalt hingegen Leistungen, die von dem Auftrag nicht umfasst worden sind, so sind sie entweder gar nicht oder nur nach den Regelungen der Geschäftsführung ohne Auftrag unter Berücksichtigung der Regelungen über die aufgedrängte Bereicherung abrechenbar.

Im Hinblick darauf muss der Rechtsanwalt in geeigneter Weise sicherstellen, dass die von ihm gewünschte Leistung in nachvollziehbarer Weise **dokumentiert** wird, zum Beispiel durch Bestätigungsschreiben oder Aktenvermerke. Diese stellen im regelmäßig nicht kaufmännischen Bereich des Sozialrechts zwar keine absoluten und unmittelbaren Beweise dar, sind jedoch im Gebührenprozess als Urkundsbeweise für die zeitnahe Aufzeichnung der Wahrnehmung und der Erklärungen des Rechtsanwaltes starke Indizien für die entsprechende Vereinbarung der Leistungserbringung.   11

2. Gegenstand

Der Gegenstand entspricht teilweise dem **Gegenstandsbegriff des Gerichtskostenrechts**. Verkürzt gesagt bezeichnet der Gegenstand die jeweilige einzelne Rechtsbeziehung des Mandanten zu einem Dritten oder dem Gegner, aus der sich eine streitgegenständliche Pflicht oder ein streitgegenständlicher Anspruch des Mandanten oder eine Sanktion gegen ihn ergeben.   12

Demzufolge kann der Auftrag, sofern er eine komplexe Sache betrifft, die Bearbeitung einer Vielzahl von Gegenständen umfassen.

13 Der jeweilige Gegenstand ist insoweit von besonderer Bedeutung für die Abrechnung, als er jeweils einzeln zu bewerten ist und damit die Grundlage für die Abrechnung von Wertgebühren darstellt. Er ist damit ein wesentlicher Faktor für die Bestimmung der konkreten Gebühren.

3. Angelegenheit, §§ 7, 15, 16–18 RVG

14 Auch der Begriff der Angelegenheit ist im RVG nicht definiert. Er bestimmt aber, auf welche Weise die vom Auftrag umfassten Leistungen abgerechnet werden können und müssen. Nach § 15 RVG sind die Leistungen in einer Angelegenheit nur einmal abrechenbar, während mehrere Angelegenheiten gesondert abzurechnen sind.

15 Bei **Wertgebühren** bestimmt sich deshalb aus der Festlegung der Angelegenheit, ob und welche Werte einzelner Gegenstände zum Gesamtwert zu addieren sind und damit den Wert der Angelegenheit darstellen. Da sich bei der Berechnung der Wertgebühr die Funktion zwischen Wert und Gebühr nicht linear darstellt, sondern degressiv, wird der Mandant bei der Abrechnung einer Vielzahl von zu addierenden Einzel-Gegenstandswerten begünstigt, während die Trennung von Gegenständen zu höheren Gebühren des Rechtsanwaltes führt.

16 Bei **Betragsrahmengebühren** wirkt sich dieser Effekt noch deutlicher aus. Die Zusammenfassung mehrerer Gegenstände zu einer Angelegenheit führt a priori zu einer Beschränkung der Abrechnung auf nur ein und denselben Rahmen, wie er auch für die Bearbeitung nur eines Gegenstandes zur Verfügung steht. Die Trennung von Gegenständen in mehrere Angelegenheiten führt hingegen zu einer Vervielfachung der abrechenbaren Gebühren.

17 Die Beherrschung der Definition der Angelegenheit ist deshalb von zentraler Bedeutung, da bei einer fehlerhaften Abrechnung **Korrekturmöglichkeiten nur beschränkt** vorhanden sind. Die Abweisung einer Klage wegen einer fehlerhaften Abrechnung aufgrund der falschen Bewertung als eine oder mehrere Angelegenheiten kann bei langem Verfahrenslauf durch den Eintritt der Verjährung unmöglich geworden sein. Bei der Abrechnung ist deshalb auf die richtige Einordnung als eine oder mehrere Angelegenheiten höchste Sorgfalt zu verwenden.

Leider hat der Gesetzgeber des RVG gerade hier die Möglichkeit einer gesetzlichen Definition verpasst. In der Rechtsprechung und Literatur hat sich nämlich ebenfalls keine allgemeingültige Definition ausgebildet. Vielmehr sind die Abgrenzungen mehr von Zufälligkeiten in der konkret fallbezogenen Betrachtung bestimmt. Es wird deshalb nachstehend nicht der gesamte Diskussionsstand wiedergegeben, sondern es werden die ausgebildeten Kriterien zusammenfassend und wertend wiedergegeben.

18 **Drei Kriterien** haben sich ausgebildet, die je nach Verwender unterschiedlich bezeichnet und mit Bedeutung ausgefüllt werden.

19 **Koinzidenz:** Das erste Kriterium ist das des zeitgleichen Auftrags (im Folgenden Koinzidenz genannt). Die Erteilung des Auftrags zur Bearbeitung mehrerer Gegenstände in einem Zuge ist ein starkes Indiz für die Zusammengehörigkeit dieser Gegenstände. Sie indiziert deshalb das Vorliegen einer einheitlichen Angelegenheit.

Typizität: Das zweite Kriterium fragt nach dem inneren Zusammenhang oder dem 20
„Rahmen" des Auftrags (im Folgenden Typizität genannt). So sind zum Beispiel mehrere aus einem Verkehrsunfall erwachsene Ansprüche typischerweise zusammengehörende Gegenstände, auch wenn sie nicht sofort erkennbar sind und erst sukzessive in Bearbeitung genommen werden.

Die Rechtsprechung neigt dazu, hier, wie bei dem prozessualen Gegenstandsbegriff, 21
an das Erwachsen aus ein und demselben Lebenssachverhalt anzuknüpfen, um die Angelegenheit zu bestimmen. Das ist jedoch in vielen Fällen problematisch, bei denen sich Ansprüche aus verschiedenen Normquellen ergeben oder gegen verschiedene Schuldner richten. Deshalb wird in der Literatur von anwaltlichen Praktikern mit dem ungenauen **Begriff des Rahmens** versucht, einzugrenzen, was zu einer Angelegenheit gehören soll. So soll die einheitliche Bearbeitung mehrerer Gegenstände in ein und denselben Schriftsätzen ein Indiz für einen gemeinsamen Rahmen darstellen. Das kommt dann an Grenzen, wenn sich bei normativer Betrachtung eine tatsächlich gemeinsame Bearbeitung als nicht sachgerecht oder letztendlich sogar unzulässig erweist, zum Beispiel in Fällen der Beitreibung von Ansprüchen mehrerer, tatsächlich aber konkurrierender Gläubiger gegenüber demselben Schuldner.

Richtig ist deshalb, das Vorliegen einer Angelegenheit weder nach dem prozessualen 22
Gegenstandsbegriff noch nach dem „Rahmen" zu beurteilen, sondern normativ wertend zu fragen, ob es sich um die **Geltendmachung typischerweise zusammengehörender Ansprüche** handelt.

Formalität: Als drittes Kriterium für die Frage der Bestimmung der Angelegenheit hat 23
sich – quasi als Kontrollkriterium – das der Formalität ausgebildet. Hier wird danach gefragt, ob eine Geltendmachung im selben Rechtsstreit möglich wäre. Ist das nicht möglich, kann eine einheitliche Angelegenheit nicht vorliegen.

Bewertung der Kriterien: Bei der Frage, ob eine oder mehrere Angelegenheiten zur 24
Abrechnung vorliegen, ist niemals nur nach einem der drei Kriterien zu urteilen; es sind alle drei Kriterien zu bewerten. Unschärfen sind nicht in jedem Fall zu vermeiden. Das Risiko einer fehlerhaften Abrechnung ist jedoch bei sorgfältiger Prüfung der Voraussetzungen der Angelegenheit erheblich zu minimieren.

Beispiel:

Bei dem Auftrag zur Prüfung der Voraussetzungen für eine Erwerbsminderungsrente und für eine Unfallrente aus einem Arbeitsunfall liegt die Koinzidenz der Auftragserteilung vor. Auch die Typizität kann insoweit angenommen werden, als die Ansprüche von demselben Lebenssachverhalt herrühren. Zweifel ergeben sich, weil die Bearbeitung typischerweise auseinanderfällt, da der Schriftverkehr mit verschiedenen Leistungsträgern geführt werden muss. Klar ist auch, dass nach dem Kriterium der Formalität keine einheitliche Angelegenheit vorliegt, da der Rechtsstreit nicht gegen mehrere Anspruchsgegner mit sich möglicherweise ausschließenden Leistungsvoraussetzungen gleichzeitig geführt werden kann.

Der Gesetzgeber hat erkannt, dass gerade die Ausfüllung des Begriffs der Angelegen- 25
heit problematisch ist, andererseits aber sofort Auswirkungen auf den Vergütungsanspruch des Rechtsanwaltes hat. Für einzelne Fälle oder **Fallgruppen** hat er deshalb klärende oder auch besondere Regelungen geschaffen. Diese finden sich in den §§ 16

bis 18 RVG. Sie können über den geregelten Fall hinaus nicht verallgemeinert werden.

26   Für den sozialrechtlichen Bereich sind folgende Fälle wichtig:

Klagen im Wege des **einstweiligen Rechtsschutzes** sind jeweils eine eigene Angelegenheit (§ 17 Ziff. 4 lit. a) und b) RVG). Sie sind deshalb neben der jeweiligen Hauptsache gesondert abrechenbar. Anrechnungs- und Minderungsvorschriften gelten nur bezüglich der Bearbeitung derselben Angelegenheit. Die vorherige Bearbeitung der Hauptsache führt deshalb nicht zur Anrechnung einer früher entstandenen Geschäftsgebühr oder zu einer Minderung wegen Vorbefassung.[1]

27   Dasselbe gilt auch für **Untätigkeitsklagen.**

Das wäre nur dann anders, wenn im Hinblick auf die Untätigkeit mit dem Mandanten eine **gesonderte Vereinbarung** getroffen würde, nach der eine nur auf die Verfahrensbeschleunigung gerichtete Tätigkeit geschuldet ist und entfaltet wird. Dann entsteht für diese als gesondert vereinbarte Angelegenheit eine zusätzliche Geschäftsgebühr, die zur Anrechnung und Minderung hinsichtlich der Verfahrensgebühr führen kann. Ohne eine solche Vereinbarung gehört die Anmahnung der unterbliebenen Verwaltungstätigkeit jedoch zu den vertraglichen Nebenpflichten des Rechtsanwalts und löst keine gesonderte, zu Anrechnung oder Minderung führende Geschäftsgebühr aus.

28   Untätigkeitsklagen werden begriffsnotwendig kaum jemals einheitlich mit der Bearbeitung der Hauptsache in Auftrag gegeben. Sie haben ein anderes Ziel als die Hauptsache. Die gemeinsame gerichtliche Geltendmachung von Bescheidungs- und Hauptsacheklage erscheint geradezu widersinnig und ist ausgeschlossen. Auch hier handelt es sich um eine eigene Angelegenheit. Die vorherige Bearbeitung der Hauptsache führt deshalb nicht zur Anrechnung einer früher entstandenen Geschäftsgebühr oder zu einer Minderung wegen Vorbefassung.

29   Die **Vertretung im Verwaltungs- und Widerspruchsverfahren** stellt jeweils eine getrennte Angelegenheit dar und ist damit jeweils gesondert abrechenbar (§ 17 Ziff. 1 a RVG). Damit hat der Gesetzgeber der im Verwaltungs- und Sozialrecht häufigen Aufspaltung der vorgerichtlichen Verfahrensabschnitte in initiales und folgendes Verwaltungsverfahren Rechnung getragen. Hier ist jedoch nur eine zeitliche, nicht aber eine inhaltliche Aufspaltung der Angelegenheit gemeint. In diesem Falle sind Anrechnungen und Minderungen wegen Vorbefassung zu berücksichtigen.

30   Auswirkungen hat die Bestimmung einer oder mehrerer Angelegenheiten aber auch für andere Abrechnungsgegenstände.

So knüpft die **Post- und Telekommunikationskostenpauschale** Nr. 7002 VV-RVG unmittelbar an das Vorliegen einer Angelegenheit an.

31   Der Umfang einer **Beiordnung** im Wege der Prozesskostenhilfe bezieht sich jeweils auf alle von der Angelegenheit umfassten Gegenstände. Die Beiordnung ist andererseits auf die Angelegenheit beschränkt. Soweit ein nicht zu der Angelegenheit gehö-

---

1   So zuletzt SG Berlin NJW-Spezial 2009, 461.

render Gegenstand bearbeitet wird, ist gesondert abzurechnen und gegebenenfalls eine neue Beiordnung zu beantragen.

Die **Beratungshilfebewilligung** umfasst ebenfalls alle Gegenstände der Angelegenheit 32 und ist andererseits auf die Gegenstände der Angelegenheit begrenzt. Umfasst eine Beratungshilfebewilligung mehrere Angelegenheiten, so sind für diese jeweils gesonderte Abrechnungen zu erstellen. Die Beratungshilfebewilligung kann sich auf mehrere Angelegenheiten erstrecken. Die Beratungshilfe definiert eine Angelegenheit nicht neu. Vielmehr ist aus ihrem Inhalt zu entnehmen, was der Rechtsanwalt im Rahmen der Bewilligung tun soll.

Wenn also der Berechtigungsschein als Tätigkeit „Auseinandersetzung mit der 33 ARGE" nennt, können dennoch zwei getrennt abzurechnende Angelegenheiten vorliegen. Erstreckt sich diese Bestimmung des Tätigkeitsbereiches auf mehrere Angelegenheiten, zB die Abwehr eines Rückforderungsverlangens und die Beratung hinsichtlich des Ordnungswidrigkeitenverfahrens bei zu viel erhaltenen Leistungen, sind beide Angelegenheiten gegenüber der Landeskasse getrennt abzurechnen.

Die Herstellung der Deckung und die Abrechnung mit der **Rechtsschutzversicherung** 34 des Mandanten sind eine eigene Angelegenheit. Es ist üblich, bei reibungslosem Verlauf hierfür keine Kosten zu berechnen. Die Rechtsschutzversicherung erstattet dem Mandanten diese Kosten bedingungsgemäß nicht, sofern sie nicht im Verzuge ist und deshalb die Gebühren für diese Angelegenheit als Verzugsschaden auszugleichen hat.

Anders ist es in dem Fall, dass es bei der Herstellung der Deckung oder der Kos- 35 tenerstattung zu Problemen kommt. In manchen Fällen übersteigt der Verkehr mit der Rechtsschutzversicherung über die Kostenhöhe den Schriftverkehr in der Hauptsache. Hier kann es nicht mehr angemessen sein, auf entstehende Gebühren kulanterweise zu verzichten.

Voraussetzung für den Gebührenanspruch ist jedoch, dass der Rechtsanwalt und der 36 Mandant auch für die Bearbeitung der Deckungsangelegenheit einen **Mandatsvertrag** abschließen. Wird der Rechtsanwalt im eigenen Interesse zur Vereinfachung seiner Abrechnung tätig, und ist der Mandant nicht über die besondere Angelegenheit „Herstellung der Deckung" informiert, wird nicht von einem konkludenten Vertragsschluss auch über diese anwaltliche Leistung auszugehen sein. Der Mandant muss deshalb über die gesonderte Abrechenbarkeit der Herstellung der Deckung informiert werden und den Auftrag dazu erteilen. Das sollte auch dokumentiert werden.

Es empfiehlt sich deshalb, einen **Mandanten-Anamnesebogen** zu verwenden, auf dem 37 insbesondere auch der Inhalt des Auftrages dokumentiert werden kann. Dieser könnte zum Beispiel so aussehen:

ERSTBERATUNG

---

in Sachen

am   /   /   von   .___h bis   ._____h   ZE: /10 h

Bespr.   ☐ telefonisch ☐ im Büro   ☐

Gesprächspartner:

Angelegenheit / Auftrag:

Beratung über Berechnung:

Abr. nach   ☐ Gegenstandswert ☐ Rahmengebühr   ☐ Honorarvereinbarung

Angaben zum Wert / zur Vergütungshöhe: ☐ sind derzeit nicht mgl.

Beratung über Kostentragung:

☐ RSV   ☐ Beratungshilfe   ☐ PKH   ☐ Pflichtverteidigung

Angaben zu wirtschaftlichen Verhältnissen:

Beratung über Kostenerstattung:

☐ allgemeine Erstattungspflicht   ☐ PKH: Erstattungspflicht bei Unterliegen
☐ ArbR: keine Erstattung   ☐ PKH: Rückzahlungspflicht
☐ Beratungshilfe: Eigenanteil   ☐ PKH: Kosten bei Ablehnung des Antrags
☐ RSV: gesonderte Angelegenheit   ☐ noch erforderliche Unterlagen / Informationen:

Verfügung:

☐ z.A. Vorlage ☐ m.A. an: ☐ Hinne   ☐

SB: am:

---

38 Ein solcher Anamnesebogen erlaubt es zudem, die wichtigsten Informationen für die spätere Abrechnung frühzeitig auf einfache und schematische Weise während des Auftragsgespräches zu dokumentieren. Der Bogen hat zwar keine vollständige Beweiskraft hinsichtlich der getroffenen Vereinbarungen, er beweist aber die (Indiz-)Tatsache, dass der Rechtsanwalt die Erklärungen zeitnah inhaltlich dokumentiert und Erklärungen des Mandanten so wie niedergelegt verstanden hat.

Nach dem Erstgespräch sollte zudem immer das Besprochene schriftlich niedergelegt 39
und gegenüber dem Mandanten in Briefform bestätigt werden.

III. Bemessung der Rahmengebühren, § 14 RVG

Steht fest, dass eine Angelegenheit abzurechnen ist, und steht weiter fest, nach wel- 40
cher Gebührennummer des Vergütungsverzeichnisses abzurechnen ist, richtet sich die
Bestimmung der Gebühr – sofern es sich um eine Rahmengebühr handelt – nach dem
Ermessen des Rechtsanwaltes im Einzelfall. Das gilt sowohl für Wertgebühren wie für
Betragsrahmengebühren.

Der Gesetzgeber hat erkannt, dass einem Außenstehenden die Beurteilung der Um- 41
stände der Mandatsbearbeitung nur sehr eingeschränkt möglich ist. Er hat dem
abrechnenden Rechtsanwalt deshalb eine **Einschätzungsprärogative** eingeräumt. Das
ist Pflicht und Chance zugleich. Der Rechtsanwalt muss die Chance nutzen, das
Mandat individuell zu bewerten. Einer begründeten Ermessensausübung ist – jedenfalls rechtstheoretisch – kaum entgegenzutreten. Die gesetzliche Regelung verbietet
jede Pauschalierung der Abrechnung des Mandates und verlangt eine Bewertung aller
individuellen Umstände eines jeden Falles.

Es ist deshalb ebenso falsch, wenn der Rechtsanwalt immer und überall die Mit- 42
telgebühr abrechnet, wie es falsch ist, wenn die Rechtsprechung für bestimmte
Klagearten, zB Untätigkeitsklage oder Anträge im einstweiligen Rechtsschutz, feste
Gebührensätze annimmt oder die Abrechnung nur in bestimmten Teilsegmenten des
Gebührenrahmens zulässt.

Für den abrechnenden Rechtsanwalt gibt die Pflicht zur Ermessensausübung aber 43
auch einen Anlass, sich über die Gegebenheiten des Mandates klar zu werden. In
einer Vielzahl von Fällen wird dem Rechtsanwalt bei einer solchen sorgfältigen Betrachtung aufgehen, inwieweit sich der vorliegend abzurechnende Fall vom Normalfall abhebt und eine Mehrabrechnung zulässt. Das größte Potential zur Gebührenver-
mehrung liegt in der richtigen und sorgfältigen Anwendung der Vorschriften zur
Gebührenbemessung – und das ist kein Missbrauch, sondern im Sinne des Gesetzes.

Die Bestimmung der Gebühr sollte mit Sorgfalt geschehen. Der Rechtsanwalt bindet
sich durch die erste Ermessensausübung, so dass er nicht später eine korrigierte
Ermessensausübung vornehmen kann.[2] Diese Bindung besteht jedoch nur gegenüber
dem Auftraggeber; gegenüber einem Dritten kann eine andere Bewertung vorgenommen werden.[3]

Bei der Bestimmung der Gebühr ist vom Durchschnittsfall auszugehen, bei dem die
Mittelgebühr anzusetzen ist.[4]

§ 14 RVG sieht vor, dass **alle Umstände des Einzelfalles** zu berücksichtigen sind. Zu- 44
sätzlich benennt § 14 RVG einige typische Kriterien, die zugleich auch diejenigen Kriterien sind, die auf dem freien Markt als wesentliche, Preis bildende Kriterien fungie-

---

2 BSG 12.12.2019 – B 14 AS 48/18 R.
3 BSG 12.12.2019 – B 14 AS 48/18 R; das ist zutreffend, weil es Unterschiede zwischen den Anspruch aus dem
 Mandat und aus der Erstattung geben kann.
4 BSG 12.12.2019 – B 14 AS 48/18 R.

ren. In erster Linie sind dies der Umfang der anwaltlichen Tätigkeit und die Schwierigkeit der anwaltlichen Tätigkeit. Daneben sind es die Bedeutung der Angelegenheit, die Einkommens- und Vermögensverhältnisse des Mandanten, ein etwaiges besonderes Haftungsrisiko und schließlich auch die unbenannten Umstände. Entgegen einem früheren Entwurf sind die Regelkriterien des § 14 RVG durch das 2. KostRMoG unverändert geblieben.

45 § 14 RVG erfordert zunächst einmal die Bewertung aller dieser Kriterien einzeln, sodann eine nochmalige Bewertung aller Kriterien in der Gesamtschau und sodann das Ausüben des Ermessens auch hinsichtlich der Angelegenheit in der Gesamtschau.

Exkurs: Ermessensbegriff

46 Mit Ermessen ist gemeint, dass der Rechtsanwalt einen ihm gesetzlich eingeräumten **Spielraum** begründet ausnutzt. Wird dieser Spielraum ausgenutzt und liegt eine Begründung dafür vor, ist die Bewertung des Rechtsanwalts nur daraufhin zu kontrollieren, ob die genannten Begründungen richtig sind und ob sie die Bewertung jedenfalls annähernd zu tragen geeignet sind.

47 In der Rechtsprechung hat sich zu dieser Prüfung die Verfahrensweise ergeben, dass in einem ersten Schritt zunächst eine **Parallelwertung** durchgeführt wird, mit der die „objektiv richtige" Gebühr errechnet wird. Danach wird in einem zweiten Schritt ein Toleranz-(Ermessens-)Rahmen um diese Gebühr gebildet. Befindet sich die Gebühr innerhalb dieses Rahmens, so ist die Bewertung des Rechtsanwalts nicht zu beanstanden. Der Toleranzrahmen soll nach ständiger Rechtsprechung zur BRAGO 20 % der „objektiv richtigen" Gebühr betragen. Die meisten Gerichte setzen diese Rechtsprechung auch nach der Einführung der BRAGO fort. Allerdings mehren sich die Stimmen, die angesichts der Erweiterung der Gebührenrahmen durch das RVG einen Toleranzrahmen von 30 % für angemessen halten.[5]

48 Das BSG hat diesen Grundsatz des **Toleranzrahmens** nur bei der Abrechnung der Mittelgebühr durchbrochen. Nach der ständigen Rechtsprechung des BSG soll nur die exakte Mittelgebühr abrechenbar sein, wenn alle Kriterien des § 14 RVG durchschnittlich ausgeprägt sind und deshalb ein durchschnittlicher Fall vorliegt.[6]

49 Diese Konzeption des BSG ist fehlerhaft und entspricht gerade nicht dem Willen des Gesetzgebers, der dem Rechtsanwalt ein Ermessen bei der Bestimmung jeder Gebühr eingeräumt hat. Allerdings ist andererseits natürlich fraglich, wie die Ausübung des Ermessens bei Bestimmung der Gebühr oberhalb der Gebührenmitte bei Annahme durchschnittlicher Verhältnisse begründet werden kann.

50 Problematisch ist auch der Fall der fehlenden Ausübung des Ermessens. In diesem Fall steht fest, dass eine Gebühr abrechenbar ist. Mangels Ermessensausübung kommt hier bei strikter Auslegung des § 14 RVG lediglich der Ansatz der gesetzlichen Mindestgebühr in Betracht.

---

5 LG Potsdam 16.12.2008 – 24 Qs 113/08; AG Limburg 28.10.1008 – 4 C 1293/08; Teubel in: Mayer/Kroiß, Rn. 46 zu § 14 RVG.
6 BSG 26.2.1992 – 9 a RVs 3/90 und seither ständige Rechtsprechung.

Diese Überlegung zeigt ebenso wie die Auffassung des BSG, dass die konkrete Bewertung der Regelkriterien des § 14 Abs. 1 RVG von höchster Bedeutung ist. Es sollte deshalb – auch wenn das einen erheblich höheren Aufwand bei der Erstellung der Abrechnung oder der Liquidation bedeutet – ausführlich auch zur Bemessung der Regelkriterien des § 14 Abs. 1 RVG Stellung genommen werden. Die Erfahrung zeigt, dass die Akzeptanz einer erhöhten Abrechnung in dem Maße steigt, wie die Ermessensausübung für den Mandanten oder im Falle der Festsetzung das Gericht **transparent** gemacht wird. 51

Zugleich zeigt die Erfahrung aber auch, dass nach abgeschlossener Bearbeitung die Besonderheiten des Falles in Vergessenheit zu geraten pflegen. Das **Durcharbeiten der Akte** für das Erstellen der Abrechnung ruft diese Besonderheiten in Erinnerung. Regelmäßig wird eine Abrechnung ohne Durcharbeiten der Akte betragsmäßig geringer ausfallen, als wenn man sich die Besonderheiten des Falles in Erinnerung ruft und diese bei der Abrechnung berücksichtigt. 52

Im Folgenden sollen zunächst die Bedeutung und der Inhalt der **Kriterien des § 14 RVG** betrachtet werden.

1. Umfang der Bearbeitung

Mit dem Begriff Umfang soll der dem Rechtsanwalt durch die Bearbeitung entstehende **Aufwand** bewertet werden. Gemeint ist damit in erster Linie der entstandene zeitliche Aufwand. 53

Die Bewertung erfolgt anhand eines **Vergleiches** mit anderen sozialrechtlichen Mandaten. Die Bewertung sollte der Rechtsanwalt konkret anhand der tatsächlichen Gegebenheiten vornehmen und vortragen. Dabei ist der gesamte notwendige Aufwand zu berücksichtigen.[7] Dabei ist auch der nutzlose, aber unvermeidliche Aufwand zu berücksichtigen, der zB durch Wartezeiten, Pausen, fehlerhafte Ladungen oder aus sonstigen Gründen entsteht. Dieser Aufwand ist zwar für den Auftraggeber nicht nutzbringend, verbraucht aber die Ressourcen des Rechtsanwalts und ist durch den Auftrag verursacht. Der Auftraggeber hat ihn deshalb zu vertreten. 54

Problematisch ist aber eine **willkürliche Ausweitung des Leistungsumfangs**. Diese hat der Mandant nicht zu vertreten. Der Mandant hat die Behauptung einer willkürlichen Ausweitung des Leistungsumfangs aber substanziiert vorzutragen und zu beweisen. Für den Fall solcher Einwände sollte die Tätigkeit des Rechtsanwaltes nach Möglichkeit in der Akte hinsichtlich des zeitlichen und sachlichen Aufwandes immer und vollständig dokumentiert werden. 55

Problematisch ist zudem die Frage, wie der Aufwand hinsichtlich der Person des Rechtsanwaltes zu bewerten ist. So wird ein **Fachanwalt** für Sozialrecht eine sozialrechtliche Angelegenheit schneller und effektiver bearbeiten als ein nicht im Sozialrecht erfahrener Rechtsanwalt, der sich in das Rechtsgebiet erst einarbeiten und die zum Teil schwer verständlichen und schwer auffindbaren sozialrechtlichen Vorschriften, die zudem teilweise eine recht kurze Verfallszeit haben, erst ermitteln muss. Das

---

7 Leitherer in: Meyer-Ladewig/Keller/Leitherer, SGG, 13. Aufl. 2020 Rn. 7 b zu § 197 SGG, der jedoch offenbar meint, dass das Ausmaß der anwaltlichen Tätigkeit zusätzlich zum Umfang zu berücksichtigen sei.

bedeutet aber nicht, dass der Fachanwalt im Sozialrecht weniger Aufwand abrechnen darf als der wenig erfahrene Rechtsanwalt.

56 Die Tatsache, dass der Rechtsanwalt sich auf dem speziellen Fachgebiet des Sozialrechts oder gar auf einem Teilgebiet, zB dem Vertragsarztrecht, besonders gut auskennt und deshalb erleichterten Zugang zur Materie – und damit letztendlich weniger Bearbeitungsaufwand als ein normaler Rechtsanwalt – hat, führt nicht zu einer Gebührenverminderung. Der Maßstab für die Bewertung der anwaltlichen Leistung ist nämlich nicht der Fachanwalt oder Spezialist für ein bestimmtes Rechtsgebiet, sondern der **Durchschnittsanwalt**.[8] Der Maßstab ist ein objektiv-genereller. Wäre das nicht so, müsste der Auftraggeber bei Einsatz eines Berufsanfängers auch in einem einfachen Fall die lange Einarbeitungszeit in das Fachgebiet mit der Höchstgebühr entgelten. Das fände er – berechtigterweise – unangemessen.

57 Im Ergebnis kann im Wege der normativen Auslegung des § 14 RVG als Umfang abgerechnet werden, was für den Allgemeinanwalt als notwendig angesehen werden kann.

58 Den Allgemeinanwalt stellt die Einarbeitung in ein spezielles, möglicherweise abgelegenes, jedenfalls aber unbekanntes Gebiet vor das Problem, dass er zunächst die gesetzlichen Anspruchsgrundlagen auffinden muss. Damit ist es jedoch nicht getan. Vielmehr stehen diese in einem engen Regelungszusammenhang mit anderen Vorschriften desselben Teils des SGB oder solchen aus anderen Teilen des SGB. Erst die Kenntnis dieser Regelungszusammenhänge macht die Bedeutung der Vorschrift im Gesamtsystem klar. Die Einarbeitung kann deshalb nicht bei der Ermittlung einer anscheinenden Rechtsgrundlage Halt machen. Sie muss vielmehr regelmäßig das **Verständnis des Gesamtsystems** zum Ziel haben. Das wird bei nur auf einem speziellen Gebiet tätigen Rechtsanwälten (und nicht zuletzt auch bei auf einem speziellen Teilgebiet des Sozialrechts tätigen Richtern) vergessen.

59 Häufig ist zudem wegen der begleitenden (zum Beispiel medizinischen) Probleme auch eine Einarbeitung in andere Denkweisen und außerrechtliche Sachverhalte erforderlich, die ebenfalls regelmäßig zeitaufwändig sein muss. Die Rechtsprechung hat deshalb über die generellen Hinweise (→ Rn. 56) hinaus erhöhten Umfang und erhöhte Schwierigkeit bei der Tätigkeit in einem Spezialgebiet stets bejaht.[9]

60 Die Rechtsprechung hat eine Reihe von **Ansätzen** entwickelt, um festzustellen, welchen Umfang die Tätigkeit des Rechtsanwaltes gehabt hat. Es empfiehlt sich, sich an diesen Ansätzen zu orientieren, soll die Festsetzung problemlos gelingen.

61 So wird bei Festsetzungen zunächst abgefragt, ob der Rechtsanwalt in die Gerichts- und/oder Verwaltungsakten **Einsicht** genommen hat. Weiter wird auch deren **Umfang** abgefragt. Viele Kostenbeamte und natürlich der Bezirksrevisor nutzen Formulare, auf denen sie unter anderem auch die Tatsache der Einsichtnahme in die Verwal-

---

8 Vgl. Gerold/Schmidt-Mayer, RVG, 24. Aufl. 2019 Rn. 22 zu § 14 RVG; Winkler in: Mayer/Kroiß, RVG, Rn. 20 zu § 14 RVG; NK-GK/K. Winkler 2. Aufl. 2017 Rn. 10 zu § 14 RVG.
9 BVerwGE 1962, 169; OLG Jena RVGreport 2005, 361 (363); LG Freiburg AnwBl. 1965, 184; LG Karlsruhe AnwBl. 1973, 367; LG Karlsruhe AnwBl. 1980, 121; AG Köln AnwBl. 1978, 63; AG Hünfeld JurBüro 1970, 97.

tungsakten und deren Umfang dokumentieren, um diese mit anderen Fällen zu vergleichen. Die Einsichtnahme in die Akten indiziert einen zusätzlichen Aufwand gegenüber der aufgrund des Amtsermittlungsgrundsatzes zulässigen Bearbeitung ohne Akteneinsicht. Abgesehen davon, dass die Bearbeitung ohne eigene Akteneinsicht haftungsrechtlich problematisch sein kann, ist bei erfolgter Akteneinsicht tendenziell ein höherer Tätigkeitsumfang abrechenbar als ohne. Dabei sollte darauf geachtet werden, dass nicht nur die tatsächlich gefertigten Kopien mit ihrer Anzahl dokumentiert werden, sondern darüber hinaus der Umfang der Gesamtakte. Wird nämlich lediglich auf die Anzahl der gefertigten Kopien abgestellt, bleibt die Auswahlleistung des Rechtsanwalts bei der Durchsicht der Akte außer Betracht. Tatsächlich ist bereits die Filterung des Akteninhalts im Hinblick auf die für den Rechtsstreit möglicherweise bedeutsame Substanz eine anwaltliche Leistung, deren Umfang bei der Bemessung der Gebühr zu berücksichtigen ist.

Zu berücksichtigen ist weiter der **sonstige Rechercheumfang**. Dieser kann sich daraus 62 ergeben, dass die Rechtslage ermittelt werden muss. Das kann etwa im Vertragsarztrecht bei untergesetzlichen Vorschriften zum Teil besonders aufwändig sein, wenn ermittelt werden muss, welche Honorarverteilungsvorschriften aktuell gültig sind und ob sie auf einer ausreichenden Ermächtigungsgrundlage basieren. Der Rechercheumfang kann aber auch in der Einholung ärztlicher Berichte oder sonstiger Informationen zur Sachlage bestehen. Wenn sich Informationen nicht allein aufgrund der Angaben des Mandanten ergeben, kann der Umfang der Bearbeitung sich als überdurchschnittlich darstellen, denn die Beschaffung der Informationen ist grundsätzlich die Sache des Mandanten, nicht des Rechtsanwaltes. Problematisch ist auch hier wiederum die Vermittlung dieses Aufwands bei der Abrechnung. Es empfiehlt sich deshalb, Recherchezeiten zu dokumentieren.

Ein wesentliches Indiz für den Umfang der Bearbeitung sind nach Ansicht der Recht- 63 sprechung die Anzahl und der Umfang der gefertigten sowie der erhaltenen und ausgewerteten **Schriftsätze**. Grundsätzlich ist es leichter, den Umfang zu belegen, wenn eine Vielzahl von langen Schriftsätzen gefertigt worden ist. Ein besonderer Umfang liegt dann sozusagen auf der Hand. Allerdings weiß jeder Jurist, dass weniger auch mehr sein kann. Liegen also nur wenige, kurze Schriftsätze vor, so ist damit nicht gesagt, dass der tatsächliche und rechtliche Prüfungsaufwand nicht dennoch hoch gewesen ist.[10] In diesem Fall sollte der Aufwand erläutert werden.

Ein weiteres wesentliches Indiz für den Umfang der Bearbeitung sind nach Ansicht 64 der Rechtsprechung die Anzahl und der Umfang der für das Verfahren auszuwertenden **Gutachten** und fachlichen, meist ärztlichen, **Berichte**. Die Kostenbeamten und Bezirksrevisoren benutzen auch hier zum Teil Erfassungsbögen, die Anzahl und Umfang von Gutachten und Berichten dokumentieren, um so den festzusetzenden Fall mit anderen zu vergleichen. Grundsätzlich geht die Rechtsprechung zwar davon aus, dass jede sozialrechtliche Angelegenheit typischerweise auch die Auseinandersetzung mit ärztlichen Berichten oder einem Gutachten beinhaltet. Allerdings ist eine Mehrzahl von Gutachten jedenfalls überdurchschnittlich. Das gilt insbesondere dann,

---

10   LSG HE 26.1.2004 – L 12 B 90/02 RJ ASR 2004, 90.

wenn die Gutachten divergent sind, also aus verschiedenen Fachgebieten erstellt sind und aus dem jeweiligen Fachgebiet heraus zu einem unterschiedlichen Ergebnis kommen. Hier ist ein besonderer Aufwand mit der Ermittlung der Gründe für ein unterschiedliches Ergebnis verbunden, der über das Normale hinausgeht. Der Rechtsanwalt sollte deshalb bei der Abrechnung Anzahl und Umfang der ärztlichen Berichte Revue passieren lassen, um selbst den konkreten Aufwand des vorliegenden Falles zu beurteilen.

65   Als Merkmal überdurchschnittlichen Umfangs gilt auch die Abgabe von **qualifizierten Stellungnahmen** zum Sachverhalt oder der Beweisaufnahme. Diese sind angesichts des im Sozialrecht überwiegend geltenden Amtsermittlungsgrundsatzes nicht selbstverständlich. Sie indizieren zudem, dass sich der Rechtsanwalt tatsächlich mit der Sachverhalts- oder der Beweisermittlung auseinandergesetzt hat, und belegen damit den außerhalb der Akte liegenden Arbeitsumfang. Da die standardgemäße Bearbeitung des Mandates ohnehin die sorgfältige Lektüre der Akte und von Gutachten, ärztlichen Berichten etc erfordert, sollte die Reflektion deren Inhalts auch schriftsätzlich manifestiert werden, um den besonderen Aufwand der Angelegenheit auch aktenmäßig zu dokumentieren.

66   Die Gerichte stellen zur Beurteilung natürlich ganz wesentlich auch auf den aus der Akte ersichtlichen **Zeitaufwand** ab. In der Regel wird die Dauer gerichtlicher Termine im Protokoll festgehalten. Geschieht das nicht, sollte – jedenfalls bei einer durchschnittlichen oder überdurchschnittlich langen Dauer des Termins – darauf geachtet werden, dass die Protokollierung auch tatsächlich erfolgt. Vorsicht ist beim Rückschluss aus einer nur kurzen Terminsdauer auf die Unterdurchschnittlichkeit der zeitlichen Belastung durch den Termin geboten. Das Sozialgericht Dortmund[11] weist zu Recht darauf hin, dass nicht nur die objektive Dauer des Termins, sondern auch der Umfang der erforderlichen Vorbereitungen berücksichtigt werden muss. Die Tatsache, dass aufgrund der Vorbereitung des Termins eine Verhandlung zügig durchgeführt werden kann, ist dabei ebenso durch das Gericht zu berücksichtigen wie eine „vernünftige" und damit das Verfahren abkürzende Verfahrensweise. Das LSG NRW[12] führt dazu aus, dass ansonsten „Zeitschinder" und „Begriffsstutzige" unter den Prozessvertretern bevorzugt werden würden und Termine ohne Not in die Länge gezogen würden. Abgesehen davon, dass diese Ausführungen ein negatives, in der Regel unzutreffendes Bild der Prozessvertreter im Sozialrecht zeichnen, geben sie jedoch Argumentationsstoff für die Bemessung der Gebühr. Ähnlich wie bei den Pauschalgebühren im Strafrecht wird durch die Rechtsprechung die Hilfe zur Verfahrensabkürzung und zur Einsparung richterlicher Ressourcen durch eine günstigere Bewertung der anwaltlichen Tätigkeit im Hinblick auf den fiktiv erzielbaren Aufwand belohnt.

67   Wie sich aus dem Vorstehenden ergibt, ist auch der Umfang der **außergerichtlichen Befassung** bei der Bemessung der Gebühr zu berücksichtigen. Problematisch ist jedoch, wie dieser im Falle der Festsetzbarkeit von Gebühren zur Kenntnis des Gerichts

---

11   SG Dortmund S 10 (32) AS 210/07, unveröffentlicht.
12   LSG NRW 20.12.2006 – L 12 B 194/06 AS.

oder des Rechtspflegers gemacht werden kann. Dazu bedarf es bei einer Reihe von Rechtsanwälten einer Änderung der Arbeitsweise. Viele Rechtsanwälte pflegen den Fall genialisch im Kopf zu behalten. Besprechungen werden nicht oder allenfalls rudimentär mit dem wichtigsten Stichwort des Ergebnisses der Besprechung dokumentiert. Das mag im Einzelfall zur Bearbeitung des Mandates tauglich sein. Jeder kommt jedoch an seine Grenzen, wenn es darum geht, sich auch noch nur am Rande bedeutsame Kleinigkeiten zu merken. Die zeitliche Dauer oder die besondere Schwierigkeit der Besprechung ist im Zeitpunkt der sachlichen Bearbeitung nicht von Bedeutung. Sie werden deshalb dem Vergessen anheimfallen. Es ist deshalb zu empfehlen, für Besprechungen besondere Formulare zu verwenden, auf denen Anfangszeit und Schluss der Besprechung dokumentiert werden können, um so den außergerichtlichen Aufwand zu dokumentieren. Abgesehen davon, dass damit auch betriebswirtschaftlich eine Kalkulation der Bearbeitungsdauer der verschiedenen Angelegenheiten möglich wird und damit die Feststellung der Kostenanteile an der Gesamtfallzahl, ist im konkreten Fall der Nachweis möglich, dass dieser Fall **vom Durchschnittsfall abweicht** und deshalb überdurchschnittlich zu bewerten ist. In den Köpfen vieler Sozialrichter ist nicht präsent, dass der Rechtsanwalt außer dem spärlichen Inhalt der Klageschrift noch weitere Leistungen erbringt. Die sozialrechtliche Klientel verlangt zum Teil ein **erhebliches Maß an Zuwendung**, die Kompliziertheit der sozialrechtlichen Rechtssetzung und Rechtsprechung, die die Grenze des rechtsstaatlich Erträglichen teilweise bereits erreicht hat, ist dem normalen Bürger schwer zu vermitteln. Das hat natürlich Auswirkungen auf die Dauer der Vermittlungstätigkeit der Rechtsanwälte, die den Sozialgerichten durch das Filtern von Sachverhaltsangaben des Mandanten und das Herausarbeiten von dessen wirklichem Begehr äußerst viel Arbeit ersparen. Das sollte im konkreten Fall dem Gericht vermittelt werden, um eine entsprechende Bewertung des Umfangs der Tätigkeit zu ermöglichen.

Die in den letzten Jahren eingetretenen **verlängerten Verfahrensdauern** haben dabei zu einem erheblichen Mehraufwand geführt. Nicht nur fällt damit die regelmäßige Überprüfung, ob im Rechtsstreit etwas getan werden muss, häufiger an, sondern der Betreuungsaufwand gegenüber dem Mandanten steigt mit der Dauer der ausstehenden Erledigung ebenso wie die Unzufriedenheit des Mandanten. Das Gericht bleibt in der Regel von der Wahrnehmung dieser Unzufriedenheit verschont, weil die Rechtsanwaltschaft hier Verständnis vermittelnd tätig wird, was aber eben einen zusätzlichen Aufwand bedeutet. Angesichts der heutigen Verfahrensdauern bei teilweise die Existenz des Mandanten betreffenden Angelegenheiten ist die Justizverdrossenheit in der Mandantschaft deutlich gestiegen. 68

Einen besonders hohen Aufwand hat der Rechtsanwalt bei der Notwendigkeit zur Verständigung mit dem Mandanten in einer **Fremdsprache**.[13] Das gilt sowohl dann, wenn der Rechtsanwalt sich mit dem Mandanten so lange in der Gerichtssprache verständigt, bis Zweifel an dem Inhalt der Mitteilungen des Mandanten ausgeräumt sind, als auch bei der Verständigung in einer dem Rechtsanwalt geläufigen Fremd- 69

---

13 LSG NRW 16.8.2006 – L 10 B 7/06.

sprache,[14] wie auch bei der Verständigung über den Dolmetscher. In all diesen Fallgestaltungen ist ein weitaus höherer Aufwand bei der Bearbeitung erforderlich als im Normalfall.

70 Dasselbe gilt für den Fall einer **eingeschränkten Hör- und Sehfähigkeit** des Mandanten.[15] Hier ist der Vermittlungsaufwand für den Rechtsanwalt besonders hoch.

71 **Synergieeffekte** durch andere Verfahren[16] sind unbeachtlich. Wie bereits ausgeführt, richten sich die Kriterien des § 14 RVG an dem Normalanwalt aus. Es ist eine normative Betrachtung des Umfangs erforderlich. Dass sich der Rechtsanwalt bereits aus Anlass eines Parallelfalles desselben oder eines anderen Mandanten in die Problematik eingearbeitet hat und bei diesem (weiteren) Fall zum Beispiel einen geringeren Rechercheaufwand hat, muss sich der Rechtsanwalt ebenso wenig entgegenhalten lassen wie die Tatsache, dass er sich zum Beispiel als Fachanwalt durch vorherige Ausbildung und ständige Weiterbildung die Einarbeitung in ein Spezialgebiet erspart. Die entgegenstehende Rechtsprechung würde zu der Konsequenz führen, dass besonders unkundige Rechtsanwälte, seien es Berufsanfänger oder Spezialisten aus einem anderen Rechtsgebiet, die sich zum ersten Mal im Sozialrecht betätigen, einen übermäßigen Einarbeitungsaufwand ebenfalls berücksichtigt verlangen könnten.

Ebenfalls unbeachtlich ist, dass der Rechtsanwalt einen Synergieeffekt durch die Bearbeitung derselben Sache in einem vorangegangenen Verfahrensabschnitt nutzen kann. Das ergab sich bisher bereits aus der Vorbem. 2.3 (4) S. 3 und aus der Vorbem. 3 (4) S. 4 VV-RVG. Leider ist diese Regelung oftmals übersehen und deshalb nicht beachtet worden. Der Gesetzgeber des KostRÄG 2021 hat deshalb die Rechtslage in § 14 Abs. 2 RVG nunmehr ganz deutlich klargestellt. Dort heißt es: „Ist eine Rahmengebühr auf eine andere Rahmengebühr anzurechnen, ist die Gebühr, auf die angerechnet wird, so zu bestimmen, als sei der Rechtsanwalt zuvor nicht tätig gewesen.“

2. Schwierigkeit der Bearbeitung

72 Das zweite Merkmal des § 14 RVG ist das der Schwierigkeit der Bearbeitung. Gemeint ist vor allem die **besondere Konzentrationsleistung**, die der Rechtsanwalt bei der Bearbeitung aufbringen musste. Es handelt sich hier um ein eigenständiges Merkmal, wenn auch eine schwierige Tatsachen- oder Rechtslage zumeist auch einen erhöhten zeitlichen Umfang bei der Bearbeitung mit sich bringt. Während der Umfang jedoch nur den zeitlichen und sachlichen Aufwand der Bearbeitung erfasst, erfasst das Merkmal der Schwierigkeit die Intensität der Bearbeitung.

Schwierigkeiten können sich auf verschiedenen Ebenen ergeben. Letztendlich ist jeder Umstand, der eine besonders intensive Befassung mit der Angelegenheit bewirkt, zu berücksichtigen.

In erster Linie ist natürlich die **rechtliche Schwierigkeit** zu berücksichtigen. Diese kann sich dadurch ergeben, dass eine besondere dogmatische Problematik besteht,

---

14 LSG HE 26.1.2004 – L 12 B 90/02 RJ ASR 2004, 90.
15 SG Aachen 21.6.2005 – S 11 AL 111/04.
16 Falsch: BSG 22.1.1993 – 14b/4 REG 12/91.

die es erfordert, rechtlich in die Tiefe gehend wissenschaftlich zu arbeiten. Sie kann sich aber auch daraus ergeben, dass ausländisches Recht, Europarecht oder Verfassungsrecht zur Durchsetzung der Mandanteninteressen ermittelt und geprüft werden müssen. Das ist in einer zunehmenden Anzahl von Fällen erforderlich. Schließlich kann aber auch die Befassung mit einem abgelegenen Spezialgebiet die besondere rechtliche Schwierigkeit begründen.

Eine besondere rechtliche Schwierigkeit ist daneben auch dann gegeben, wenn eine **Mehrzahl von Rechtsproblemen** entweder nebeneinander oder aufeinander aufbauend geprüft werden muss. 73

Rechtsausführungen, Zitate aus jüngerer Rechtsprechung oder die Vorlage eines Gesetzentwurfes weisen auf einen hohen Schwierigkeitsgrad hin.[17]

Neben der rechtlichen Schwierigkeit kann auch eine **tatsächliche Schwierigkeit** die Bearbeitung erschweren. Das ist etwa der Fall, wenn der Sachverhalt schwer zu ermitteln ist, weil divergierende Informationen vorliegen oder Mandant oder Gegner divergierende oder sogar wechselnde Sachverhalte vortragen. In diesem Fall besteht die Schwierigkeit zum einen darin, dass der Rechtsanwalt zunächst für sich ein Bild von der Tatsachenlage schaffen muss, um die Angelegenheit überhaupt sachgerecht bearbeiten zu können. Darüber hinaus ist es aber auch schwierig, das Gericht von dem zu unterstellenden Sachverhalt zu überzeugen, den der Rechtsanwalt als gegeben ansieht und der den Anspruch des Mandanten stützt. 74

Fachfremde Gutachten, die eine Befassung mit ihrem Zustandekommen erfordern, stellen eine tatsächliche Schwierigkeit dar. Dies ist zum Beispiel in dem Fall gegeben, in dem der Orthopäde aus seiner fachärztlichen Sicht die Anspruchsvoraussetzungen einer sozialrechtlichen Leistung bejaht, der Chirurg sie hingegen aus seinem Fachgebiet heraus verneint. In diesem Fall muss der Rechtsanwalt sich ein über das Gutachten hinausgehendes Verständnis der Dogmen des Fachgebietes, aus dem der Sachverständige kommt, verschaffen, um die Wertigkeit der Aussagen der Sachverständigen für den jeweiligen Rechtsfall beurteilen zu können und das Gericht von der Richtigkeit der den Anspruch des Mandanten stützenden Auffassung des Sachverständigen zu überzeugen. 75

Eine besondere sachliche Schwierigkeit liegt aber auch immer dann vor, wenn **physikalische Sachverhalte** überprüft werden müssen, etwa dann, wenn arbeitstechnische, unfallanalytische oder Gutachten zur Lebenszeitbelastung vorliegen. In diesen Fällen kommt hinzu, dass dazu auch die Anerkennung der jeweiligen Gutachtensmethoden in der Rechtsprechung geprüft werden muss. Hier muss der Rechtsanwalt auf ein überdurchschnittliches Wissen zurückgreifen oder einen besonderen gedanklichen und Rechercheaufwand betreiben. 76

Eine sonstige Schwierigkeit ist ebenso zu berücksichtigen wie die rechtliche oder die tatsächliche Schwierigkeit. So ist zum Beispiel ein schwieriger Mandant, die Korrespondenz in Fremdsprachen oder über Dolmetscher oder jede andere Schwierigkeit bei der Bewertung zu berücksichtigen. 77

---

17 SG Stade ASR 2010, 78.

78 Gerade der **schwierige Mandant** kommt in sozialrechtlichen Angelegenheiten häufiger vor als in manch anderem Rechtsgebiet. Nicht nur der Rentenneurotiker oder der manisch depressive Mandant verlangen dem Rechtsanwalt eine besondere Leistung im Umgang und der Vermittlung ihrer Anliegen gegenüber dem Gericht ab, auch Mandanten mit einem übersteigerten Anspruchsdenken erfordern eine besondere Leistung des Rechtsanwalts, die die Gerichte gar nicht genug würdigen können. Diese Umstände müssen bei der Bemessung der Gebühr angemessen berücksichtigt werden. Sie sind im Falle der Gebührenfestsetzung konkret vorzutragen.

79 Die Einschaltung eines **Dolmetschers** – sei es ein vom Mandanten mitgebrachter, mehr oder weniger qualifiziert übersetzender Laie oder ein vom Rechtsanwalt hinzugezogener Berufsdolmetscher – begründet ein zusätzliches **Haftungsrisiko**. Der Rechtsanwalt muss selbst darauf achten, dass es zu keinen Informationsverlusten oder Informationsverfälschungen kommt. Wird von dem Dolmetscher nur grob zusammenfassend übersetzt, ist eine Fehlinformation faktisch vorprogrammiert. Der Rechtsanwalt wird deshalb während der Rede des Mandanten und der Übersetzung des Dolmetschers nicht abschalten und kurz Luft holen können. Er muss vielmehr durchgängig voll konzentriert bleiben, um beurteilen zu können, ob die Übersetzung auch tatsächlich eins zu eins erfolgt. Schließlich kommt es nicht darauf an, wie der Dolmetscher den Mandanten verstanden hat, sondern dass auch tatsächlich richtige und vollständige Informationen erlangt werden. Dasselbe gilt natürlich auch bei der Weitergabe der Beratung des Mandanten durch den Rechtsanwalt über den Dolmetscher. Kontrollfragen und Rückversicherungen sind unumgänglich. Die hierfür erforderliche besondere Konzentrationsleistung ist entsprechend als besonders schwierig zu berücksichtigen.

80 Problematisch ist der Umgang mit vermeintlichen sozialrechtlichen Standardfällen, zum Beispiel aus dem Recht der sozialen Entschädigung. Die Verfahren über die **Feststellung des Grades der Behinderung** werden vielfach unterbewertet. Die Sozialgerichte scheinen sie als Standardfall anzusehen und neigen deshalb dazu, sie unterdurchschnittlich zu entgelten. Das ist schon im Ansatz falsch. Wenn es sich bei ihnen tatsächlich um einen Standardfall handeln soll, so begründet das nicht eine unterdurchschnittliche, sondern die Mittelgebühr.

81 Zudem gibt es keinen Erfahrungssatz, dass der Schwierigkeitsgrad in Verfahren um Feststellung des Grades der Behinderung oder des Nachteilsausgleichs unter dem in anderen Verfahren (zum Beispiel Rentenverfahren oder ähnliche) liegt.[18]

82 Die **Rechtsprechung** orientiert sich bei der Feststellung der Schwierigkeit der Bearbeitung zumeist ebenfalls an formalen Kriterien oder offensichtlichen Anzeichen für die Schwierigkeit. Danach ist ein reiner Sachvortrag in den gefertigten Schriftsätzen eher ein Indiz für eine geringe Schwierigkeit, während die Auseinandersetzung mit den sachlichen und rechtlichen Gegebenheiten in Sach- und Rechtsvortrag eher das Vorliegen einer überdurchschnittlichen Schwierigkeit indiziert.

---

18 LSG NRW 31.5.2007 – L 10 B 6/07 SB.

Grundsätzlich ist die Auseinandersetzung mit Gutachten aus anderen als den recht- 83
lichen Fachgebieten besonders schwierig für Rechtsanwälte und Gericht. Im Sozialrecht sehen die Gerichte jedoch die Besonderheit als gegeben an, dass in nahezu
jedem sozialrechtlichen Verfahren Gutachten eingeholt werden oder vorliegend und
auszuwerten sind. Die Rechtsprechung betrachtet deshalb die Auseinandersetzung
mit einem medizinischen Gutachten als normal,[19] die Befassung mit einer **Vielzahl
von Gutachten** nicht.[20] Dasselbe gilt umso mehr, als Gutachten aus verschiedenen
Bereichen häufig wegen der Begründung in dem jeweiligen Fachgebiet zu divergieren-
den Ergebnissen kommen. Hier ist der Rechtsanwalt gefordert, sich mit ihm fremden
Wissensbereichen auseinanderzusetzen. Die Tatsache, dass sich ein auf dem Sozialrecht tätiger Rechtsanwalt oder das Sozialgericht häufig mit zum Beispiel medizinischen Sachverhalten beschäftigen müssen, begründet nicht, dass hier kein überdurchschnittlicher Aufwand vorläge. Das Gericht muss notfalls in diesem Zusammenhang
daran erinnert werden, dass ein ungesundes Halbwissen weder zur Entscheidung
noch zur anwaltlichen Beratung und Vertretung ausreicht. Will sich der Rechtsanwalt
auf einer Ebene mit dem Gericht und dem Sachverständigen auseinandersetzen, ist
ein intensiver Einstieg in die fremden, zum Beispiel medizinischen Sachverhalte erforderlich. Und das ist eine besonders schwierige Tätigkeit.

Überdurchschnittlich schwierig sind die Fälle, in denen **besonders schwierige rechtli-** 84
che Fragen, zum Beispiel zu den Rückforderungsfällen für Vergangenheit oder Zu-
kunft nach den §§ 45 ff. und 48 SGB X zu prüfen sind. Hier liegt eine besondere
Schwierigkeit vor, weil die Vorschriften stark ausdifferenziert und schwer voneinan-
der abgrenzbar – mithin schwer zu handhaben – sind.

Auch dort, wo die **Kausalität** entscheidungserheblich ist, ist regelmäßig eine beson- 85
dere Schwierigkeit gegeben, weil hier das – vom Zivilrecht unterschiedliche – Be-
weisrecht des Sozialrechts beachtet werden muss und Kausalitätsfeststellungen auch
inhaltlich besonders schwierig sind.

Bei der Beurteilung der Schwierigkeit ist es unerheblich, dass der sachbearbeitende 86
Rechtsanwalt als Fachanwalt für Sozialrecht besondere Vorkenntnisse hat.[21] Die Sozialgerichte, die in der Regel mit Spezialkammern für Teilgebiete des Sozialrechts
besetzt sind, müssen sich hier den Blick für das Normale erhalten und dürfen nicht
ihren Horizont als den bei einem Rechtsanwalt vorauszusetzenden annehmen.

Auch die Befassung mit **Übergangsrecht**[22] begründet eine besondere Schwierigkeit, 87
weil hier eine sorgfältige Abgrenzung erforderlich ist.

In jedem Fall überdurchschnittlich schwierig sind Rechtsgebiete, die abgelegen sind,
die eine lange Einarbeitungszeit oder Auseinandersetzung mit komplexen oder in
verschiedenen Rechtsmaterien verankerten Regelungen erfordern,[23] und Fälle, die
eine **Auseinandersetzung mit anderen Rechtsgebieten** erfordern.[24]

---

19 BSG 26.2.1992 – 9 a RVs 3/90.
20 LSG HE 26.1.2004 – L 12 B 90/02 RJ.
21 LSG NRW 5.5.2008 – L 3 R 84/08, ASR 2009, 46 mit zutr. Anm. Bettina Schmidt, 53.
22 LSG SN 7.2.2008 – L 6 B 33/08.
23 LSG BW 13.12.2006 – L 5 KA 5567/05.
24 BSG 22.1.1993 – 14b/4 REG 12/91.

Dasselbe gilt bei **uneinheitlicher Rechtsprechung** und dort, wo eine höchstrichterliche Rechtsprechung ganz oder teilweise fehlt.[25] Insoweit dürfte die Zulassung einer Revision oder die Notwendigkeit einer Nichtzulassungsbeschwerde indizieren, dass ein Fall besonderer Schwierigkeit vorgelegen hat.

Auch bei dem Kriterium der Schwierigkeit sind Synergieeffekte durch andere Verfahren oder die Vorbefassung in einem vorangegangenen Verfahrensabschnitt (§ 14 Abs. 2 RVG) nicht gebührenmindernd zu berücksichtigen.

3. Bedeutung für den Auftraggeber

88 Neben dem Umfang der Leistung und ihrer Schwierigkeit ist die Bedeutung der Angelegenheit nach den Marktgesetzen das dritte wichtige preisbildende Kriterium. Der Gesetzgeber hat deshalb vorgesehen, dass regelmäßig auch die Bedeutung der Angelegenheit bei der Bestimmung der Gebühr berücksichtigt werden soll.

Die Bedeutung für den Auftraggeber ist bei der Abrechnung nach § 2 RVG und § 3 RVG tendenziell unterschiedlich zu bewerten.

89 Bei der **wertbezogenen Abrechnung nach § 2 RVG** zeigt sich die Bedeutung der Sache systemgemäß zunächst im Gegenstandswert. Der Gegenstandswert bestimmt die Höhe der Wertgebühr. Spiegelt der Gegenstandswert das Interesse des Mandanten an der Sache wider, so ist mit dem Gegenstandswert das durchschnittliche Interesse bestimmt.

Von dieser durchschnittlichen Bewertung kann nur dann abgewichen werden, wenn zusätzliche Umstände hinzukommen, die die Bedeutung für den Auftraggeber bestimmen, zum Beispiel ein großes Missverhältnis zwischen der Höhe der erstrebten Leistung und den Einkommensverhältnissen des Mandanten.

90 Anders ist es auch dort, wo der Gegenstandswert ausnahmsweise nicht das Interesse des Mandanten widerspiegelt, also dort, wo Gegenstandswerte limitiert werden. Dann liegt das wirtschaftliche Interesse des Mandanten höher, als es der Gegenstandswert bemisst. Es liegt eine überdurchschnittliche Bedeutung vor. Diese Fälle sind im Sozialrecht selten.

91 Bei der Abrechnung nach **Betragsrahmengebühren gemäß § 3 RVG** ist die Mitte des Gebührenrahmens nicht durch den Gegenstandswert bestimmt. Hier kann die wirtschaftliche Bedeutung des Ausgangs des Rechtsstreites eines der Merkmale sein, nach denen die Bedeutung der Angelegenheit für den Auftraggeber bemessen werden kann.

92 Eine überdurchschnittliche Bedeutung kann aber auch dann angenommen werden, wenn der Auftraggeber durch den Rechtsstreit **emotional besonders betroffen** ist. Beispielhaft kann das bei Opferentschädigungsverfahren der Fall sein, aber auch bei Überprüfungsverfahren nach § 44 SGB X, wenn der Mandant von dem Unrecht einer bestehenden und bestandskräftigen Entscheidung überzeugt ist. Auch für nur subjektiv stark betroffene Mandanten, die durch Krankheit bedingt ein ihnen angetanes Unrecht übersteigert wahrnehmen, ist die Angelegenheit überdurchschnittlich bedeutsam.

---

25 LSG NRW 16.8.2006 – L 10 B 7/06.

Die Rechtsprechung fragt bei der Beurteilung der Bedeutung zunächst nach **objektiv** 93
zu bemessenden Sachverhalten. So ist eine besondere Bedeutung für den Auftraggeber
stets dann anzunehmen, wenn im Falle des positiven oder negativen Ausgangs des
Rechtsstreites eine Lebensveränderung eintreten wird. Je tiefgreifender die Lebensveränderung ist, umso höher ist die Bedeutung der Angelegenheit für den Auftraggeber.
Wird durch die angestrebte Entscheidung der ungesicherte Lebensunterhalt sichergestellt, so liegt ein Fall höchster Bedeutung für den Auftraggeber vor, so zum Beispiel
bei dem potenziellen Grundsicherungsempfänger, dessen Antrag streitgegenständlich
ist.

Die Rechtsprechung sieht daneben auch die **Dauer einer erstrebten Leistung** als 94
Indiz für eine besondere Bedeutung der Angelegenheit für den Auftraggeber an.
Überdurchschnittlich sind deshalb alle Bescheide, die sich nicht nur auf den aktuellen
Lebensabschnitt auswirken, sondern eine Dauerwirkung haben, so zum Beispiel bei
dem Streit um einen Rentenbezug. Die Rechtsprechung hat festgestellt, dass regelmäßig sogar die Höchstgebühr abzurechnen ist, wenn eine erstrebte oder in Frage
gestellte Dauerrente das ausschließliche Mittel zum Lebensunterhalt ist.[26] Dasselbe
gilt für die Gewährung einer Erwerbsminderungsrente.[27] In diesem Fall liegt nach der
Rechtsprechung ein Fall höchster Bedeutung für den Auftraggeber vor.

In einem solchen Fall kann die Höchstgebühr verdient sein, selbst wenn der Umfang 95
der Bearbeitung nicht überdurchschnittlich ist.[28]

Jedenfalls zu einer Erhöhung der Gebühr wegen der besonderen Bedeutung führt es, 96
wenn ein Leistungsbezug für länger als ein Jahr begehrt wird.[29]

Eine besondere, überdurchschnittliche Bedeutung für den Auftraggeber liegt auch 97
dann vor, wenn der Rechtsstreit **Auswirkung auf andere Ansprüche** hat. Das ist zum
Beispiel der Fall, wenn durch die Feststellung eines höheren Grades der Behinderung
ein erhöhter Kündigungsschutz für den Mandanten erreicht würde oder wenn der
Mandant nach ausländischem Recht bei der Feststellung eines Grades der Behinde-
rung nach seinem Heimatrecht einen vorzeitigen Rentenanspruch erhalten würde.
Gerade die Bedeutung der Standardfälle, wie etwa des sozialen Entschädigungsrechts,
wird häufig unterschätzt. Bei genauerer Ansicht ist häufig gerade hier eine besondere
Bedeutung für den Mandanten festzustellen. Es bedarf jedoch stets des genauen
Hinsehens.

Deshalb kann wegen der Bedeutung der Angelegenheit (zum Beispiel im Hinblick auf 98
die vorgezogene Altersrente) die Höchstgebühr auch in Schwerbehindertenangelegen-
heiten angemessen sein.[30]

Überdurchschnittlich ist die Bedeutung, wenn mit dem erstrebten Anspruch zugleich 99
auch außerrechtliche Folgen eintreten. Das kann etwa der Fall sein, wenn bei unter-

---

26 LSG Thüringen 14.3.2001 – L 6 B 3/01 SF; SG Karlsruhe 3.5.2005 – S 15 R 1398/05 KO-A ASR 2005, 88.
27 SG Detmold 10.11.2004 – S 8 RA 6/04, ASR 2005, 40.
28 LSG HE 26.1.2004 – L 12 B 90/02 RJ ASR 2004, 90.
29 + 20 %: LSG SN 8.2.2008 – L 6 B 466/07 R-KO.
30 SG Detmold 20.10.2004 – S 13 SB 94/02, ASR 2004, 148, noch zu § 116 Abs. 1 und Abs. 4 BRAGO.

bliebener Feststellung des Anspruchs auf Grundsicherungsrente die Obdachlosigkeit droht.[31]

Bei dem Vorliegen einer **wirtschaftlichen Notlage** bekommen nahezu alle Leistungsansprüche eine weit erhöhte Bedeutung für den Auftraggeber.[32]

100 Wie bei allen Kriterien des § 14 RVG kommt es auf die **Bewertung des Einzelfalles** an. Ist der Auftraggeber zum Beispiel zwar wirtschaftlich nicht schlecht gestellt, erstrebt er jedoch mit der streitgegenständlichen Leistung die Ermöglichung oder die Absicherung einer neuen, selbstständigen Existenz, so kann trotz guter wirtschaftlicher Verhältnisse bei einer erstrebten zeitlich und betragsmäßig beschränkten Leistung eine besondere Bedeutung für den Auftraggeber gegeben sein. Der Gesetzgeber hat dem Rechtsanwalt insoweit eine Einschätzungsprärogative eingeräumt.

4. Wirtschaftliche Verhältnisse des Auftraggebers

101 Die wirtschaftlichen Verhältnisse des Auftraggebers sind bei der Bemessung der Gebühr zu berücksichtigen. Der Gesetzgeber der Rechtsanwaltsgebührenordnung von 1879 und der Folgeordnungen hat mit diesem Merkmal der **unterschiedlichen wirtschaftlichen Leistungsfähigkeit der Auftraggeber** Rechnung tragen wollen. So soll demjenigen, der so gestellt ist, dass die Führung des Rechtsstreites für ihn keine besondere Belastung darstellt, mehr berechnet werden dürfen, während der Rechtsanwalt berechtigt sein sollte, demjenigen, dem die Durchsetzung seiner Ansprüche wirtschaftlich schwer fällt, Gebühren innerhalb des gesteckten Rahmens nachzulassen.

102 Die Rechtsprechung meint, dass die wirtschaftlichen Verhältnisse in der Regel **kein wesentliches Kriterium**[33] seien. Ob das richtig ist, muss bezweifelt werden. Unter Marktbedingungen ist die Leistungsfähigkeit des Entgeltpflichtigen regelmäßig ein bedeutsames Kriterium. Richtig kann diese Bewertung allerdings aus dem Gesichtspunkt heraus sein, dass die anwaltliche Vergütung im Sozialrecht regelmäßig nicht frei verhandelt werden kann, sondern an einen Gebührenrahmen gebunden ist, der bereits die schlechten wirtschaftlichen Verhältnisse der meisten Auftraggeber in diesem Rechtsgebiet berücksichtigt.

103 Fraglich ist jedoch, wie die wirtschaftlichen Verhältnisse des Auftraggebers zu bewerten sind.

Nach der vorherrschenden Meinung soll die Leistungsfähigkeit des Mandanten durch einen **Vergleich mit der Gesamtbevölkerung**[34] festgestellt werden. Das bedeutet, dass etwa ein durchschnittliches Einkommen und das Fehlen besonderer Werte (Wohneigentum, Vermögen etc) durchschnittliche wirtschaftliche Verhältnisse abbilden.

104 Es ist jedoch fraglich, ob diese Auffassung, jedenfalls bei den nach Betragsrahmengebühren abzurechnenden Angelegenheiten, zutreffend ist. Die sozialrechtlichen Ge-

---

31 + 30 %: LSG SN 7.2.2008 – L 6 B 33/08 AS KO.
32 SGB II: LSG NRW 26.4.2007 – L 7 B 36/07 AS; BVerwG JurBüro 1985, 1813 in Bezug auf § 12 BRAGO.
33 Keine Herabsetzung der Mittelgebühr: LSG NRW 23.4.2007 – L 19 AS 54/06.
34 Falsch: LSG NRW 23.4.2007 – L 19 AS 54/06.

bühren sind, wie in der Einleitung festgestellt wurde, so bemessen, dass sie mit Rücksicht auf die regelmäßig schlechteren wirtschaftlichen Verhältnisse der sozialrechtlichen Klientel auch weniger Bemittelten den Zugang zum Recht ermöglichen können. Dabei wird den Rechtsanwälten in sozialrechtlichen Angelegenheiten teilweise auch ein Sonderopfer abverlangt, ohne dass, wie im Strafrecht, bei klarer Unzumutbarkeit im Einzelfall ein Ausgleich durch Erhöhung der gesetzlichen Gebühren im Wege der Festsetzung einer Pauschgebühr ermöglicht wird.

Diese soziale Komponente der Gebührenbemessung spricht dagegen, grundsätzlich auf den Vergleich mit der Gesamtbevölkerung abzustellen. Vielmehr ist allein ein **Vergleich mit der Klientel** angemessen. So wäre zum Beispiel bei einem Rechtsstreit um die Grundsicherung auch auf die Verhältnisse der Grundsicherungsempfänger abzustellen.

Die wirtschaftlichen Verhältnisse des Auftraggebers stehen häufig in einem Wechselverhältnis mit der Bedeutung der Angelegenheit für den Auftraggeber. Die Bedeutung der Angelegenheit steigt, je schlechter die wirtschaftlichen Verhältnisse des Auftraggebers sind.[35] Bei der Bestimmung der Rahmengebühr gemäß § 14 RVG heben sich deshalb nach dieser Rechtsprechung die Kriterien Bedeutung für den Auftraggeber und wirtschaftliche Verhältnisse gegenseitig auf. 105

Das ist jedoch nicht zwingend in jedem Fall richtig. Vielmehr obliegt es dem Rechtsanwalt, den Einzelfall konkret zu bewerten und dabei festzustellen, ob die wirtschaftlichen Verhältnisse des Auftraggebers eine Erhöhung oder Ermäßigung der Gebühr rechtfertigen.

Ungeklärt ist, wie sich das **Bestehen einer Rechtsschutzversicherung** des Auftraggebers auswirkt. Der Gesetzgeber hatte bei der Einbeziehung des Merkmals der wirtschaftlichen Verhältnisse des Auftraggebers vor Augen, dass der Rechtsanwalt der Belastung des Mandanten durch die Verfahrenskosten bei der Bestimmung der Gebühr Rechnung tragen sollte. Sind diese Kosten jedoch durch eine Rechtsschutzversicherung abgedeckt, hat der Mandant in der Regel keine Belastung durch die Kosten der Rechtsverfolgung mehr zu gewärtigen. Aus der Sicht des Gesetzeszweckes sind hier unterdurchschnittliche wirtschaftliche Verhältnisse nicht mehr zu berücksichtigen. 106

Dasselbe gilt vom Grundsatz her bei Mandanten, denen **Prozesskostenhilfe und Beratungshilfe** zusteht. Diese sind zwar wirtschaftlich deutlich schlechter gestellt als die allgemeine Bevölkerung, sie werden jedoch durch die Bewilligung der Prozesskostenhilfe und der Beratungshilfe von den Rechtsverfolgungskosten entlastet. Auch hier besteht zu einer Berücksichtigung der schlechten wirtschaftlichen Situation des Auftraggebers nach dem Gesetzeszweck kein Anlass mehr.[36] 107

Das muss umso mehr gelten, wenn der Rechtsanwalt bei der Abrechnung nach wertbezogenen Gebühren gemäß § 2 RVG auf Prozesskostenhilfegebühren Abschläge (ab 5.000 EUR Gegenstandswert) und Kappungen (ab 50.000 EUR Gegenstandswert) 108

---

35 SG Düsseldorf 25.1.2007 – S 35 AS 148/06, AGS 2007, 7; ständige Rechtsprechung des LSG NRW, zB 31.5.2007 – L 10 B 6/07 SB.
36 OLG München 13.8.2001 – 11 WF 1127/01, ASR 2004, 36.

und bei Beratungshilfegebühren Gebühren im Bereich des Sonderopfers hinzunehmen gezwungen ist.

5. Besonderes Haftungsrisiko

109 Nach dem Willen des Gesetzgebers soll ein besonderes Haftungsrisiko bei der Bestimmung der Gebühr berücksichtigt werden. Die gesetzliche Regelung ist insoweit bemerkenswert, als dass die übrigen Kriterien des § 14 RVG sowohl hinsichtlich ihrer über- wie ihrer unterdurchschnittlichen Ausprägung bewertet werden sollen. Das Haftungsrisiko ist nach dem Wortlaut des § 14 Abs. 1 S. 2 RVG bei wertbezogenen Gebühren gemäß § 2 RVG nur dann zusätzlich zu berücksichtigen, wenn es ein besonderes ist, also nur die Vergütung erhöhend; bei Betragsrahmengebühren gemäß § 3 RVG ist das Haftungsrisiko nach § 14 Abs. 1 S. 3 RVG in jeder Hinsicht zu berücksichtigen.

110 Der Hintergrund der gesetzlichen Regelung ist, dass es Fälle gibt, in denen die (geringe) Höhe der Vergütung völlig **außer Verhältnis zur Höhe der drohenden Haftungssumme** steht und der Mandant nicht in der Lage ist, eine Vereinbarung gemäß Nr. 7007 VV-RVG abzuschließen, nach der er die Kosten einer Erhöhung der Haftpflichtversicherungsprämie des Rechtsanwalts für den Einzelfall übernimmt. Hier soll der Rechtsanwalt im Einzelfall durch eine erhöhte Bestimmung der Gebühr seinem besonderen Risiko Rechnung tragen können.

111 Die Regelung ist dem Gesetzgeber missglückt. Im Normalfall greift bei den Geschäftsgebühren nach Nr. 2300 VV-RVG und Nr. 2302 VV-RVG die Kappungsgrenze ein, nach der nur die Kriterien Umfang und Schwierigkeit der Bearbeitung zu einer Erhöhung oberhalb des Kappungsbetrages führen können. In all diesen Fällen wird der Gesetzeszweck der Berücksichtigung des besonderen Haftungsrisikos verfehlt.

112 Fälle eines besonderen Haftungsrisikos ergeben sich insbesondere dann, wenn es um **Dauerschuldverhältnisse** oder um **Dauerleistungen** geht. Hier summiert sich das Haftungsrisiko über die Zeit recht schnell auf die Mindest-Haftpflichtsumme von 250.000 EUR. Geht es etwa um eine Leistung von 1.000 EUR monatlich, wird der Rechtsanwalt im Laufe des 21. Leistungsjahres die Leistungen allein übernehmen müssen. In sozialrechtlichen Angelegenheiten kann dieser Fall schnell eintreten. Geht es beispielsweise bei einem gut verdienenden Mandanten im 2. Lebensjahrzehnt um die Beantragung einer Erwerbsminderungsrente, haftet der Rechtsanwalt (zum Beispiel bei einer fehlerhaften Berechnung der besonderen versicherungsrechtlichen Voraussetzungen und einer deshalb verfrühten Beantragung) bis zum Lebensende für den Ausfall der Erwerbsminderungsrente sowie die dadurch begründete Verminderung der Altersrente. Das sind bei den genannten Haftungsbeträgen und dem genannten Alter des Mandanten immerhin rund 40 Jahre ungedeckter Schadenersatzpflicht.

Dieser Gefahr sollte man sich nicht nur bei der Bearbeitung eines solchen (vermeintlich einfachen) Mandates bewusst sein, sondern auch bei der Abrechnung der geleisteten Tätigkeit.

113 Der Anwendungsbereich des § 14 Abs. 1 S. 2 und 3 RVG beschränkt sich aber seinem Wortlaut nach nicht auf die vom Gesetzgeber vorgestellten Fälle der Dauerschuldver-

hältnisse. Auch alle anderen Fälle eines besonderen Haftungsrisikos sind zu berücksichtigen. So sind beispielsweise auch die Fälle besonders haftungsträchtig, in denen rechtliche und außerrechtliche Folgen nicht innerhalb des bearbeiteten Rechtsverhältnisses eintreten, sondern in einem anderen.

Solche Fälle können etwa im **Ausländerrecht** eintreten, wenn der Mandant aufgrund   114
einer Fehlbearbeitung nicht mehr Sozialversicherungsleistungen beziehen würde, sondern Grundsicherungsleistungen in Anspruch nehmen müsste und deshalb seinen Aufenthaltsstatus verliert. Auch der angeblich so einfache und bedeutungslose Fall im sozialen Entschädigungsrecht birgt solche Risiken, wenn etwa der zu niedrige Grad der Behinderung oder eine fehlende Gleichstellung eine drohende Kündigung nicht verhindern.

Dasselbe gilt bei einer streitigen Rente wegen Erwerbsminderung, wenn ihretwegen   115
der ALG-I-Anspruch entfällt und dieser höher gelegen hätte. Hier handelt es sich um ein außerhalb des eigentlichen Mandates liegendes, zusätzliches Risiko, welches deshalb besonders zu berücksichtigen ist.

Auch in solchen anscheinend einfachen Fällen sollten besondere Haftungsgefahren   116
wahrgenommen und bei der Bestimmung der Gebühr berücksichtigt werden. Allerdings dürfte in den zuletzt genannten Beispielsfällen ein rein theoretisches Risiko nicht ausreichen. Vielmehr sollte dargelegt werden, welche konkreten Umstände dazu geführt haben, dass der Rechtsanwalt den Eintritt des Risikos **im konkreten Fall** in Betracht zu ziehen hatte.

6. Unbenannte Umstände

Der Gesetzgeber hat in § 14 Abs. 1 S. 1 RVG die Umstände genannt, die **regelmäßig**   117
bei der Bestimmung der Gebühr Berücksichtigung finden sollen, weil es sich um die typischen, auch auf dem Markt allgemein den Preis bestimmenden Kriterien handelt. Der Rechtsanwalt soll jedoch neben diesen vor allem zu berücksichtigenden Umständen auch alle anderen Umstände in die Bewertung einbeziehen.

Diese unbenannten Umstände können nachstehend nicht vollständig aufgeführt werden.   118
den. Sie ergeben sich aus der Ansicht des jeweiligen Einzelfalles. Es sollen jedoch nachstehend Beispiele aufgeführt werden, in denen an eine angemessene Bestimmung der Gebühr gedacht werden soll.

An erster Stelle sei hier der **schwierige Mandant** genannt. Der schwierige Mandant   119
ist zwar auch bei der Bemessung des Umfangs und der Schwierigkeit der Bearbeitung maßgeblich zu berücksichtigen, wenn der Rechtsanwalt zeitlich und hinsichtlich der intellektuellen Konzentrationsleistung besonders in Anspruch genommen wird. Unberücksichtigt bleibt jedoch bei den Kriterien Umfang und Schwierigkeit zum Beispiel die emotionale Inanspruchnahme des Rechtsanwalts durch den Mandanten, die bei einer besonderen Lebenslage des Mandanten, bei dem Bestehen einer psychischen Erkrankung des Mandanten und in vergleichbaren Fällen außergewöhnlich hoch sein und das Mandat prägen kann. In einem solchen Fall ist der schwierige Mandant zusätzlich bei der Gebührenbestimmung zu berücksichtigen.

120 Auch die Tatsache, dass nicht nur der Mandant, sondern auch ihm **nahestehende Personen** betreut werden müssen, ist bei der Gebührenbestimmung berücksichtigungsfähig. Solche Fälle sind beispielhaft gegeben, wenn der Mandant selbst durch Krankheit bedingt nicht allein den Verkehr mit dem Rechtsanwalt führen kann. Auch die Tatsache, dass nicht allein der Mandant, sondern auch Dritte von dem Ausgang der Angelegenheit betroffen sind, etwa bei Statusrechtsstreiten der Arbeitgeber, kann nicht nur zu erhöhtem zeitlichem Aufwand führen, sondern auch eine besondere Betreuungsleistung erfordern.

Diese Betreuungsleistung muss nicht auf rechtlichem Gebiet liegen. Viele Mandanten benötigen während des Verfahrens eine **sozialpsychologische Betreuung** ebenso sehr wie eine rechtliche. Auch diese Leistungen des Rechtsanwalts sind bei der Bestimmung der Gebühr zu berücksichtigen.

121 Die Inanspruchnahme eines **Dolmetschers** oder die Korrespondenz in einer Fremdsprache können zu den nicht genannten Umständen des § 14 Abs. 1 S. 1 RVG zählen, wenn sie sich nicht in der Begründung eines besonderen zeitlichen Aufwands und einer besonderen Schwierigkeit erschöpfen, so dass sie noch zusätzlich in die Bestimmung der Gebühr einbezogen werden müssen.

122 Besondere, unbenannte Umstände können in der Person des Rechtsanwalts liegen, wenn dieser über eine besondere Qualifikation oder einen besonderen Ruf verfügt. Das mag im allgemeinen Sozialrecht nicht so bedeutsam sein, wie etwa bei der Wahl eines Strafverteidigers, kommt aber zum Beispiel im Vertragsarztrecht oder anderen abgelegenen Rechtsgebieten des Sozialrechts durchaus vor. Der Gesetzgeber hat solche Umstände nicht aus dem Anwendungsbereich des § 14 RVG ausgenommen. Es handelt sich, wie bei den vom Gesetzgeber genannten Regelkriterien, um auf dem allgemeinen Markt preisbildende Kriterien, die berücksichtigt werden müssen.

123 Eine besondere, über das Normale hinausgehende Anforderung an den Rechtsanwalt ist auch dann gegeben, wenn seine Tätigkeit zwar keinen überdurchschnittlichen zeitlichen Aufwand erfordert, vielleicht auch keine überdurchschnittliche intellektuelle Konzentration erfordert, jedoch durch einen **besonderen Zeitdruck** die Tätigkeit des Rechtsanwalts erschwert. Das ist beispielsweise der Fall, wenn sich in der Beratung zeigt, dass einstweiliger Rechtsschutz in Anspruch genommen werden muss. Hier kann in der Regel die Tätigkeit des Rechtsanwaltes nicht aufgeschoben werden. Der Antrag muss sofort gestellt werden. Das belastet den Rechtsanwalt in mehrerer Hinsicht. Zum einen muss der geplante Kanzleiablauf für den Rechtsanwalt und seine Mitarbeiter umgeworfen werden, was einen besonderen Aufwand darstellt, der nicht zu unterschätzen ist. Häufig werden dadurch zu entgeltende Überstunden des Büropersonals erforderlich. Geplante und zeitlich gebundene Tätigkeiten müssen mit besonderem Aufwand nachgeholt werden, der Büroablauf muss neu geplant werden.

124 Dasselbe gilt für die Übernahme eines Mandates kurz vor einem Termin oder vergleichbare Fälle. In diesen Fällen ist die Tätigkeit unter Zeitdruck als besonderer Umstand und als die Vergütung erhöhend zu berücksichtigen.

125 Einen besonderen Aufwand bringt die Tätigkeit **außerhalb der üblichen Bürozeiten**, zum Beispiel nachts oder am Wochenende, mit sich. Dieser Aufwand besteht schon

darin, dass zu diesen Zeiten entweder eine Unterstützung der anwaltlichen Tätigkeit durch das Büropersonal nicht gegeben ist oder diese Unterstützung durch zusätzliche Entgelte für die Kanzleimitarbeiter entlohnt werden muss. Solche Fälle sind zum Beispiel dann gegeben, wenn der Mandant auswärts arbeitet und zum Durchsprechen der zur Einsicht vorliegenden Akte nur am Wochenende zur Verfügung stehen kann.[37]

Auch die Tatsache, dass wegen der Eilbedürftigkeit einer Angelegenheit im einstweiligen Rechtsschutz geplante Büroabläufe zurückgestellt werden müssen oder zur Glaubhaftmachung Nachweise beschafft und vorgelegt werden müssen (was wegen des Amtsermittlungsgrundsatzes im Hauptsacheverfahren nicht erforderlich ist), ist ein besonderer, unbenannter Umstand, der die Gebührenbestimmung prägt.

Festzuhalten bleibt, dass es sich hier keinesfalls um eine abschließende Aufzählung 126 handelt. Vielmehr hat der Gesetzgeber vorgesehen, dass alle Umstände jedes Einzelfalles bei der Bemessung der jeweiligen Gebühr zu berücksichtigen sind. Es bedarf deshalb bei der Abrechnung einer ebenso sorgfältigen Rückschau auf das Mandat wie bei der Bearbeitung des Mandates in der Sache.

7. Gesamtabwägung nach Ermessen

Hat der Rechtsanwalt alle Kriterien des § 14 RVG einschließlich der unbenannten 127 Umstände bewertet, ist die Gebühr im Wege einer Gesamtwürdigung abschließend zu bestimmen.

Wie das geschehen soll, hat der Gesetzgeber nicht festgelegt. Allerdings ist der Rechtsanwalt durch § 14 RVG aufgerufen, alle Umstände in einer Gesamtschau **zusammenfassend zu würdigen** und hierbei sein Ermessen auszuüben.

Der erste Schritt bei der Ausübung des Ermessens liegt zunächst darin, die vorgefun- 128 denen Umstände **den Kriterien des § 14 RVG zuzuordnen**. Das ist insbesondere im Hinblick auf die **Kappungsgrenzen** der Nr. 2301 VV-RVG beziehungsweise Nr. 2404 VV-RVG bedeutsam. Diese jeweils unterhalb der Mittelgebühr liegenden Kappungsgrenzen können nämlich nur dann überschritten werden, wenn entweder der Umfang der Bearbeitung oder die Schwierigkeit der Bearbeitung das rechtfertigen. Es ist deshalb sinnvoll, durch Zuordnung der vorgefundenen Umstände jedenfalls diese beiden Kriterien zu belegen. Ist der Aufwand wegen der Inanspruchnahme eines Dolmetschers höher als normal, ist das zunächst bei der Bewertung des zeitlichen Umfangs oder bei der Schwierigkeit der Bearbeitung zu berücksichtigen, damit jedenfalls die Kappungsgrenze überschritten werden kann. Ist hingegen ein besonderer Umfang oder eine besondere Schwierigkeit bereits mit anderen Gegebenheiten begründet, so ist die Beiziehung eines Dolmetschers als weiterer, das Mandat prägender Umstand anzusehen und als zusätzlicher Grund zur Bestimmung einer weiter erhöhten Gebühr anzuführen.

Diese Vorgehensweise trägt dem Willen des Gesetzgebers Rechnung, dass der Rechts- 129 anwalt bei der Gesamtbewertung sein Ermessen ausüben soll. Das Ermessen als be-

---

37 AG Köln 1.3.2006 – 137 C 31/05.

gründetes Ausnutzen eines gesetzlichen Spielraumes erfordert, dass der Rechtsanwalt unter Abwägung der Einzelkriterien feststellt, was das Mandat in welchem Maße **geprägt** hat. Dazu ist die Subsumtion der vorgefundenen Gegebenheiten unter die einzelnen Merkmale des § 14 RVG erforderlich.

Dabei ist von der **Mittelgebühr** auszugehen. Die Mittelgebühr ist die rechnerische Mitte des Gebührenrahmens. Sie ist nicht mit der Kappungsgrenze identisch. Diese liegt vielmehr unterhalb der Mittelgebühr.

8. Kappungsgrenze

130 Die Kappungsgrenze hat eine kurze, eher unsystematische Geschichte. Sie war in den Entwürfen des RVG ursprünglich nicht vorgesehen. In letzter Minute ist es der Lobbyarbeit der Haftpflicht- und der Rechtsschutzversicherer gelungen, den Gesetzgeber davon zu überzeugen, dass mit dem RVG ein zu hoher Anstieg ihrer Kosten verbunden sein würde. Deshalb ist systemwidrig eine **Kappung unterhalb der Mittelgebühr** eingeführt worden.

131 Wie die Kappungsgrenze zu verstehen ist und wie mit ihr umzugehen ist, ist inzwischen durch die höchstrichterliche Rechtsprechung insbesondere des BGH geklärt. Bei der Bewertung der Gebühr ist nicht von der Kappungsgrenze auszugehen, sondern von der Mittelgebühr. Diese ist die für den Durchschnittsfall richtige Gebühr. Die Kappung erfolgt erst in einem zweiten Schritt, wenn die Bewertung der einzelnen Kriterien des § 14 RVG erfolgt ist und die Gesamtbewertung zu der Bildung einer über der Kappungsgrenze liegenden Gebühr geführt hat. Hierauf wird bei den jeweiligen Gebühren, bei denen Kappungsgrenzen vorgesehen sind, zurückzukommen sein (→ § 3 Rn. 51). Die Kappungsgrenze hat also mit der Ermessentscheidung des Rechtsanwalts zunächst einmal nichts zu tun.

132 Fraglich ist, wie die Kriterien zu bewerten sind. Die herrschende Meinung geht von der **Gleichwertigkeit der Kriterien** aus: Danach kann jedes Kriterium zur Abweichung von der Mittelgebühr führen.[38] Zugleich kann jedes Kriterium das Mandat so prägen, dass es die anderen vollständig zurückdrängt.[39] Im Grunde kann jedes Kriterium deshalb auch den Ansatz der Höchstgebühr begründen, wenn es entsprechend stark vom Durchschnitt abweicht. Das gilt für die benannten Regelkriterien des § 14 Abs. 1 S. 1 RVG ebenso wie für die unbenannten Kriterien.

133 Diese Auffassung war zu den Zeiten der BRAGO völlig unbestritten. Durch das RVG sind die zwei Kriterien Umfang und Schwierigkeit der Bearbeitung von dem Gesetzgeber besonders hervorgehoben worden. Es handelt sich um die beiden Kriterien, die in allen Vergütungsordnungen der freien Berufe zur Bestimmung der Gebühr vorgesehen sind. Nicht in allen Vergütungsordnungen werden sie durch weitere Kriterien ergänzt, wie es bei dem RVG der Fall ist.

134 Auch im RVG haben nur sie eine solche Bedeutung, dass sie zur Überschreitung der Kappungsgrenze führen können. Es ist deshalb fraglich, ob sie bei der Gesamtbewertung von den anderen Kriterien dominiert werden können. Diese Frage ist bisher

---

38 LSG NRW 26.4.2007 – L 7 B 36/07 AS.
39 LSG NRW 23.4.2007 – L 19 AS 54/06.

nicht entschieden. Die Rechtsprechung ist jedoch insoweit unverändert und geht weiterhin von der Gleichwertigkeit aller Umstände aus.

Allerdings gilt das nicht unbeschränkt. So soll die **Höchstgebühr** in der Regel nur dann abgerechnet werden dürfen, wenn mehrere Kriterien als überdurchschnittlich bewertet werden.[40] Wenn Besonderheiten vorliegen, kann im Umkehrschluss aber auch von dieser Regel abgewichen werden. Das erfordert allerdings einen erhöhten Darlegungsaufwand des Rechtsanwaltes.

Dem Rechtsanwalt ist durch die Einräumung des Ermessens die Möglichkeit gegeben, die Gebühr weitgehend allein zu bestimmen, solange er den Spielraum begründet ausnutzt. Die Grenze liegt bei der Unbilligkeit der von ihm vorgenommenen Bewertung. Seine Ermessensausübung ist **fehlerhaft**, wenn er Umstände unberücksichtigt lässt, wenn er Gegebenheiten für die Bemessung annimmt, die tatsächlich nicht gegeben sind, oder wenn die angenommenen Umstände seine Ermessensausübung nicht mehr tragen. **135**

Die Rechtsprechung geht bei der Überprüfung des anwaltlichen Ermessens so vor, dass sie ihre **eigene Parallelbewertung** vornimmt und sie als „objektiv richtige Gebühr" an die Stelle der Entscheidung des Rechtsanwaltes setzt. In einem zweiten Schritt legt sie einen **Toleranzrahmen** um die so ermittelte „richtige Gebühr", um der Entscheidung des Gesetzgebers, dem Rechtsanwalt ein Ermessen zuzugestehen, Rechnung zu tragen.[41] Dieser Toleranzrahmen beträgt nach ständiger Rechtsprechung **20 %**. Weicht die Bestimmung der Gebühr durch den Rechtsanwalt um mehr als 20 % von der „richtigen Gebühr" ab, so ist seine Bestimmung unbillig und deshalb zu korrigieren. Bleibt sie innerhalb des Toleranzrahmens, so ist sie nicht angreifbar. **136**

Die Rechtsprechung, die den Toleranzrahmen auf 20 % festgelegt hat, stammt aus der Zeit der BRAGO. Die BRAGO enthielt vergleichsweise enge Gebührenrahmen. Mit dem Inkrafttreten des RVG wurden die Gebührenrahmen erweitert. Folgerichtig wurde in der Literatur gefordert, dass die Toleranzrahmen sich dementsprechend weiter zu öffnen hätten. Inzwischen gehen die Gerichte davon aus, dass die 20 %-Grenze jedenfalls nicht allzu scharf gesehen werden darf.[42] Einzelne Gerichte haben sich auch den Literaturmeinungen angeschlossen, dass nunmehr ein Toleranzrahmen von 30 % um die „richtige Gebühr" besteht.[43] **137**

Diese Spielraumtheorie ist außerhalb des Sozialrechts unbestritten. In der sozialgerichtlichen Rechtsprechung soll dagegen entgegen dem Wortlaut des § 14 RVG bei einem Durchschnittsfall keine Bewertung durch den Rechtsanwalt zulässig sein, sondern es muss die Mittelgebühr abgerechnet werden.[44] In diesem Fall, in dem alle Kriterien des § 14 RVG durchschnittlich ausgeprägt sind, besteht also kein Spielraum für den Rechtsanwalt mehr.[45] **138**

---

40 LSG NRW 26.4.2007 – L 7 B 36/07 AS.
41 SG Freiburg 23.6.2010 – S 14 AS 3259/09 ER; AG Saarbrücken RVG-Report 2006, 181.
42 LG Potsdam 18.12.2008 – 24 Qs 113/08; AG Limburg 28.10.2008 – 4 C 1293/08; Teubel in: Mayer/Kroiß, Rn. 46 zu § 14 RVG.
43 AG Limburg RVG-Report 2009, 98.
44 BSG in ständiger Rechtsprechung, zB 26.2.1992, 9 a RVs 3/90.
45 BSG 26.2.1992 – 9 a RVs 3/90 und seither ständige Rechtsprechung.

139 Diese Rechtsprechung des BSG verkennt, dass dem Rechtsanwalt ein Ermessen bei der Bestimmung jeder Gebühr eingeräumt worden ist. Sie zeigt aber zugleich auch, wie wichtig es ist, das Ermessen bereits bei der Bewertung der einzelnen Kriterien des § 14 RVG auszuüben und immer sorgfältig die Kriterien des § 14 RVG zu prüfen. Wann liegt schon der Durchschnittsfall vor? Bei einer eingehenden Rückbesinnung auf die Mandatsbearbeitung wird mancher Rechtsanwalt erstaunt sein, wie weit der bearbeitete Fall von dem Durchschnittsfall abweicht.

140 Selbstverständlich muss die Gebühr aber auch niedriger bestimmt werden, wenn eine **unterdurchschnittliche Angelegenheit** vorliegt. Es empfiehlt sich, das auch in der Praxis zu tun, weil die zur Festsetzung berufenen Beamten durchaus feststellen, ob ein Rechtsanwalt nur Gründe für Überdurchschnittlichkeit sucht, aber niemals unterdurchschnittlich abrechnet, oder ob er die Bestimmung der Gebühr jedes Mal wieder sorgfältig prüft.

141 Ebenso verbietet sich jede Pauschalierung im Hinblick auf besondere Klagearten oder Gegenstände. Vielmehr sind in jedem Einzelfall die Kriterien des § 14 RVG gesondert zu bewerten und die Gebühr durch anschließende Gesamtabwägung zu bestimmen.

142 Das bringt es mit sich, dass dieses Ermessen hinsichtlich jeder einzelnen Gebühr ausgeübt werden muss. Es ist deshalb fehlerhaft, wenn nicht **jede Gebühr einzeln bewertet** wird.[46] Davor sollte man sich auf jeden Fall hüten. Die Erfahrung zeigt, dass in der Mehrzahl der Fälle zu gering abgerechnet wird, wenn das Ermessen nicht ausgeübt wird, mag es im Einzelfall auch zu einer geringeren Bewertung führen.

143 Anders ist es allenfalls bei den fiktiv anfallenden Gebühren oder bei Gebühren, bei denen eine gesonderte Ausprägung der Kriterien des § 14 RVG nicht festgestellt werden kann. Im Wesentlichen sind es hier die **fiktiven Terminsgebühren** und die **Einigungs- und Erledigungsgebühren**. So soll nach einem Teil der Rechtsprechung für die Terminsgebühr ein Rückgriff auf die Bewertung der Verfahrensgebühr oder ein Rückgriff auf die Gesamtbewertung des Verfahrens möglich sein, wenn es keine Kriterien oder es keine konkreten Hinweise auf abweichende Umstände gibt. Die Rechtsprechung hierzu ist bei der Abhandlung der fiktiven Terminsgebühr dargestellt.

144 Wie bei den verwaltungsrechtlichen Ermessensentscheidungen ist der Rechtsanwalt an sein ausgeübtes Ermessen **gebunden**. Er kann seine Ermessensentscheidung später nicht mehr abändern. Stellt er also fest, zu wenig abgerechnet zu haben, kann er seine Abrechnung nicht später nachbessern und erhöhen. Das ist allenfalls dann zulässig, wenn er bei der Abrechnung nach Wertgebühren gemäß § 2 RVG von einem falschen Gegenstandswert ausgegangen ist (dann kann die Wertgebühr, nicht jedoch der auf dem Ermessen basierende Faktor neu berechnet werden) oder wenn der Rechtsanwalt eine Gebühr versehentlich nicht abgerechnet hat (dann kann diese nachberechnet werden).

145 Ebenfalls wie bei den verwaltungsrechtlichen Ermessensentscheidungen macht die Nichtausübung des Ermessens die Bestimmung der Gebühr **fehlerhaft**. Wird also immer einfach nur die Mittelgebühr abgerechnet, so ist das eine **Nichtausübung des Er-**

---

46 LSG NRW 7.12.2007 – L 18 B 9/06 R.

messens. Bei dogmatischer Betrachtung kann in einem solchen Fall eigentlich nur die Mindestgebühr zugestanden werden, weil der Anfall der Gebühr und ihr Mindestsatz feststehen, die weitere Bemessung mangels Ermessensausübung aber unterblieben ist. Zum Glück betrachten die Gerichte die Abrechnung nicht immer so dogmengerecht.

IV. Formalia und Inhalt der Abrechnung

Damit ergibt sich aber die Frage, wie der Rechtsanwalt mit der Abrechnung und der Ermessensausübung nach außen treten soll. § 10 RVG gibt die **Mindestanforderungen** an die Abrechnung vor. Die weiteren Mindestanforderungen ergeben sich aus dem Umsatzsteuergesetz. Im Einzelnen hat eine Gebührenabrechnung zu enthalten: 146

- Name und Anschrift des Rechtsanwalts, § 14 Abs. 4 Nr. 1 UStG;
- Name und Anschrift des Empfängers, § 14 Abs. 4 Nr. 2 UStG;
- Ausstellungsdatum, § 14 Abs. 4 Nr. 3 UStG;
- Steuernummer oder USt-ID-Nr., § 14 Abs. 4 Nr. 2 UStG;
- fortlaufende Nummerierung, § 14 Abs. 4 Nr. 4 UStG;
- Zeit, Umfang und Art der Leistung, § 14 Abs. 4 Nr. 5, 6 UStG;
- Bezeichnung des Gebühren- und Auslagentatbestands, § 10 RVG;
- Angabe des Gegenstandswertes (bei wertbezogenen Gebühren), § 10 RVG;
- angewendete Nummern des Vergütungsverzeichnisses sowie der Paragrafen des RVG, § 10 RVG;
- Gebühren- oder Auslagenbeträge, § 10 RVG;
- Abrechnung von Vorschüssen, § 14 Abs. 4 Nr. 7 UStG;
- Umsatzsteuersatz und -betrag, § 14 Abs. 4 Nr. 8 UStG.

Die **Dokumentation** der Ermessensentscheidung und ihrer Begründung ist nicht gesetzlich vorgesehen. Der Rechtsanwalt kann deshalb auf die Angabe der Gründe der Bestimmung der Gebühr verzichten. Es ist jedoch fraglich, ob das klug ist.

Da die Gerichte bei der Festsetzung von Gebühren eine Ermessenentscheidung zu kontrollieren und gegebenenfalls auch bei Überschreitung des Spielraums nach der Spielraumtheorie zu korrigieren haben, sind sie auf die Kenntnis der Gründe der Bestimmung angewiesen. 147

Es ist aber auch taktisch unklug, die Kostenbeamten zu zwingen, zunächst einmal ihre eigene Entscheidung zu treffen, bevor sie mit der Erinnerung oder Kostenbeschwerde erfahren, was sich der Rechtsanwalt bei der Bestimmung der Gebühr gedacht hat. Es ist klar, dass kein Mensch gerne von seiner einmal geäußerten Ansicht abrücken will. Genauso geht es dem Kostenbeamten und dem ihm in der Regel näher stehenden Richter, der über die Erinnerung als Kostenbeschwerde nach der Nichtabhilfe zu entscheiden hat. Viel sinnvoller ist es, dem Kostenbeamten alle Umstände der Bestimmung **so früh wie möglich und so nachvollziehbar wie möglich** darzulegen. Dann wird er bei der Bestimmung der „richtigen Gebühr" entweder die bestimmte Gebühr als richtig erkennen oder sich jedenfalls der bestimmten Gebühr annähern, so dass die abgerechnete Gebühr innerhalb des Toleranzrahmens liegen wird. 148

Das erfordert natürlich einen **erhöhten Abrechnungsaufwand**. Die Erfahrung zeigt jedoch, dass sich der Mehraufwand rechnet. Höhere Gebühren werden öfter und 149 in größerem Umfang akzeptiert. Der Mehraufwand ist aber tatsächlich nicht so groß, wie man befürchten mag. Denn spätestens bei der Kürzung der bestimmten Gebühren im Kostenfestsetzungsbeschluss muss im Erinnerungs- und Beschwerdewege mindestens derselbe Aufwand mit geringerem Überzeugungswert aufgebracht werden. Zudem erfolgt diese erneute Befassung zu einem späteren Zeitpunkt – bei der aktuellen Bearbeitungslage sogar zuweilen Monate später –, so dass die Einarbeitung dann mühsamer ist.

Deshalb sollte die Abrechnung sofort mit einer Erläuterung der Gebührenbestimmung gemäß § 14 RVG versehen werden.

Dabei hilft es, wenn der Verfahrensverlauf einschließlich aller Besprechungen immer sorgfältig in der Akte dokumentiert wird und auch Angaben über Dauer und Inhalt von Telefonaten, Besprechungen, Terminen etc enthält. Das mag manchem anwaltlichen Naturell widersprechen, hilft bei der Bestimmung der Gebühr jedoch ungemein. Zudem ist der Rechtsanwalt in der Lage, dem Kostenbeamten objektiv nachvollziehbares Material vorzuhalten, auf das sich die Bestimmung der Gebühr stützt.

150 Der damit verbundene Aufwand ist nicht so hoch, wie man meinen kann. Es reicht aus, sich **Formularzettel** zu beschaffen, die in Spalten die wenigen notwendigen Informationen abfragen und en passant in dem Gespräch beziehungsweise während oder unmittelbar nach der Tätigkeit ausgefüllt werden können. So ein Formular kann beispielsweise folgendermaßen aussehen:

Tätigkeitenbericht Hinne

in Sachen

am   /   /   von   .___h bis   ._____h   ZE: /10 h

Bespr. ☐telefonisch   ☐ im Büro   ☐

Gesprächspartner:

Rufnummer:

Tätigkeit, Besprechungsinhalt:

Verfügung:

☐ z.A. ☐ m.A. an   ☐ Hinne   ☐

☐ Eintrag ins Leistungsverzeichnis

SB: am:

Auf diese Weise können Leistungszeiten selbst ohne Benutzung eines EDV-gestütz- 151
ten Zeiterfassungssystems einfach dokumentiert und später nachvollzogen werden.
Farbige Formularzettel sind später besser in der Akte aufzufinden. EDV-gestützte
Einträge sind ebenso aussagekräftig, haben aber für Außenstehende nicht denselben
Beweiswert wie handschriftliche Notizen.

Dasselbe kann bei gerichtlichen Terminen geschehen. Diese Formulare können bei- spielsweise so aussehen:

H I N N E

R E C H T S A N W Ä L T E   F A C H A N W Ä L T E   S T E U E R B E R A T E R

T E R M I N B E R I C H T

In Sachen

_____

am _____ um _____ im _____ gericht in _____ , Zimmer _____

SB _____ Abwesenheit von _____ h bis _____ h (____/10 h)   Fahrstrecke _____ km

_____

Vorsitzende(r) _____   Gegner / RA _____

_____

Termininhalt:

_____

Antrag: Gegenantrag:

_____

Ergebnis:

_____

Vfg:

---

152   Damit sind auch für Verhandlungstermine die wichtigsten Informationen über die die Abrechnung bestimmenden Merkmale gesichert und können bei der Abrechnung schnell wieder aufgefunden werden.

Natürlich müssen solche Merkzettel den individuellen Bedürfnissen des sie verwendenden Rechtsanwalts angepasst werden.

Stehen die erforderlichen Daten fest, so kann die Abrechnung oder der Kostenfestsetzungsantrag vergleichsweise schnell substanziiert begründet werden. Handelt es sich um eine Abrechnung für den Mandanten, so muss überlegt werden, welche Informationen über die Bestimmung der Gebühr richtigerweise in die Abrechnung eingestellt werden. Viele Einzelinformationen eignen sich nur bedingt für die Begründung der Bestimmung der Gebühr. So sind Ausführungen zum schwierigen Mandanten sicherlich zumeist kontraproduktiv. Die meisten Menschen vertragen unangenehme Wahrheiten schlecht. Deshalb sind so begründete Gebührenbestimmungen für sie nicht akzeptabel. **153**

Dennoch hat der Mandant ein Anrecht darauf, die Bestimmung der Gebühr wenigstens dem Grunde nach nachvollziehen zu können. Zudem wird so im Falle der Nichtzahlung und des anschließend notwendig werdenden Klageverfahrens dem Gericht schneller die Ermessenentscheidung nachvollziehbar. Deshalb sollten der Rechnung jedenfalls **kurze Erläuterungen zur Gebührenbestimmung** gemäß § 14 RVG beigefügt werden, ohne dass diese im Einzelnen begründet werden. Eine solche Erläuterung kann beispielsweise so aussehen: **154**

Vergütungsrechnung

nach dem Rechtsanwaltsvergütungsgesetz

in Sachen./. – Re.-Nr. 0–0–0

Herrn / Frau ■■■

360,00 EUR	mittlere Verfahrensgebühr, Nr. 3102 VV-RVG
335,00 EUR	mittlere Terminsgebühr, Nr. 3106 VV-RVG
	Post- und Telekompauschale, Nr. 7002 VV-RVG
20,00 EUR	
	Dokumentenpauschale, Nr. 7000 Z.1 a) VV-RVG (50 Kopien)
25,00 EUR	
740,00 EUR	
140,60 EUR	Umsatzsteuer, Nr. 7008 VV-RVG (19 %)
880,60 EUR	

Leistungszeit: 1.7.2020 – 15.2.2021

Dortmund, den

(Rechtsanwalt)

Erläuterungen zur Gebührenberechnung gemäß § 14 RVG:

1. Verfahrensgebühr:

Der Vergütungsrahmen reicht von 60 EUR bis 660 EUR (Mittelgebühr 360 EUR).

Der Umfang der Bearbeitung war durchschnittlich.

Die Schwierigkeit der Bearbeitung war durchschnittlich.

Die Bedeutung der Angelegenheit war durchschnittlich.

Die wirtschaftlichen Verhältnisse des Auftraggebers waren durchschnittlich.

Das Haftungsrisiko war durchschnittlich.

Unbenannte Kriterien lagen nicht vor.

Insgesamt war eine mittlere Gebühr abzurechnen.

2. Terminsgebühr: ■■■

155 Bei Abweichungen vom Durchschnitt sollte die Abweichung kurz, aber nicht zu ausführlich begründet werden, indem zum Beispiel erläutert wird, dass der Umfang der Terminsgebühr deshalb überdurchschnittlich war, weil neben dem Verhandlungstermin noch ein Erörterungstermin mit umfangreicher Beweisaufnahme stattgefunden hat.

Diese Angaben machen dem Mandanten die Abrechnung transparent, ohne ihn mit Angaben zu überfordern oder Widerspruch herauszufordern. Erfahrungsgemäß steigern die Erläuterungen die Akzeptanz der Vergütungsberechnung. Im Streitfall können die kurzen Angaben dann ergänzt und erläutert werden und zeigen, dass die Bestimmung der Gebühr mit Grund so erfolgt ist, wie abgerechnet wurde.

Bei festzusetzenden Gebühren oder bei Abrechnung mit einer Rechtsschutzversicherung sollte jedoch sofort eine umfangreiche Erläuterung erfolgen, bei der genau dargelegt wird, was Inhalt der jeweils abgerechneten Tätigkeit war. Das zielt nicht nur darauf ab, den Kostenbeamten durch die nachvollziehbaren Ausführungen mitzunehmen, sondern es ist auch deshalb erforderlich, weil viele Umstände der Abrechnung aus der Gerichtsakte gar nicht ersichtlich sind und für den Kostenbeamten auch gar nicht abstrakt vorstellbar sind. Dasselbe gilt auch für den Sachbearbeiter der Rechtsschutzversicherung, der nicht einmal die Gerichtsakte kennt.

156 Als Beispiel kann die folgende Abrechnung dienen:

Kostenfestsetzungsgesuch

In Sachen

./.

GZ/21

nehme ich Bezug auf die Bewilligung von Prozesskostenhilfe und beantrage, die folgenden Kosten gegen die Landeskasse festzusetzen:

510,00 EUR	Verfahrensgebühr, Nr. 3102 VV-RVG
	Terminsgebühr, Nr. 3106 VV-RVG
472,50 EUR	
510,00 EUR	Einigungsgebühr (gerichtl.), Nr. 1006 VV-RVG
	Post- und Telekompauschale, Nr. 7002 VV-RVG
20,00 EUR	
	Dokumentenpauschale, Nr. 7000 VV-RVG (200 Kopien)
47,50 EUR	
1.560,00 EUR	
296,40 EUR	Umsatzsteuer, Nr. 7008 VV-RVG (19 %)
1.856,40 EUR	

Wir versichern, dass die vorstehend berechneten Gebühren und Auslagen während der Beiordnung entstanden sind.

Vorschüsse und sonstige Zahlungen (§ 58 RVG) habe ich nicht erhalten.

Vorschüsse der Landeskasse (§ 47 RVG) habe ich nicht erhalten.

Gebühren für Beratungshilfe (§ 44 RVG) habe ich nicht erhalten.

Erstattungspflichtige Dritte sind nicht vorhanden.

Erläuterungen zur Gebührenberechnung gemäß § 14 RVG:

1. Verfahrensgebühr:

Der Vergütungsrahmen reicht von 60 EUR bis 660 EUR (Mittelgebühr 360 EUR).

Der Umfang der Bearbeitung war deutlich überdurchschnittlich. Es waren drei vorgerichtliche und zwei weitere gerichtliche Gutachten aus dem medizinischen und berufskundlichen Bereich sowie sechs ärztliche Berichte auszuwerten. Die Akte der Beklagten mit einem Umfang von 450 Blatt wurde nach ihrer Auswertung in ihrem wesentlichen Teil mit 200 Seiten kopiert.

Die Schwierigkeit der Bearbeitung war durchschnittlich.

Die Bedeutung der Angelegenheit war leicht überdurchschnittlich; zwar handelt es sich um eine Dauerleistung, die jedoch auf die Zeit bis zum Eintritt der vorgezogenen Altersrente (ein Jahr) beschränkt ist.

Die wirtschaftlichen Verhältnisse des Auftraggebers waren durchschnittlich.

Das Haftungsrisiko war durchschnittlich.

Unbenannte Kriterien liegen nicht vor.

Insgesamt war eine Gebühr in der Mitte der oberen Hälfte des Gebührenrahmens zu bestimmen.

2. Terminsgebühr:

Der Vergütungsrahmen reicht von 60 EUR bis 610 EUR (Mittelgebühr 335 EUR).

Der Umfang der Bearbeitung war überdurchschnittlich. Es waren für den Termin die eingeholten Gutachten nochmals auszuwerten. Die Terminsdauer war durchschnittlich, die Vorbereitungszeit überdurchschnittlich (s. u.).

Die Schwierigkeit der Bearbeitung war überdurchschnittlich. Der Mandant war durch die aus seiner Sicht unwürdige Behandlung durch den medizinischen Gutachter stark aufgewühlt, so dass die Terminsvorbereitung deutlich erschwert war.

Die Bedeutung der Angelegenheit war leicht überdurchschnittlich. Auf die Ausführungen zu Ziff. 1 wird Bezug genommen.

Die wirtschaftlichen Verhältnisse des Auftraggebers waren durchschnittlich.

Das Haftungsrisiko war durchschnittlich.

Unbenannte Kriterien liegen nicht vor.

Insgesamt war eine Gebühr in der Mitte der oberen Hälfte des Gebührenrahmens zu bestimmen.

3. Einigungsgebühr:

Die Einigungsgebühr folgt in ihrer Bewertung der Verfahrensgebühr.

(Rechtsanwalt)

Auf diese Weise wird die Abrechnung transparent und auch für den außenstehenden 157 Kostenbeamten nachvollziehbar. Auch hier zeigt die Erfahrung, dass umfangreiche und anschauliche Ausführungen die Akzeptanz der Gebührenbestimmung steigern. Problematische Punkte sollten thematisiert und bewertet werden, damit nicht der Kostenbeamte diese aufgreifen und der vorgenommenen Bewertung des Rechtsanwalts entgegenstellen kann (so im Beispielsfall die kurze Dauer der Dauerleistung).

V. Allgemeine Bestimmungen

1. Auslagenvorschriften

158 Zur Mandatsbearbeitung gehört es auch, dass der Rechtsanwalt für den Mandanten materielle Aufwendungen tätigt. Diese sind von den allgemeinen, also nicht einem bestimmten Mandatsverhältnis zuordnungsfähigen Kosten zu unterscheiden.

Die allgemeinen Geschäftskosten werden mit den Gebühren entgolten. Die Auslagen für das konkrete Mandat sind dem Rechtsanwalt gemäß dem **7. Teil des Vergütungsverzeichnisses** zum RVG und, sofern dort nichts anderes bestimmt ist, gemäß § 675 BGB iVm § 670 BGB[47] zu erstatten. Sofern Prozesskostenhilfe oder Beratungshilfe bewilligt wurden, tritt an die Stelle des erstattungspflichtigen Mandanten die Landeskasse.

159 Entstandene Kosten werden in der Regel als durchlaufende Posten anzusehen sein, so dass sie einfach im Anschluss an die Vergütungsabrechnung aufgeführt werden können, ohne dass sie der **Umsatzbesteuerung** unterlägen. Anders ist das bei „Auslagen", die für Leistungen aufgewendet werden, die nicht auch der Mandant selbst hätte erhalten können. Beispielsweise sind die Kosten der **Akteneinsicht**, soweit hierfür eine Versendungspauschale von der Behörde verlangt wird, keine durchlaufenden Posten. Die Akteneinsicht wird nämlich dem Rechtsanwalt gewährt, der sie dem Mandanten vermittelt. Es handelt sich mithin um eine anwaltliche Leistung, die deshalb umsatzsteuerbar ist.

Ebenso verhält es sich mit **Pauschalen**, die anstelle der tatsächlichen Kosten abgerechnet werden dürfen (Post- und Telekommunikationskosten, Kilometerpauschalen etc). Auch diese unterliegen der Umsatzbesteuerung.

Im Einzelnen enthält Teil 7 des Vergütungsverzeichnisses folgende Regelungen:

160 **Nr. 7000 VV Ersatz für Kopien und Dateien:** Hier ist zu beachten, dass die Kosten durch den Gesetzgeber teilweise den allgemeinen Geschäftskosten zugeschlagen werden und deshalb bis zu einer bestimmten Größenordnung bereits in der Bearbeitungsgebühr enthalten sind.

161 Hier sollte bei der Erfassung jeweils bereits eine Zuordnung zu den Ablichtungen und Ausdrucken

- aus Behörden- und Gerichtsakten (Nr. 7000 Ziff. 1 lit. a))
- zur Zustellung oder Mitteilung an Gegner oder Beteiligte und Verfahrensbevollmächtigte aufgrund einer Rechtsvorschrift oder nach Aufforderung durch das Gericht, die Behörde oder die sonst das Verfahren führende Stelle (Nr. 7000 Ziff. 1 lit. b)),
- zur notwendigen Unterrichtung des Auftraggebers (Nr. 7000 Ziff. 1 lit. c)) und
- die im Einverständnis mit dem Auftraggeber zusätzlich, auch zur Unterrichtung Dritter, angefertigt worden sind (Nr. 7000 Ziff. 1 lit. d)),

erfolgen. Dabei sind in den Fällen b) und c) erst die Ablichtungen ab der 101. Seite abrechenbar.

---

47 LG Görlitz 19.3.2003 – 4 O 367/99.

Da im Sozialrecht häufig große Aktenmengen und umfangreiche Anlagen zu verviel- 162
fältigen sind, kann eine solche frühzeitige Dokumentation lohnenswert sein.

Im Falle der Festsetzung wird häufig die Vorlage der gefertigten Kopien verlangt. 163
Stattdessen ist es jedoch auch möglich, eine **Kopieranweisung** vorzulegen, die von
dem Mitarbeiter oder der Mitarbeiterin des Rechtsanwalts, die sie ausgeführt hat,
gegengezeichnet wurde. So kann Porto- oder Trageaufwand vermindert werden. Ein
solcher Kopierzettel ist ohnehin sinnvoll, weil damit auch der Umfang der gewähr-
ten Akteneinsicht dokumentiert werden kann. Zugleich dokumentiert eine solche
Kopieranweisung auch, dass nicht wahllos alles kopiert wurde, sondern dass der
Rechtsanwalt festgestellt hat, welche Teile der Akte für ihn bei der Bearbeitung von
Bedeutung sein können und deshalb vervielfältigt werden sollen.

Bei der Festsetzung ist jede Kleinlichkeit bei der Kontrolle der Notwendigkeit der 164
abgerechneten Kopien zu vermeiden. Der Rechtsanwalt muss die Möglichkeit haben,
auch später noch möglicherweise notwendig werdende Teile der Akte ohne erneute
Anforderung ansehen zu können. Ihm ist hinsichtlich der Beurteilung, was an Kopien
notwendig ist, ein weitgehendes Ermessen einzuräumen. Bei Überlassung der Akten
nur für einen befristeten Zeitraum ist der Rechtsanwalt berechtigt, die **gesamte Akte**
kopieren zu lassen.[48]

Nr. 7001 VV-RVG PT-Entgelt konkret/Nr. 7002 VV-RVG PT-Entgelt pauschal: Die 165
mit dem Mandat zusammenhängenden Post- und Telekommunikationsdienstleistun-
gen können wahlweise pauschal oder konkret abgerechnet werden. Bei pauschaler
Abrechnung sind 20 % der abrechenbaren Gebühren, maximal jedoch **20 EUR** je
Angelegenheit pauschal abrechenbar.

Im Regelfall ist die **pauschale Abrechnung günstiger**. Sind jedoch mehrfach Akten 166
oder umfangreiche Schriftsätze oder Gegenstände (Röntgenbilder) zu versenden,
kann die Pauschale schnell überschritten werden. In diesen Fällen sollte an die Möglichkeit der konkreten Abrechnung gedacht werden, die allerdings die Anfertigung
einer Kostenaufstellung erfordert.

Im Gegensatz zu der Erstattung der konkreten Kosten ist bei Erstattung im Wege
der pauschalen Berechnung die Umsatzsteuer auf die Pauschale zu berechnen und
abzuführen.

Bei der pauschalen Berechnung ist die Abrechnung in jeder einzelnen Angelegenheit 167
zulässig. Schon von daher ist es erforderlich, dass der Rechtsanwalt sich Gedanken
dazu macht, ob er den Auftrag zur Bearbeitung einer oder mehrerer Angelegenheiten
hat. Wie oben bereits ausgeführt, sind aufgrund der gesetzlichen Regelungen das
initiale und das folgende Verwaltungsverfahren sowie jede gerichtliche Instanz als
eigene Angelegenheit anzusehen, so dass in jedem dieser Verfahrensabschnitte auch
eine Pauschale für Post- und Telekommunikationsdienstleistungsentgelte abgerechnet werden kann. Auch begleitende Verfahren um die Aussetzung der Vollziehung,
einstweiligen Rechtsschutz oder Verfahren wegen Untätigkeit sind jeweils gesonderte

---

48 LSG SN AGS 2008, 288.

Angelegenheiten, so dass auch hier jeweils die Pauschale für Post- und Telekommunikationsdienstleistungsentgelte gesondert abgerechnet werden kann.

168   Der Auftrag des Mandanten kann verschiedene Angelegenheiten umfassen. Ist das der Fall, sind jeweils gesonderte Geschäfts- und Verfahrensgebühren sowie die Pauschale für Post- und Telekommunikationsdienstleistungsentgelte abzurechnen.

169   **Nr. 7003 VV-RVG Fahrtkostenpauschale:** Fahrtkosten sind nach der gesetzlichen Regelung nur berechenbar, wenn der Niederlassungsort des Rechtsanwalts verlassen wird.

170   Bei Benutzung des eigenen Kraftfahrzeugs werden die Kosten mit einer Kilometerpauschale abgerechnet. Diese umfasst die Anschaffungs-, Unterhaltungs- und Betriebskosten sowie die Abnutzung des Kraftfahrzeugs. Sie war mit 0,30 EUR für bis zum 1.1.2021 abgeschlossene Mandatsverträge und ist auch mit **0,42 EUR** seit dem 1.1.2021 in der Regel nicht kostendeckend festgelegt worden. Nach den Kostenstatistiken des ADAC kann nicht einmal ein Kleinstwagen unter Berücksichtigung der Anschaffungs- und Erhaltungskosten mit diesem Entgelt betrieben werden.

171   Abrechnungsfähig ist die **tatsächlich gefahrene Wegstrecke**. Staubedingte Umwege oder Parkierverkehr lassen die Wegstrecke tatsächlich regelmäßig deutlich länger werden, als es die optimale Wegstrecke sein würde. Dennoch sind diese zusätzlichen Strecken ansetzbar. Es ist auch sachgerecht, an Stelle einer bekanntermaßen zeitaufwendigen, kurzen Strecke eine längere, aber schneller zu bewältigende Strecke zu wählen. Der Rechtsanwalt kann deshalb nicht auf die Berechnung der kürzesten Strecke, die mit einem Routenplaner errechnet werden kann, verwiesen werden.[49] Dennoch erfolgt häufig eine Kürzung durch den Kostenbeamten. Diese muss nicht hingenommen werden.

Die Erstattung von Reisekosten bei der Wahl eines auswärtigen Rechtsanwalts stößt manchmal auf Schwierigkeiten. Jedoch ist gerade in Spezialgebieten die Auswahl des geeigneten Rechtsanwalts schwierig. Eine Beschränkung der Anwaltswahl durch Ablehnung der Erstattung von Reisekosten ist unzulässig.[50] Dasselbe gilt, wenn zB durch längere Zusammenarbeit ein besonderes Vertrauensverhältnis besteht.[51]

172   **Nr. 7004 VV-RVG Kosten anderes Verkehrsmittel, konkret:** Wird nicht der eigene Kraftwagen benutzt, sind die tatsächlich angefallenen Kosten durch den Mandanten, den Gegner oder die Landeskasse zu erstatten, soweit der Rechtsanwalt die gewählte Beförderungsart für angemessen halten durfte. Ihm steht hierbei ein Auswahlermessen zu.

173   Regelmäßig erstattungsfähig sind **Bahnfahrten**. Der Rechtsanwalt ist dabei berechtigt, die erste Wagenklasse zu benutzen.[52]

Die Benutzung einer **BahnCard** ist zwar mandantenfreundlich, ihre Kosten können dem Mandanten oder der Landeskasse jedoch nicht in Rechnung gestellt werden,

---

49   Hergenröder AGS 2008, 529 (532) mwN.
50   VGH München 26.1.2018 – 22 C 17.1418.
51   VGH München 26.1.2018 – 22 C 17.1418.
52   BGH 13.12.2007 – IX ZB 112/05.

weil es sich um allgemeine Geschäftskosten handelt, die nicht einem bestimmten Mandat zugeordnet werden können. Fiktive Kosten dürfen nach dem eindeutigen Wortlaut der gesetzlichen Regelungen nicht abgerechnet werden. Abrechenbar sind deshalb nur die aufgrund der Bahncard ermäßigten Kosten der Bahnfahrt.[53] Der Rechtsanwalt bleibt deshalb auf den Kosten seiner Bemühungen um Kostendämpfung für den Mandanten sitzen.

Grundsätzlich sind auch **Flugkosten** in der Economy-Class erstattungsfähig, wenn sie nicht außer Verhältnis zu den Kosten einer Bahnfahrt erster Klasse stehen.[54] Bei der bisherigen Konkurrenzsituation auf dem Reisemarkt dürfte das nur in seltenen Ausnahmefällen so sein.   174

Es ist aber auch eine Frage der Alternativen, ob ein Flug angemessen ist. Bei der Wahrnehmung eines Termins am Sozialgericht Konstanz von dem Standort Dortmund aus gibt es zum Beispiel zu einem Flug keine akzeptablen Alternativen. Die Zugverbindungen sind dergestalt, dass die Anreise vor dem Terminstag und die Abreise nach dem Terminstag erfolgen müsste, wenn man von einem Termin am Mittag ausgeht. Damit würden insgesamt drei Arbeitstage vernichtet.

Flugkosten der **Business-Class** werden uneinheitlich beurteilt. Nach einer Auffassung sind sie regelmäßig unverhältnismäßig,[55] so dass sie nur bis zur Höhe der Kosten eines Fluges in der Economy-Class erstattet werden können. Nach einer anderen Auffassung kann aber der Anwalt nur dort während des Fluges auch tatsächlich arbeiten, so dass er auch die Business-Class wählen darf.[56]   175

Hier wird auf die Leistungsfähigkeit des Mandanten und die Art des Mandates sowie auf die Verfügbarkeit von Alternativen abzustellen sein. Im sozialrechtlichen Bereich ist die Frage bisher nicht entschieden worden.   176

Nr. 7005 VV-RVG Abwesenheitsgelder: Bei einer Abwesenheit vom Niederlassungsort werden Abwesenheitsgelder gezahlt. Diese sollen den zusätzlichen **Verpflegungsaufwand**, nicht jedoch den zusätzlichen Aufwand für Reisezeiten ausgleichen. Die Abrechnung der Abwesenheitsgelder steht deshalb der Berücksichtigung der Reisezeiten bei der Bemessung des Umfangs der Tätigkeit nicht entgegen.   177

Nr. 7006 VV-RVG Sonstige Reiseauslagen, konkret: Darüber hinaus können alle anderen mit der Abwesenheit vom Niederlassungsort verbundenen Kosten gesondert nach dem tatsächlich angefallenen Aufwand abgerechnet werden, soweit der Rechtsanwalt sie für angemessen halten durfte.   178

Hierzu gehören namentlich die **Parkierkosten**, etwaige Autobahnmaut und Übernachtungskosten, soweit sie angemessen sind und der Rechtsanwalt sie im Einzelfall für erforderlich halten konnte. Das ist bei Übernachtungskosten grundsätzlich der Fall, wenn der Rechtsanwalt am Verhandlungstag die Reise vor 6:00 Uhr antreten müsste, um rechtzeitig anzukommen, oder wenn die Rückreise erst nach 22:00 Uhr   179

---

53 Hergenröder AGS 2008, 529 (533) mwN.
54 OLG Frankfurt/M. AGS 2008, 409.
55 OLG Düsseldorf AGS 2009, 141.
56 OLG Hamburg AGS 2009, 102.

am Verhandlungstag enden würde.[57] Übernachtungskosten sind auch ansatzfähig, wenn eine Abwesenheit von mehr als zehn Stunden erforderlich wäre oder wenn eine Fahrstrecke von 700 km zurückgelegt werden müsste.[58] Die Rechtsprechung gesteht dem Rechtsanwalt mindestens die Kosten eines Mittelklassehotels zu. Auch hier kommt es aber auf die Umstände des Einzelfalles, insbesondere die Verfügbarkeit von Alternativen, an.

180 **Frühstückskosten** sind von den Übernachtungskosten abzuziehen, weil sie von der Abwesenheitspauschale abgedeckt werden sollen.[59] Bei der Entgegennahme von Hotelrechnungen ist deshalb auf die Aufspaltung der Kosten zu achten.

181 **Nr. 7007 VV-RVG Sonderprämie für Höherversicherung:** Sofern der Rechtsanwalt ein Mandat annimmt, welches durch seine Haftpflichtversicherung nicht abgedeckt ist, ist er berechtigt, von dem Mandanten die Kosten der Höherversicherung im Einzelfall ersetzt zu verlangen.

182 Alternativ können **Haftungsbegrenzungen** gemäß § 51a Abs. 1 Ziff. 1 BRAO individuell vereinbart werden. Die Begrenzung darf dabei auf die Höhe der Mindestversicherungssumme der Pflicht- Vermögensschadenhaftpflichtversicherung (§ 51 Abs. 4 BRAO), also auf 250.000 EUR erfolgen.

Werden vorformulierte Vertragsbedingungen für eine Haftungsbeschränkung benutzt, kann die Begrenzung auf den vierfachen Betrag der Mindestversicherungssumme der Pflicht- Vermögensschadenhaftpflichtversicherung, also auf 1.000.000 EUR erfolgen, allerdings gemäß § 51a Abs. 1 Ziff. 2 BRAO nur für Fälle einfacher Fahrlässigkeit.

183 **Nr. 7008 VV Umsatzsteuer:** Schließlich kann der Rechtsanwalt von dem Mandanten auch die für das Mandat anfallende Umsatzsteuer von dem Mandanten erstattet verlangen.

Hier ist inzwischen geklärt, dass die Aktenversendungspauschale nicht einen durchlaufenden Posten darstellt, sondern eine Dienstleistung des Rechtsanwaltes, nämlich die Vermittlung von Akteneinsicht, so dass auf sie Umsatzsteuer entfällt, die von dem Rechtsanwalt eingezogen und abgeführt werden muss.

2. Weitere Gebühren aus anderen Teilen des VV-RVG

a) Mehrvertretungsgebühr Nr. 1008 VV-RVG

184 Vertritt der Rechtsanwalt **mehrere Mandanten in derselben Angelegenheit** und erfolgt keine Aufaddierung der Gegenstandswerte ihrer Einzelansprüche, so hat der Rechtsanwalt Anspruch auf eine Mehrvertretungsgebühr.

Das gilt aber nur, wenn dem Rechtsanwalt auch der Auftrag zur Vertretung mehrerer Mandanten erteilt worden ist. Sofern nur ein Mandant den Rechtsanwalt zur Vertretung allein im Wege der actio pro socio beauftragt (so zB der Haushaltsvorstand

---

57 Hergenröder AGS 2008, 529 (533) mwN.
58 OLG Saarbrücken NJW-RR 2010, 360; SG Fulda ASR 2010, 178.
59 OLG Karlsruhe AnwBl. 1986, 110.

der Bedarfsgemeinschaft), liegt keine Mehrvertretung vor.[60] Es sollte also genau dokumentiert werden, welcher Auftrag durch welche Mandanten konkret erteilt wird.

Dabei ist es streitig, ob die Mehrvertretungsgebühr eine eigene Gebühr ist oder nur eine Bemessungsvorschrift für andere Geschäfts- und Verfahrensgebühren. Dieser Streit ist bedeutsam insbesondere für die Frage der Anrechnung.

Dafür, dass es sich um eine eigenständige Gebühr handelt, spricht die Tatsache, dass 185 sie eine eigene Gebührenziffer im Vergütungsverzeichnis erhalten hat und eigenständige Entstehensvoraussetzungen nennt. Sie ist in einem gesonderten Teil des Vergütungsverzeichnisses, der mit „allgemeine Gebühren" überschrieben ist, aufgeführt. Wenn es sich bei der Mehrvertretungsgebühr um eine eigenständige Gebühr handelt, unterfällt sie nicht den Anrechnungsvorschriften, zum Beispiel der Vorbemerkung 3 (4) VV-RVG.

Die Gegenansicht beruft sich auf den Wortlaut der Nr. 1008 VV-RVG. Ihm zu Folge 186 wird die jeweilige Geschäfts- und Verfahrensgebühr erhöht. Damit würde die Mehrvertretungsgebühr Teil der jeweils abzurechnenden Geschäfts- oder Verfahrensgebühr und unterfiele den Anrechnungsvorschriften. Dabei werden eine Vielzahl von Auffassungen dazu vertreten, ob die Anrechnung voll, teilweise, bis zur Grenze von 0,75 der Wertgebühr, bis zur um 0,15 für jeden weiteren Mandanten erhöhten Grenze von 0,75 der Wertgebühr erfolgen soll – es mag darüber hinaus noch andere Varianten geben.

Die erste obergerichtliche Entscheidung dazu schließt sich bei den wertbezogenen Gebühren gemäß § 2 RVG der zweiten Meinung an. Danach ist bei der Vertretung mehrerer Personen in derselben Angelegenheit die **Erhöhung** jeweils **„in jeder Angelegenheit"** (gemeint sind damit die jeweiligen zivilistischen Verfahrensabschnitte vorgerichtlich und im gerichtlichen Verfahren) vorzunehmen. Bei dem zweiten Verfahrensabschnitt ist die Anrechnung vorzunehmen. Dabei ist die erhöhte Geschäftsgebühr auf die erhöhte Verfahrensgebühr mit maximal 0,75 anzurechnen, also ohne Erhöhung des maximalen Anrechnungsfaktors.[61]

Abseits dieses Streites ist Folgendes festzuhalten: 187

Sinn der Vorschrift ist, dass der Rechtsanwalt bei der Vertretung mehrerer Auftraggeber in derselben Angelegenheit nicht mehrfach die Verfahrens- oder Geschäftsgebühr abrechnen soll, sondern nur einmal. Um dem besonderen Aufwand bei der Vertretung mehrerer Personen Rechnung zu tragen, werden die Betriebsgebühren (Geschäfts- und Verfahrensgebühr) entsprechend erhöht. Bei dieser Erhöhung wird aber nicht auf den tatsächlichen erhöhten Aufwand Rücksicht genommen, sondern dem anzunehmenden Aufwand wird durch die Erhöhung pauschaliert Rechnung getragen. Der Rechtsanwalt muss also einen erhöhten Aufwand nicht nachweisen, sondern die Erhöhung tritt automatisch und immer in derselben Höhe ein.

Bei den unterschiedlichen Gebührenarten erfolgt die Erhöhung unterschiedlich. Bei 188 den **wertbezogenen Gebühren** gemäß § 2 RVG wird die Erhöhung um feste 0,3 der

---

60 BSG 12.12.2019 – B 14 AS 48/18 R.
61 KG AGS 2009, 4; str.

Wertgebühr je weiterem Auftraggeber bis zur maximalen Erhöhung um den Faktor 2,0 der Wertgebühr (also bis zum siebten weiteren Auftraggeber) erhöht.

189 Bei den **Betragsrahmengebühren** gemäß § 3 RVG erfolgt die Erhöhung um jeweils 30 % bei der Mindestgebühr und 30 % bei der Höchstgebühr. Hier wird also der Rahmen, in dem die Gebühr zu bestimmen ist, nach oben verschoben.

190 Die Nr. 1008 VV-RVG regelt nicht ausdrücklich, was mit der **Kappungsgrenze** nach der Anmerkung zu Nr. 2300 VV-RVG bzw. der Anmerkung zu Nr. 2302 VV-RVG geschehen soll. Das hat dazu geführt, dass das LSG Baden-Württemberg in einem Anflug von im Sozialrecht sonst ungewohntem Positivismus entschieden hat, dass sich bei mehreren Auftraggebern die Kappungsgrenze nur dann erhöhen soll, wenn die Tätigkeit dadurch umfangreicher oder schwieriger wird.[62]

191 Das widerspricht der Konzeption der Mehrvertretungsgebühr, die als Pauschale gerade nachweisunabhängig gestaltet ist. Diese Rechtsprechung verkehrt die gesetzliche Konzeption in ihr Gegenteil. Sie ist jedoch überholt. Das BSG hat inzwischen entschieden, dass auch die Schwellengebühr in Höhe der Kappungsgrenze um 30 % angehoben wird.[63]

Was mit der Anrechnung zu geschehen hat, ist gesetzlich nicht geregelt. Zu den Wertgebühren hat das KG Berlin festgestellt, dass die Kappung der Anrechnung auf 0,75 auch im Falle der Erhöhung der anzurechnenden Gebühr durch die Mehrvertretungsgebühr bestehen bleibt.[64]

192 Mehrvertretungsgebühren fallen im Sozialrecht vergleichsweise **häufig** an und sind deshalb für die Gebührenberechnung wichtig. So fallen zum Beispiel bei der **Vertretung einer Bedarfsgemeinschaft** nach dem SGB II oder SGB XII Mehrvertretungsgebühren an. Anspruchsinhaber ist nämlich nicht der Haushaltsvorstand, an den der Bescheid dem Adressfeld nach gerichtet zu werden pflegt; vielmehr steht der Anspruch auf Sozialleistungen jedem einzelnen Mitglied zu.[65] Es sollte deshalb bei der Verfassung des Widerspruches und der Klageerhebung vorsorglich auf die korrekte Anzeige der Vertretung geachtet werden. Auch Vollmachten sollten vorsorglich so ausgestellt werden, dass sie die Vertretung jedes einzelnen Mitgliedes der Bedarfsgemeinschaft ausweisen.

193 Die **Vertretung einer Gemeinschaftspraxis**, zum Beispiel im Vertragsarztrecht, lässt Mehrvertretungsgebühren entstehen. Zwar sind Gemeinschaftspraxen nach derzeitiger Rechtslage in der Regel gesellschaftsrechtlich entweder Gesellschaften bürgerlichen Rechts oder Partnerschaftsgesellschaften, die jeweils nach der Rechtsprechung des BGH für sich genommen rechtsfähig und im Zivilprozess auch parteifähig sind. Sie sind aber im Sinne des SGG nicht beteiligtenfähig.[66] Beteiligtenfähig sind allein die in ihnen zusammengeschlossenen Ärzte, so dass hier ein Fall der Mehrvertretung vorliegt.

---

62 LSG BW AGS 2009, 73 mit – zu Recht – abl. Anm. Schons.
63 BSG ASR 2010,179.
64 KG Berlin 29.7.2008 – 1 W 73/08.
65 SG Duisburg 21.7.2006 – S 17 AS 331/05; SG Schleswig 28.2.2007 – L 1 B 467/06; SG Düsseldorf 30.8.2007 – S 23 AS 42/06.
66 SchlHLSG 18.12.2002 – L 4 KA 4/02.

b) Beweisgebühr Nr. 1010 VV-RVG

Mit der Schaffung des RVG war beabsichtigt, dem Aufwand der Bearbeitung auch vergütungsmäßig besonders Rechnung zu tragen. Entgegen diesem Ziel war, um eine Belastung der Landeskassen zu vermeiden, die nach der BRAGO vorgesehene besondere Gebühr für Beweiserhebungen abgeschafft worden. Der Gesetzgeber des 2. KostRMoG hat die Beweisgebühr – allerdings nur für ganz besondere Umstände – wieder eingeführt. Allerdings fällt die Beweisgebühr nur dann an, wenn es sich um eine besonders umfangreiche Beweisaufnahme handelt und mindestens drei Gerichtstermine mit einer Beweisaufnahme durch Zeugen- oder Sachverständigenvernehmung stattfinden. Das wird ein extrem seltener Fall sein; dennoch ist es richtig, dem besonderen Aufwand bei Beweisaufnahmen auch durch eine besondere Gebühr Rechnung zu tragen. Die Beweisgebühr beträgt bei Abrechnung nach § 2 RVG 0,3 der Wertgebühr und bei Abrechnung nach § 3 RVG 30 % der Verfahrensgebühr.

194

c) Hebegebühr Nr. 1009 VV-RVG

Auch diese Gebühr hat im Sozialrecht Geltung. Dass der Geldverkehr über den Rechtsanwalt läuft und von diesem kontrolliert wird, ist jedoch im Sozialrecht selten, so dass hier lediglich an die Vorschrift erinnert werden soll.

195

§ 3 Abrechnung nach Betragsrahmengebühren, § 3 RVG

I. Abgrenzung der Abrechnungssysteme

1 Mit dem RVG hat der Gesetzgeber das Ziel verfolgt, die Abrechnung in allen Rechtsangelegenheiten zu **harmonisieren**. So wurden die unterschiedlichen Abrechnungen in den verschiedenen Gerichtsbarkeiten einschließlich der freiwilligen Gerichtsbarkeit vereinheitlicht. Das gilt grundsätzlich auch für das Sozialrecht. Mit dem 2. KostRMoG hat der Gesetzgeber die Vereinheitlichung, zB durch Abschaffung des gesonderten Abschnittes für das Geschäft in nach § 3 RVG abzurechnenden Angelegenheiten (Teil 2 Abschnitt 4 RVG bis 2013), weiter fortgetrieben.

2 Für nicht gerichtsgebührenbefreite Verfahren nach § 197 a SGG, § 1 Abs. 1 Nr. 4 GKG gilt § 2 RVG. In diesen Verfahren ist nach **wertbezogenen Gebühren** abzurechnen. Gemäß § 3 Abs. 1 S. 2 RVG 2013 sind auch die Verfahren nach § 201 Abs. 1 SGG (Zwangsgeldfestsetzung zur Vollstreckung einer gerichtlich festgestellten Verpflichtung der Verwaltungsbehörde) immer wertbezogen abzurechnen. Hierzu verhält sich → § 4 Rn. 1 ff.

3 In sozialrechtlichen Angelegenheiten hatte der Gesetzgeber jedoch bereits zu BRAGO-Zeiten ein **gespaltenes Abrechnungsrecht** vorgesehen. Neben der Abrechnung nach wertbezogenen Gebühren hatte der Gesetzgeber ein „**sozialeres**" **Abrechnungssystem** vorgesehen, das mit dem System der Kostenfreiheit in sozialgerichtlichen Angelegenheiten korrespondiert. Der Gesetzgeber wollte damit der Tatsache Rechnung tragen, dass viele sozialrechtliche Leistungsempfänger nicht in der Lage sind, wertbezogene Gebühren zu bezahlen, und so auf Rechtsrat verzichten müssten.

4 Der Gesetzgeber hat deshalb einem bezüglich der Kostenfreiheit **privilegierten Personenkreis** die Möglichkeit eingeräumt, zum einen über die eigenen Rechte kostenfrei vor Gericht entscheiden zu lassen und zum anderen anwaltliche Hilfeleistung zu einem so geringen Preis in Anspruch zu nehmen, dass die Kosten kein Hindernis für die Rechtsverfolgung darstellen können.

Im Umkehrschluss bedeutet das, dass Rechtsanwälte im Sozialrecht am Rande der Kostendeckung tätig werden und damit faktisch auch außerhalb von Beratungs- und Prozesskostenhilfe eine soziale Aufgabe des Staates wahrnehmen.

5 Die Kostenminderung bei der anwaltlichen Vergütung erfolgt durch die **Abkoppelung der Gebühren** von der sonst vorgesehenen Wertbezogenheit, indem unabhängig vom rechtlichen Gegenstand ein **fester Gebührenrahmen** vorgesehen wird, innerhalb dessen die Gebühr bestimmt werden kann.

6 Ob nach Betragsrahmengebühren oder nach wertbezogenen Gebühren abgerechnet werden muss, ergibt sich nicht nach dem Ergebnis des Rechtsstreites, sondern danach, ob eine Partei (nicht ein Beigeladener) des Verfahrens zu dem **Kreis der kostenprivilegierten Personen** gehört. § 3 Abs. 1 RVG sieht dazu **zwei Fallgruppen** vor.

7 § 3 Abs. 1 S. 2 RVG verweist auf die in § 183 S. 1 SGG genannten Personen. § 183 SGG stellt **in der Sozialversicherung Versicherte, Leistungsempfänger und Behinderte** sowie deren Sonderrechtsnachfolger gem. § 56 SGB I von den Gerichtskosten frei.

Weiter werden die Personen, die nicht zu dem genannten Personenkreis gehören, aber mit der Klage diesen Status anstreben, von den Gerichtskosten frei. Nicht freigestellt sind Beigeladene; § 183 SGG spricht ausdrücklich von **Klägern und Beklagten** des Verfahrens. Die Befreiung erstreckt sich jedoch auf alle Beteiligten des Verfahrens, wenn nur ein Beteiligter kostenbefreit ist.[1]

§ 3 Abs. 1 S. 1 RVG verweist auf § 184 Abs. 1 S. 1 und Abs. 3 SGG, der wiederum   8
auf § 2 GKG verweist. Danach sind die nach öffentlichem Haushaltsrecht verwalteten **Körperschaften und Kassen** gerichtskostenfrei. Sie gehören jedoch nicht zu den typischen Auftraggebern im Sozialrecht.

II. Gebühren für vorgerichtliche Tätigkeit im Sozialrecht

1. Beratungsgebühren

Der Gesetzgeber hat die früher gesetzlich geregelten Gebührentatbestände für die an-   9
waltliche Beratung sowie für die Erstellung eines Gutachtens abgeschafft. Trotzdem ist damit eine Vergütung für die Beratungstätigkeit abrechnungsfähig. Der Gesetzgeber hat dazu zwei Möglichkeiten vorgesehen.

Hierbei ist jedoch zu beachten, dass Gebühren für die Beratung nur dann abzurech-   10
nen sind, wenn von vornherein ein **Auftrag nur zur Beratung** erteilt worden ist. Wird ein Auftrag zur Beratung und Vertretung erteilt, sind Beratungsgebühren zwar abrechenbar; sie gehen mangels einer anders lautenden Vereinbarung jedoch in den Gebühren für die anschließende Vertretung auf (§ 34 Abs. 2 RVG). Wird von vornherein oder im Anschluss an die Beratung der Auftrag zur weitergehenden Vertretung erteilt, so ist der Mangel einer gesetzlichen Vorgabe zur Berechnung kein Problem mehr.

a) Gebührenvereinbarung

Nach § 34 Abs. 1 S. 1 RVG soll der Rechtsanwalt mit dem Mandanten eine Gebüh-   11
renvereinbarung abschließen. Diese ist dann für die Beratung bindend.

Eine solche Gebührenvereinbarung ist von der Vergütungsvereinbarung nach § 3 a RVG zu unterscheiden. § 3 a Abs. 1 S. 4 RVG sieht vor, dass die Vorschriften über den Formzwang der Vergütungsvereinbarung nicht für die Gebührenvereinbarung nach § 34 RVG gelten. Die Gebührenvereinbarung kann deshalb **formfrei** abgeschlossen werden. Der Hintergrund ist, dass die Beratung in der Regel in der Form einer ersten Beratung, also ohne Vorbereitung durch den Rechtsanwalt erfolgt, so dass es das Zustandekommen der Beratung vereiteln würde, wenn man die Einhaltung aller Formalia der Vergütungsvereinbarung fordern wollte. Die Möglichkeit einer schnellen rechtlichen Beratung sollte erhalten bleiben.

Die weiteren Anforderungen an die Vereinbarungen mit Mandanten bleiben jedoch   12
erhalten. So ist die Vereinbarung voll auf ihre Angemessenheit überprüfbar und kann nach Einholung eines Gutachtens des Vorstands der Rechtsanwaltskammer durch das Gericht herabgesetzt werden.

---

1 BayLSG ASR 2010, 140.

13 Inhaltlich hat der Gesetzgeber nicht bestimmt, wie das Honorar für eine Beratung ausgestaltet werden darf. Es besteht deshalb **volle Vertragsfreiheit**. Vereinbart werden kann zum Beispiel sowohl eine Pauschale als auch ein Zeithonorar sowie Abschnittspauschalen (zum Beispiel eine bestimmte Pauschale für jede angefangene Viertelstunde) oder auch die Vereinbarung der bis zum 30.6.2006 geltenden Rahmengebühr sowie schließlich eine streitwertbezogene Gebühr. Es sind auch alle anderen denkbaren Gestaltungen sowie Kombinationen möglich.

14 Voraussetzung ist allerdings, dass der Mandant der Vereinbarung **zustimmt**. Die Erfahrung zeigt jedoch, dass auch im Sozialrecht Gebührenvereinbarungen durchsetzbar sind. Praktikabel sind zum Beispiel die Vereinbarung einer Pauschale, sofern sie nicht zu hoch angesetzt wird, oder die Vereinbarung von Abschnittspauschalen. Diese können beispielsweise in Höhe von 50 EUR je angefangener Viertelstunde Beratungszeit bemessen werden. Das sind Beträge, die der Mandant auch in Notlagen noch zahlen kann; zudem hat der Mandant es durch gute Vorbereitung des Termins in der Hand, die Beratungsdauer zu limitieren. Das hat nicht nur den Vorteil, dass der Mandant die Beratungskosten als fair und erschwinglich ansieht, sondern dass er zudem auf Konzentration Wert legt und damit keine überflüssige Zeit in Anspruch nimmt.

15 Die Beratungsgebühren sind bei Verbrauchern limitiert. Die Vergütung einer **Erstberatung** ist auf 190 EUR gekappt; bei einer weiter geführten Beratung dürfen bis zu 250 EUR abgerechnet werden. Fraglich ist jedoch, wann diese Kappung eintritt. Den Begriff eines Verbrauchers bestimmt § 13 BGB. Danach ist **Verbraucher** jede natürliche Person, die ein Rechtsgeschäft zu einem Zwecke abschließt, der weder ihrer gewerblichen noch ihrer selbstständigen beruflichen Tätigkeit zugerechnet werden kann. Der Begriff des Verbrauchers setzt also nicht an der Person an, sondern an der Eigenschaft der Person als Partner eines abzuschließenden Vertrages. Das OLG Hamm hat deshalb angenommen, dass die Kappung in Angelegenheiten des Familienrechts und des Arbeitsrechts nicht eintreten soll. Auch im Sozialrecht geht es nicht um den Abschluss von Verbrauchsverträgen, sondern um nicht verhandelbare Leistungsansprüche. Die Frage, ob die Kappung in sozialrechtlichen Angelegenheiten eintritt, ist nicht abschließend geklärt.

16 Die Tatsache, dass der Gesetzgeber keine festen Gebühren für die Beratung mehr vorgesehen hat, wird zumeist als nachteilig empfunden. Hierin liegt jedoch zugleich auch eine Chance dafür, die Möglichkeit zur Gebührenvereinbarung zu nutzen, und zwar auch für die Vereinbarung der Vergütung für das gesamte Verfahren. Da die gesetzlichen Gebühren im Sozialrecht zum Teil nicht kostendeckend sind (→ § 1 Rn. 46), ergibt sich hier ein Ansatz zur Vereinbarung einer betriebswirtschaftlich sinnvollen Vergütung.

b) Gebühren nach den Vorschriften des bürgerlichen Rechts

17 Wird eine Gebührenvereinbarung nicht abgeschlossen, sind gesetzliche Gebühren nicht vorgesehen. Der Rechtsanwalt erhält eine Vergütung nach den Vorschriften des bürgerlichen Rechts. Diese Regelung ist ausgesprochen problematisch.

Der Vertrag über eine anwaltliche Beratung ist ein entgeltlicher **Dienstvertrag**. Die Vergütung richtet sich deshalb nach § 612 BGB. Danach ist mangels einer vereinbarten Vergütung in erster Linie eine Taxe zu zahlen. Eine Taxe läge etwa vor, wenn das VV-RVG eine Gebühr für die Beratung vorsähe. Das ist jedoch nicht mehr der Fall.

Als Ersatz einer Taxe sieht § 612 BGB die Zahlung der **üblichen Vergütung** vor. Die übliche Vergütung wäre gegeben, wenn sich eine mehr oder weniger einheitliche Praxis der Abrechnung durchgesetzt hätte. Das ist jedoch nicht der Fall. Die wissenschaftlichen Erhebungen über die Vergütungspraxis enthalten keine Feststellungen dazu, dass eine Mehrzahl der Rechtsanwälte die Beratungsleistungen nach einem bestimmten Vergütungsmodell, zum Beispiel nach Zeitaufwand abrechnen würde; sie enthalten schon gar nicht Feststellungen dazu, dass sich eine bestimmte Höhe der Vergütung durchgesetzt hätte. Vielmehr weisen sie aus, dass die Abrechnungspraxis völlig uneinheitlich ist.

Es gibt also keine übliche Vergütung. Die Regelung des § 612 BGB gibt deshalb keine für die Feststellung der Rechtsanwaltsvergütung taugliche Rechtsfolge.

Im Rückgriff auf das allgemeine Schuldrecht finden sich bei den Regeln über das Entgelt bei synallagmatischen Verträgen die §§ **316, 315 BGB**. Diese sehen ein einseitiges Bestimmungsrecht des Leistenden in Bezug auf die dafür anfallende Gegenleistung vor. Die Bestimmung hat nach billigem Ermessen zu erfolgen.[2]

Diese Regelungen entsprechen weitgehend denen in § 14 RVG, der die Bestimmung der Gebühr bei Rahmengebühren regelt. Es liegt deshalb ausgesprochen nahe, diese Regelungen anzuwenden. Dennoch wird die Anwendbarkeit der §§ 316, 315 BGB von einer Vielzahl von Kommentatoren bezweifelt. Die Bedenken ergeben sich daraus, dass es dem dienstvertraglichen Grundsatz der Gleichwertigkeit von Leistung und Gegenleistung widersprechen soll, wenn einer Vertragspartei ein einseitiges Leistungsbestimmungsrecht zugestanden würde.[3] Wäre das richtig, fragt sich, warum die Regelung der §§ 316, 315 BGB vom Gesetzgeber für synallagmatische Verträge ausdrücklich vorgesehen worden ist.[4]

Wenn die Bestimmung der Gebühr für die Beratung durch den Rechtsanwalt nach billigem Ermessen vorgenommen werden kann, so hat der Rechtsanwalt sich an den vom Gesetzgeber dafür vorgesehenen **Kriterien des § 14 RVG** zu orientieren. Es hat eine Bewertung, wie oben in → § 2 Rn. 40 ff. dargestellt, zu erfolgen.

Die Überprüfung der Abrechnung beschränkt sich dann auf die Einhaltung der Grenzen des billigen Ermessens.

Faktisch bestehen wenige Erfahrungen mit der Abrechnung gemäß § 34 RVG. Das AG Brühl hat die Gutachtenspraxis der Rechtsanwaltskammern insoweit bestätigt, als die Bestimmung der Gebühr gemäß den §§ 316, 315 BGB und anhand der Kriteri-

18

19

20

21

---

2 So auch AG Brühl AGS 2008, 589.
3 Zum Diskussionsstand ausführlich: Winkler in Mayer/Kroiß 8. Aufl. 2021 § 34 Rn. 67, ff. mwN.
4 Ansonsten gäbe es keine bürgerlich-rechtliche Vorschrift, die eine Entgeltregelung vorsähe. Die Lösung über eine Analogie zu § 14 RVG wäre keine Lösung, da sie dieselbe Rechtsfolge vorsieht wie § 316, der nicht anwendbar wäre.

en des § 14 RVG zu erfolgen hat.[5] Dabei hat das Amtsgericht Brühl die Bestimmung einer Gebühr von 250 EUR zuzüglich Umsatzsteuer für die 30-minütige Erstberatung eines Unternehmers in einer seinen Beruf betreffenden Angelegenheit bestätigt. In diesem Fall waren die Grenzen der Gebührenbestimmung für Verbraucher nicht zu beachten. Diese lägen bei einer Erstberatung bei 190 EUR und bei einer fortgesetzten Beratung bei 250 EUR. Diese Kappungsgrenzen dürften bei einer Gebührenvereinbarung überschritten werden.

c) Gutachten

22 Wie bei der Beratung ist auch bei der Erstellung eines Gutachtens gemäß § 34 RVG eine **Vereinbarung** zu treffen; sonst richtet sich die Höhe der anwaltlichen Vergütung nach den Regeln des bürgerlichen Rechts.

23 Bei dem Auftrag (nur) zu Erstellung eines Gutachtens gilt im Wesentlichen das **Werkvertragsrecht**.[6] Die dann anzuwendende Regelung des § 632 Abs. 2 BGB entspricht wörtlich der des § 612 Abs. 2 BGB. Auch für Gutachtensleistungen gibt es keine übliche Vergütung, so dass die Vorschrift des § 632 Abs. 2 BGB keine für die Feststellung der Rechtsanwaltsvergütung taugliche Grundlage ist.

24 Hier ist deshalb auf die §§ 316, 315 BGB zurückzugreifen.[7] Die Bestimmung folgt den Maßgaben des § 14 RVG. Bei den Gutachtensvergütungen ist die Begrenzung auf 250 EUR bei Verbrauchern zu beachten.

Im Hinblick darauf, dass damit eine kostendeckende Erstellung eines Gutachtens nicht möglich ist, sollte unbedingt die Möglichkeit zur Vereinbarung der Gebühren genutzt werden.

d) Anrechnung

25 Die Gebühren für die Beratung sind gemäß § 34 Abs. 2 RVG auf die Gebühr für eine sonstige Tätigkeit, die mit der Beratung zusammenhängt, anzurechnen. Als solche Tätigkeiten kommen insbesondere die **Geschäftsgebühren** (Nr. 2300 und Nr. 2403 VV-RVG) sowie die **Verfahrensgebühren** (Nr. 3100 und Nr. 3102 VV-RVG) in Betracht. Da diese die Einarbeitung in die Sache und die Beratung umfassen, werden sie in der Regel höher ausfallen müssen als eine Vergütung nur für die Beratung, so dass faktisch die Beratungsgebühren komplett in Wegfall kommen werden.

26 Das dürfte jedoch insbesondere bei wertbezogenen Gebühren, die auf einem niedrigen Gegenstandswert basieren, anders sein, denn der Rechtsanwalt ist aufgrund der Aufhebung der Vergütungstatbestände für die Beratung bei der Gebührenvereinbarung nicht mehr an die Wertbezogenheit gebunden und kann statt einer niedrigen wertbezogenen Gebühr eine angemessene aufwandsbezogene Gebühr vereinbaren. In diesem Fall würde die Geschäftsgebühr faktisch durch die Beratungsgebühr konsumiert.

---

5 AG Brühl AGS 2008, 589.
6 BGH NJW 1965, 196; BGH NJW 1967, 719.
7 So für Sachverständigengutachten BGH NJW 1966, 539.

Die Anrechnung ist jedoch nur für den Fall des Fehlens einer **anderen Vereinbarung** vorgesehen. Der Gesetzgeber hat damit klargestellt, dass die Anrechnung vertraglich abbedungen werden kann. Von dieser Möglichkeit sollte Gebrauch gemacht werden.

2. Prüfung der Aussichten eines Rechtsmittels Nr. 2102 und Nr. 2103 VV-RVG

In einem Sonderfall sind Beratungsgebühren dennoch bestehen geblieben, nämlich bei der Beratung über die Erfolgsaussichten eines Rechtsmittels. Die Gebühr entsteht nur bei dem **isolierten Auftrag** zur Prüfung der Erfolgsaussichten.

27

Entgegen einer verbreiteten Ansicht gehört die Beratung über die Erfolgsaussichten eines Rechtsmittels nicht mehr zur abgeschlossenen Instanz.[8] Zu dieser gehört nur noch die inhaltliche Erläuterung des Urteils, nicht aber eine substantielle Beurteilung der Begründungsmöglichkeiten und der Erfolgsaussichten des Rechtsmittels.[9] Deshalb ist die Gebühr auch für den in dem abgeschlossenen Verfahrensabschnitt tätig gewordenen Rechtsanwalt abrechenbar.[10]

28

Wie bei allen vertraglichen Vergütungsansprüchen ist es allerdings dafür erforderlich, dass auch ein **Auftrag** zur Prüfung der Erfolgsaussichten erteilt wurde. Ist der Rechtsanwalt ohne Auftrag unaufgefordert tätig geworden, so erhält er keine Vergütung.[11]

29

Die Gebühr fällt auch dann an, wenn der Auftrag zur Prüfung der Erfolgsaussichten des Rechtsmittels des Gegners erteilt wird.[12]

30

Mit **Rechtsmitteln** sind nicht nur die prozessualen Rechtsmittel gemeint, sondern auch alle außergerichtlichen Rechtsmittel, soweit sie einen Devolutionseffekt und einen Suspensionseffekt haben. Zu den Rechtsmitteln gehören deshalb Einspruch, Widerspruch und Beschwerde sowie Klage, Berufung und Revision, Rechtsbeschwerden und Nichtzulassungsbeschwerden.

31

Die Gebühr ist gemäß der Anmerkung zu Nr. 2102 VV-RVG auf die Gebühren für das anschließende Rechtsmittelverfahren anzurechnen. Die Gebühr wurde deshalb früher „**Abrategebühr**" genannt, weil sie in der Regel nur abgerechnet wurde, wenn nicht ein anschließender Auftrag für das Rechtsmittel erteilt wurde. Die Bezeichnung ist jedoch irreführend, denn die Anrechnung erfolgt nur bei Identität des beauftragten Rechtsanwalts. Wird die Durchführung des Rechtsmittels nicht dem mit der Prüfung der Erfolgsaussichten beauftragten Rechtsanwalt übertragen, sondern einem Dritten, sind die Gebühren für die Prüfung der Erfolgsaussichten gegen dessen Gebühren nicht anzurechnen.

32

Die Gebühr Nr. 2103 VV-RVG ist eine Qualifizierung der Gebühr Nr. 2102 VV-RVG. Sie fällt an, wenn die Beratung über die Erfolgsaussichten eines Rechtsmittels mit der Erstellung eines schriftlichen Gutachtens verbunden wird. Die Gebühr Nr. 2103 VV-RVG ist nicht gegen die für das sich anschließende Rechtsmittelverfahren anzurechnen.

33

---

8 Gerold/Schmidt/Mayer, RVG 24. Aufl. 2019, Rn. 1 zu Nr. 2100 VV-RVG.
9 Winkler in: Mayer/Kroiß, RVG, 8. Aufl. 2021 Rn. 4 zu Nr. 2100 VV-RVG.
10 Winkler in: Mayer/Kroiß, RVG, 8. Aufl.2021, Rn. 4 zu Nr. 2100 VV-RVG.
11 Gerold/Schmidt/Mayer, RVG 24. Aufl. 2019, Rn. 1 zu Nr. 2100 VV-RVG; a.A. Winkler in: Mayer/Kroiß, RVG, 8. Aufl.2021, Rn. 6 zu Nr. 2100 VV-RVG.
12 Winkler in: Mayer/Kroiß, RVG, 8. Aufl.2021, Rn. 17 zu Nr. 2100 VV-RVG.

34   Beide Gebühren sind **Betragsrahmengebühren**. Der Gebührenrahmen ist nach den Kriterien des § 14 RVG auszufüllen. Hierbei sind insbesondere der Umfang und die Schwierigkeit der Beratung beziehungsweise Begutachtung zu bewerten. Der Umfang muss sich nicht zwangsläufig aus dem Gutachten ergeben, wenn ein hoher zeitlicher Rechercheaufwand zu einem klaren und eindeutigen Ergebnis führt. In diesem Falle sollte dem Auftraggeber oder Kostenschuldner der Aufwand erläutert werden. Ebenso verhält es sich mit der Schwierigkeit; auch sie ergibt sich nicht zwangsläufig aus einer klaren und geordneten Darstellung eines sonst intrikaten rechtlichen oder tatsächlichen Sachverhalts. Deshalb kann auch hier eine Erläuterung der Gebührenbestimmung sinnvoll sein.

3. Geschäftsgebühren, Teil 2 Abschnitt 3 VV-RVG

35   Durch das 2. KostRMoG ist die Trennung der Abrechnung nach § 2 und § 3 RVG in die Abschnitte 3 und 4 des 2. Teils des VV-RVG aufgehoben worden. Damit wollte der Gesetzgeber die Gleichwertigkeit beider Abrechnungswege betonen und eine einheitliche Handhabung sicherstellen. Zugleich wollte er eine Konzentrierung der Gebührenregelungen erreichen.[13] Zudem ist das System der Gebührenminderung bei Vorbefassung, wie es das RVG 2004 für die Betragsrahmengebühren vorgesehen hatte, aufgegeben worden. Stattdessen erfolgt, wie auch bei der Abrechnung nach Wertgebühren, eine Anrechnung des durch die Vorbefassung ersparten Aufwands.

a) Geschäftsgebühr Nr. 2302 VV-RVG

36   Die **häufigste abgerechnete Gebühr im Sozialrecht** ist die Geschäftsgebühr Nr. 2302 VV-RVG. Sie entgilt die gesamte Tätigkeit des Rechtsanwalts vom Auftrag bis zur Beendigung der Angelegenheit (§ 15 Abs. 1 RVG), insbesondere für das Betreiben des Geschäfts einschließlich der Information und der Mitwirkung bei der Gestaltung eines Vertrages (Vorbemerkung 2.3 (1) iVm Vorbemerkung 2.4 (2)). Begrifflich endet der Anwendungsbereich der Geschäftsgebühr, wenn die vorgerichtliche Tätigkeit abgeschlossen ist und der Auftrag zur Durchführung eines gerichtlichen Verfahrens erteilt wird.

37   Gemäß § 15 Abs. 2 S. 1 RVG kann der Rechtsanwalt die Gebühr in einer Angelegenheit nur einmal fordern. Es ist also zunächst einmal festzustellen, ob von vornherein eine oder mehrere Angelegenheiten vorliegen (→ § 2 Rn. 14 ff.) oder ob die vorgerichtliche Geschäftsführung zwei gemäß § 17 Nr. 1 a RVG als eigene Angelegenheiten anzusehende Verfahrensabschnitte, das initiale und das weitere Verwaltungsverfahren umfasst. In diesen Fällen ist jede der mehreren Angelegenheiten gesondert abzurechnen.

38   Die Geschäftsgebühr Nr. 2302 VV-RVG ist im Falle des § 17 Nr. 1 a RVG für die Abrechnung des ersten bearbeiteten Verwaltungsverfahrens anzuwenden. Sie sieht die Möglichkeit zur Abrechnung innerhalb eines **Betragsrahmens von 50 EUR bis 640 EUR** vor. Die **Mittelgebühr** innerhalb dieses Rahmens beträgt **345 EUR**; es ist durch die Anmerkung zu Nr. 2302 VV-RVG eine Kappungsgrenze von 300 EUR vor-

---

13   BT-Drs. 17/11471 (neu), 274.

gesehen. Die Regelung der Kappungsgrenze entspricht funktionell der bisherigen Anmerkung zu Nr. 2400 VV-RVG 2004. Der Gesetzgeber hat mit der Neuregelung keine inhaltliche Neubestimmung vorgenommen.[14] Es bleibt deshalb bei einem zweistufigen Vorgehen. Erst ist die Gebühr aus dem vollen Rahmen zu bestimmen; anschließend erfolgt die Kontrollbewertung, ob Umfang oder Schwierigkeit das Überschreiten der Kappungsgrenze rechtfertigen.

Die Bestimmung der Gebühr innerhalb dieses Rahmens erfolgt grundsätzlich wie unter → § 2 Rn. 40 ff. dargestellt. Dabei sind die **Merkmale des § 14 RVG** jeweils zu bewerten. Das erste gesetzlich genannte Merkmal ist das des Umfangs der Bearbeitung. Mit dem Merkmal des Umfangs werden im Wesentlichen die zeitliche Inanspruchnahme des Rechtsanwalts sowie der sonstige Aufwand bewertet. Bei der Geschäftsgebühr werden dazu insbesondere folgende **Indiztatsachen** zur Bewertung herangezogen: 39

Die Tatsachen, dass **Einsicht in die Verwaltungsakten** genommen wurde und welchen Umfang diese hatten, deuten auf einen erhöhten Umfang der Bearbeitung hin. 40

Daneben ist auch ein sonstiger **Rechercheumfang**, zum Beispiel durch Einholung ärztlicher Berichte, Arbeitgeberauskünfte, technischer Unterlagen etc zu berücksichtigen. Es ist normalerweise Sache des Mandanten, dem Rechtsanwalt die Informationen zur Tatsachenbasis des Falles zu liefern. Die Einholung der Informationen durch den Rechtsanwalt übersteigt deshalb den normalen Umfang. 41

Die Anzahl und der Umfang der gewechselten **Schriftsätze** haben eine wichtige Indizfunktion. Eine Vielzahl langer Schriftsätze dokumentiert augenscheinlich, dass auch eine umfangreiche Tätigkeit vorliegt. Andererseits ist der Umkehrschluss nicht notwendig richtig. Auch nur ein kurzer Schriftsatz kann Folge einer umfangreichen Vorbereitung sein. 42

Die Anzahl und der Umfang der während der Geschäftsführung vorliegenden und ausgewerteten **Gutachten** und ärztlichen oder sonstigen Stellungnahmen haben ebenfalls eine augenscheinliche Indizwirkung hinsichtlich des Umfangs der Bearbeitung. 43

Die Abgabe von **qualifizierten Stellungnahmen** zum Sachverhalt oder zur Rechtslage sprechen vor dem Hintergrund des Verfahrensgrundsatzes der Amtsermittlung für eine umfangreiche Bearbeitung der Angelegenheit. 44

Der sonstige **Zeitaufwand** durch außergerichtliche Termine, Akteneinsicht bei der Behörde, Gespräche mit Beteiligten, (sachverständigen) Zeugen und sonstigen Dritten sowie auch mit der Mandantschaft ist ebenfalls bei der Bemessung des Umfangs der Angelegenheit heranzuziehen. 45

Überdurchschnittlich ist der Umfang der Bearbeitung regelmäßig bei der Verständigung in einer **Fremdsprache**,[15] auch bei Inanspruchnahme eines Dolmetschers, und bei einer eingeschränkten Hör- und Sehfähigkeit des Mandanten.[16] Auch die Not- 46

---

14 BT-Drs. 17/11471 (neu), 274. Der Gesetzgeber hatte im Laufe des Gesetzgebungsverfahrens eine Verlagerung der Anmerkung in eine neue Nr. 2304 vorgesehen, diese Änderung aber wieder zurückgenommen, um Streitigkeiten über ihre Bedeutung zu vermeiden.
15 LSG NRW 16.8.2006 – L 10 B 7/06.
16 SG Aachen 21.6.2005 – S 11 AL 111/04.

wendigkeit eines Hausbesuches bei einem bettlägerigen Mandanten zeigt einen höheren Aufwand, als es normal wäre.

47 Synergieeffekte durch andere Verfahren[17] oder sonstige Vorkenntnisse sind bei der Ermittlung des Umfangs der Bearbeitung außen vor zu lassen.

Das zweite zu bewertende Kriterium des § 14 RVG ist die **Schwierigkeit der Bearbeitung.** Für die Bewertung ist insbesondere zu fragen, ob (nur) ein reiner **Sachvortrag** vorliegt, oder ob über den Sachvortrag ein **Rechtsvortrag,** der eine Auseinandersetzung mit der Rechtslage erkennen lässt, vorliegt. Die Auseinandersetzung mit einem medizinischen Gutachten ist normal;[18] liegen jedoch im zu bearbeitenden Verfahrensabschnitt **mehrere oder sogar eine Vielzahl von Gutachten** vor und müssen ausgewertet oder bearbeitet werden, ist das nicht mehr eine normale Schwierigkeit.[19]

48 **Besondere rechtliche Fragen,** zum Beispiel zu den Aufhebungs- und Rückforderungsvorschriften der §§ 45, 48 SGB X, zur Kausalität oder zum Übergangsrecht[20] indizieren eine besondere Schwierigkeit der Bearbeitung.

Rechtsgebiete, die abgelegen sind, die eine lange Einarbeitungszeit oder Auseinandersetzung mit komplexen oder in verschiedenen Rechtsmaterien verankerten Regelungen erfordern,[21] sowie die Auseinandersetzung mit **anderen Rechtsgebieten**[22] weisen ebenfalls auf eine überdurchschnittliche Schwierigkeit hin. Dasselbe gilt auch bei **uneinheitlicher Rechtsprechung** oder beim Fehlen höchstrichterlicher Rechtsprechung[23] zu den für den Fall einschlägigen Rechtsfragen.

49 Erhöhter Umfang und erhöhte Schwierigkeit sind immer anzunehmen, wenn die Tätigkeit in einem **Spezialgebiet** erforderlich ist.[24]

50 Neben dem Umfang und der Schwierigkeit der Bearbeitung ist die **Bedeutung der Angelegenheit für den Auftraggeber,** seine wirtschaftlichen Verhältnisse, ein etwaiges besonderes Haftungsrisiko sowie schließlich alle anderen das Mandat prägenden Umstände zu bewerten. Wegen der Einzelheiten zu den Kriterien des § 14 RVG wird auf die Ausführungen unter → § 2 Rn. 40 ff. verwiesen.

51 Ergibt die Bewertung, dass eine Gebühr **oberhalb der Kappungsgrenze** abzurechnen wäre, ist zu prüfen, ob die Abrechnung auf den Betrag der Kappungsgrenze, nämlich 300 EUR, beschränkt wird. Die Kappung ergibt sich aus der Anmerkung zu Nr. 2302 VV-RVG. Es ist inzwischen entschieden, dass die Anmerkung nicht zu einer Spaltung in zwei Gebührenrahmen (für nicht umfangreiche und einfache Fälle und für umfangreiche und schwierige Fälle) führt, sondern dass es sich um eine Kappungsgrenze handelt, auf die die darüber liegende bestimmte Gebühr bei Vorliegen der gesetzlichen

---

17 Falsch: BSG 22.1.1993 – 14b/4 REG 12/91.
18 BSG 26.2.1992 – 9 a RVs 3/90.
19 LSG HE 26.1.2004 – L 12 B 90/02 RJ.
20 LSG SN 7.2.2008 – L 6 B 33/08.
21 LSG BW 13.12.2006 – L 5 KA 5567/05.
22 BSG 22.1.1993 – 14b/4 REG 12/91.
23 LSG NRW 16.8.2006 – L 10 B 7/06.
24 BVerwGE 1962, 169; OLG Jena RVGreport 2005, 361 (363); LG Freiburg AnwBl. 1965, 184; LG Karlsruhe AnwBl. 1973, 367; LG Karlsruhe AnwBl. 1980, 121; AG Köln AnwBl. 1978, 63; AG Hünfeld JurBüro 1970, 97.

Voraussetzungen zurückgeführt werden muss.[25] Da der Gesetzgeber keine inhaltliche Veränderung der Kappungsvorschrift gewollt hat, bleibt diese Rechtsprechung anwendbar.

Die Kappungsgrenze ist deshalb, wie unter → § 2 Rn. 130 ausgeführt, **keine Mittelgebühr,**[26] mit der ein vollständig durchschnittlicher Fall abzurechnen wäre. Es bleibt dabei, dass die Mittelgebühr der rechnerischen Mitte des Gebührenrahmens, die sich mit der Formel (Mindestgebühr + Höchstgebühr) : 2 errechnen lässt, entspricht. Bei der Geschäftsgebühr Nr. 2302 VV-RVG ist das der Betrag von 345 EUR. Es bleibt auch so, dass bei vollständig durchschnittlichen Verhältnissen diese Mittelgebühr zu bestimmen ist.
52

Die Gebühr in Höhe der Kappungsgrenze liegt jedoch unter dieser Mittelgebühr. Es ist deshalb fraglich, ob auch in den Fällen der aufgrund durchweg durchschnittlicher Verhältnisse zu bestimmenden Mittelgebühr von 345 EUR eine Kappung auf den Betrag von 300 EUR zu erfolgen hat.

Hierzu gibt es **verschiedene Auffassungen**; eine höchstrichterliche Klärung, welcher der Auffassungen zu folgen ist, hat bisher nicht stattgefunden. Der Wortlaut der Nr. 2302 sagt, dass mehr als die Gebühr höchstens 300 EUR beträgt, „wenn die Tätigkeit weder schwierig noch umfangreich" war. Der Gesetzgeber wollte damit klarstellen, dass eine durchschnittlich umfangreiche und schwierige Angelegenheit nur eine Abrechnung bis zu dieser Kappungsgrenze (der Gesetzgeber spricht von Schwellengebühr) erlaubt, während eine leichte Überdurchschnittlichkeit bei Umfang oder bei Schwierigkeit eine Überschreitung der Kappungsgrenze möglich macht.[27] Allein der Wortlaut gibt diese beschränkende Regelung nicht her.
53

So soll aus der Wortbedeutung von „umfangreich oder schwierig" folgen, dass die Bearbeitung jedenfalls ein wenig mehr als durchschnittlich umfangreich oder durchschnittlich schwierig gewesen sein müsse.[28] Das ist jedoch nur eine aus dem Wortlaut zu entnehmende Wortbedeutung. Da sowohl das Merkmal Umfang der Tätigkeit als auch das Merkmal Schwierigkeit der Tätigkeit in § 14 RVG sowohl positiv als auch negativ bewertet werden können, nämlich als überdurchschnittlich oder unterdurchschnittlich umfangreich, beziehungsweise überdurchschnittlich oder unterdurchschnittlich schwierig, ergibt sich aus der Umsetzung dieser Merkmale in die Adjektivform nicht, dass mit „umfangreich oder schwierig" bereits eine Bewertung als überdurchschnittlich verbunden werden muss.
54

Vielmehr liegt in der Nennung der beiden Kriterien Umfang und Schwierigkeit in der Anmerkung zu Nr. 2302 VV-RVG lediglich die besondere Bewertung der Kriterien Umfang und Schwierigkeit unter den Kriterien des § 14 RVG. Lediglich mit den Kriterien Umfang und Schwierigkeit, die in allen Vergütungsordnungen der freien Berufe die maßgeblichen Kriterien zu Bemessung des Leistungsentgelts sind, soll eine Überschreitung der Kappungsgrenze möglich werden. Mit anderen Worten: Die weiteren
55

---

25 BGH NJW-RR 2007, 420.
26 LSG RhPf 8.3.2006 – L 4 SB 174/06.
27 BT-Drs. 17/11471 (neu), 274.
28 Hartmann, Kostengesetze, 47. Aufl. 2017, Rn. 25 zu Nr. 2300 VV-RVG.

Kriterien des § 14 RVG sollen die Kriterien Umfang und Schwierigkeit nicht zum Nachteil des Auftraggebers dominieren dürfen.

56 Deshalb ist die Kappungsgrenze auch nach der neuen Regelung des RVG 2013 **zu überschreiten**, wenn Umfang oder Schwierigkeit nur durchschnittlich ausgeprägt sind. Die einzige veröffentlichte gerichtliche Entscheidung, die sich explizit mit der Frage befasst, ob durchschnittlicher Umfang oder durchschnittliche Schwierigkeit zur Überschreitung der Kappungsgrenze ausreichen oder überdurchschnittlicher Umfang oder überdurchschnittliche Schwierigkeit gefordert sind, geht ebenfalls davon aus, dass keine überdurchschnittliche Ausprägung eines der beiden Merkmale erforderlich ist.[29] Die bisher zur Frage der Kappungsgrenze ergangenen Entscheidungen des BGH und des BSG mussten sich mit dieser Fragestellung noch nicht auseinandersetzen.

57 Es ist also weiterhin in Durchschnittsfällen die oberhalb der Kappungsgrenze liegende Mittelgebühr abzurechnen.

58 Ist die Kappungsgrenze überschritten, so sind die anderen Kriterien des § 14 RVG in vollem Umfang zu würdigen und können eine weitere Erhöhung über die Mittelgebühr hinaus begründen. Es steht dann der **volle Gebührenrahmen** zur Bestimmung der Gebühr zur Verfügung.

59 Soweit die Beschränkung auf die Kappungsgrenze besteht, ist fraglich, in welcher Höhe diese bei der Vertretung **mehrerer Auftraggeber** besteht. Durch die Anwendbarkeit der Mehrvertretungsgebühr Nr. 1008 VV-RVG erhöhen sich Mindest- und Höchstgebühr um pauschal 30 % für jeden weiteren Auftraggeber. Der Gesetzgeber hat eine ausdrückliche Regelung nicht getroffen, ob damit auch die Kappungsgrenze anzuheben ist.

60 Auf den ersten Blick scheint es selbstverständlich, dass bei der Verschiebung der Rahmengrenzen auch die Kappungsgrenze verschoben werden muss. Dennoch gibt es Entscheidungen, die davon ausgehen, dass die Kappungsgrenze bei demselben Betrag verbleibt wie bei der Vertretung nur eines Auftraggebers. Bei mehreren Auftraggebern soll sich danach die Kappungsgrenze nur dann erhöhen, wenn die Tätigkeit dadurch umfangreicher oder schwieriger wird.[30]

Diese Entscheidungspraxis ist rechtsfehlerhaft. Zum einen geht der Gesetzgeber davon aus, dass es bei der Mehrvertretungsgebühr nicht auf den konkreten Aufwand ankommen soll, sondern der Aufwand pauschal entgolten werden soll. Ansonsten hätte der Gebührenrahmen nicht starr verändert werden müssen, sondern der Gesetzgeber hätte lediglich für den Fall des Nachweises den Gebührenrahmen nach oben öffnen können. Das hat er aber nicht getan, sondern die Mindestgebühr zwingend angehoben. Zum anderen würde bei der Vertretung einer Vielzahl von Mandanten der bis zur Deckelung erhöhte Mindestbetrag auf 120 EUR ansteigen. Die nicht erhöhte Kappungsgrenze läge dann bei dem Doppelten der Mindestgebühr und um glatte 41 % unter der Mittelgebühr, mit der nach der ständigen Rechtsprechung der Durchschnittsfall abzurechnen ist.

---

29 OLG Hamburg – LG Hamburg 29.3.2007 – 3 U 254/06 zu Nr. 2300 VV-RVG; die Problematik der Kappungsgrenze ist jedoch gleich.
30 LSG BW AGS 2009, 73 mit zu Recht abl. Anm. Schons.

Das BSG hat diese Frage inzwischen geklärt.[31] Die Kappungsgrenze ist deshalb ebenso wie Mindest- und Höchstgebühr um **30 % für jeden Auftraggeber** anzuheben. Eines nachzuweisenden zusätzlichen Aufwandes bedarf es nicht.

b) Anrechnung bei Vorbefassung

Der Gesetzgeber des RVG 2004 hatte vorgesehen, dass der Rechtsanwalt für eine Vertretung in einer sozialrechtlichen Angelegenheit dann, wenn er bereits die Vertretung in einem durch Verwaltungsakt abgeschlossenen Verfahren durchgeführt hat, für das anschließende **Widerspruchsverfahren** lediglich noch eine Gebühr nach der Nr. 2401 VV-RVG 2004 abrechnen kann.   61

Der Gesetzgeber des 2. KostRMoG hat den besonderen Rahmen für die Geschäftsgebühr nach Vorbefassung des Rechtsanwalts in einem anderen Verfahrensabschnitt derselben Angelegenheit aufgegeben. Stattdessen ist jetzt gemäß der Vorbemerkung 2.3 (4) VV-RVG die im vorher bearbeiteten Verfahrensabschnitt abgerechnete Geschäftsgebühr zu ½, maximal aber mit einem Betrag von 207 EUR auf die neu entstehende Geschäftsgebühr anzurechnen.   62

Der Grund für die Anrechnung liegt darin, dass der Gesetzgeber unterstellt, die Bearbeitung einer Angelegenheit, die bereits vorher in einem vorangegangenen Verfahrensabschnitt bearbeitet wurde, wäre weniger umfangreich und schwierig, weil keine erneute Einarbeitung in die Angelegenheit erforderlich ist.   63

Dieser Gesichtspunkt kommt durchgängig an verschiedenen Stellen des RVG zum Ausdruck, so zum Beispiel, wenn im Strafrecht für die Einarbeitung eine eigene Gebühr, die Grundgebühr gemäß Nr. 4100 VV-RVG oder im Bußgeldrecht die Grundgebühr Nr. 5100 VV-RVG vorgesehen ist. Auch die Anrechnungsvorschriften zwischen Beratungsvergütung und Geschäftsgebühr gemäß § 34 Abs. 2 RVG und die Anrechnungsvorschriften für das gerichtliche Verfahren gemäß Vorbemerkung 3 (4) VV-RVG sind aus demselben Grundgedanken geboren.

Werden in einem Widerspruchsverfahren mehrere Vorverfahren zusammengefasst bearbeitet, sind alle vorherigen Verwaltungsverfahren anzurechnen. Die Anrechnung beschränkt sich jedoch auf den Anrechnungshöchstbetrag. Im durch das KostRÄG 2021 eingefügten § 15a Abs. 3 S. 3 heißt es dazu: „Bei Betragsrahmengebühren darf der Gesamtbetrag der Anrechnung den für die Anrechnung bestimmten Höchstbetrag nicht übersteigen."

Diese Klärung durch den Gesetzgeber ist zu begrüßen. Nach der Rechtsprechung zur alten Rechtslage waren alle vorher angefallenen Gebühren schrankenlos anzurechnen, bis die Gebühr, auf die anzurechnen war, den Wert Null erreichte. Das hatte zuvor schon das LSG Bayern unter Verweis auf die Rechtsprechung des Bundesverfassungsgerichts für unzulässig gehalten.[32]

Bei der Abrechnung ist jedoch zunächst sorgfältig zu prüfen, ob überhaupt die Voraussetzungen der Anrechnung vorliegen. Die durch die Anrechnung gekürzte Gebühr   64

---

31 BSG ASR 2010, 179.
32 BayLSG 4.11.2010 – L 15 B 617/08 SB KO Rn. 22; BVerfG 30.3.1993 – 1 BvR 1045/89 Rn. 49; BVerfG 19.8.2011 – 1 BvR 2473/10.

ist nämlich nur dann hinzunehmen, wenn auch tatsächlich die **Fortführung** einer in jedem Gegenstand gleichen Angelegenheit vorliegt. Die Rechtsprechung betrachtet das durchaus differenziert.

So ist vorausgesetzt, dass ein zeitlich vorausgegangenes Verfahren vorliegt.[33] Dabei muss es sich um ein abgeschlossenes Verfahren handeln.[34] Nach anderer Ansicht soll auch ein nur zeitgleich eingeleitetes Verfahren ausreichen.[35] Der Meinungsstand ist hier nicht einheitlich.

Jedenfalls ist aber erforderlich, dass es sich um ein Verfahren mit einem **identischen Gegenstand** handelt. Das wird nach dem Herkommen der streitgegenständlichen Ansprüche aus demselben Lebenssachverhalt und aus derselben Rechtsgrundlage sowie der Identität der Verfahrensziele beurteilt.[36]

65 Anträge auf Vollstreckbarerklärung, auf Aussetzung oder Anordnung der sofortigen Vollziehung sowie auf Herstellung der aufschiebenden Wirkung des Widerspruchs sind, soweit sie nicht gemäß § 16 Ziff. 1 RVG zur selben Angelegenheit gehören, nicht verfahrensidentisch und unterfallen deshalb nicht der Minderung. Dasselbe gilt für die gemäß § 17 Ziff. 1 RVG als verschiedene Angelegenheiten geltenden Verwaltungsverfahren über die Aussetzung oder Anordnung der sofortigen Vollziehung sowie über einstweilige Maßnahmen zur Sicherung der Rechte Dritter.

66 Ebenso sind Untätigkeitsklagen,[37] weil ein unterschiedlicher Lebenssachverhalt und ein unterschiedliches Verfahrensziel vorliegen, sowie Verfahren im einstweiligen Rechtsschutz,[38] weil zwar ein gleicher Lebenssachverhalt, aber unterschiedliche Verfahrensziele vorliegen, nicht von der Minderung wegen der Vorbefassung betroffen.

67 Es gibt immer wieder Entscheidungen, die die Gebühr für das folgende Verwaltungsverfahren als unterdurchschnittlich bewerten, weil die Vorbefassung im initialen Verwaltungsverfahren den Aufwand für den Rechtsanwalt mindert. Diesen Entscheidungen muss entgegengetreten werden.

68 Wie oben (→ § 3 Rn. 63) festgestellt wurde, ist der Grund für die Anrechnung der Geschäftsgebühr des vorangegangenen Verfahrensabschnitts auf das folgende Verwaltungsverfahren gerade darin begründet, dass die aufwändige Einarbeitung entfällt.

69 Es ist deshalb rechtsfehlerhaft, wenn bei der Bestimmung der Gebühr oder bei der Festsetzung noch einmal die fehlende Notwendigkeit zur Einarbeitung berücksichtigt wird. Diesem Gesichtspunkt hat der Gesetzgeber in Vorbemerkung 2.3 (4) S. 3 VV-RVG Rechnung getragen. Deshalb kann die **Vorbefassung** bei der Gebührenhöhe **nicht mehr berücksichtigt** werden.[39]

---

33 LSG Thüringen 6.3.2008 – L 6 B 198/07 SF.
34 LSG NRW 29.1.2008 – L 1 B 35/07 AS; anderer Ansicht: LSG NRW 26.4.2007 – L 9 B 14/06 AS.
35 LSG NRW 26.4.2007 – L 9 B 14/06 AS.
36 LSG NRW 29.1.2008 – L 1 B 35/07 AS.
37 BSG 23.8.2007 – B 4 RS 7/06; LSG NRW 5.5.2008 – L 19 B 24/08 AS.
38 OVG NRW 18.10.2006 – 7 E 1339/05.
39 BT-Drs. 15/1971, 212.

Dennoch gibt es immer wieder Ansätze in der Rechtsprechung, insbesondere im Fest- 70 setzungs- oder Kostenausgleichsverfahren, die Befassung im Hauptsacheverfahren (natürlich die Vergütung mindernd) zu berücksichtigen. Diese Ansätze widersprechen dem System der Gebührenbestimmung in § 14 RVG. Wie oben bereits ausgeführt wurde, ist die Bemessung anhand eines **objektiv-generellen Maßstabs** vorzunehmen.[40] Deshalb sind die Vorkenntnisse des Rechtsanwalts, zum Beispiel als Fachanwalt oder Spezialist auf dem streitgegenständlichen Gebiet, nicht bei der Bestimmung der Gebühr zu berücksichtigen, sondern die Bestimmung ist an einem durchschnittlichen Rechtsanwalt auszurichten.

Ebenso ist bei der Vorbefassung in einer anderen, zum Beispiel einer rechtlich oder 71 tatsächlich parallelen Angelegenheit, die besondere Kenntnis des Rechtsanwalts nicht zu berücksichtigen, sondern zu fragen, welchen Aufwand und welche Schwierigkeit die Bearbeitung dem durchschnittlichen Rechtsanwalt geboten hätte. Es ist unerheblich, ob der Rechtsanwalt auf besondere Kenntnisse aufgrund der Bearbeitung von Parallelangelegenheiten zurückgreifen konnte.[41]

Ganz genauso ist die Vorbefassung in derselben Angelegenheit zu behandeln. Der Ge- 72 setzgeber hat wegen der Vorbefassung bereits den Gebührenrahmen vermindert. Der Rechtsanwalt kann und muss deshalb Schwierigkeit und Umfang der Angelegenheit auch bei der Fortsetzung des Verwaltungsverfahrens voll in die Würdigung der Kriterien des § 14 RVG mit einbeziehen.

Auf der anderen Seite ist der **Aufwand** bei der Bearbeitung nach der Vorbefassung 73 im vorangegangenen Verfahrensabschnitt **nicht notwendig geringer**. Häufig werden im Widerspruchsverfahren andere Umstände in die Betrachtung hineingezogen und es liegen zusätzliche Erkenntnisse in Form neuer oder erstmalig eingeholter ärztlicher Berichte oder Gutachten vor. In diesem Fall ist ein überdurchschnittlicher Aufwand gegeben, weil der Gesetzgeber erkennbar davon ausgegangen ist, dass das Überprüfungsverfahren typischerweise weniger umfangreich und einfacher ist als das mit der erstmaligen Einarbeitung belastete, erstmals von dem Rechtsanwalt bearbeitete Verfahren.

Die Kriterien der Bemessung der konkreten Gebühr für die Bearbeitung des folgen- 74 den Verwaltungsverfahrens sind die des § 14 RVG; auf die Ausführungen zur Bestimmung der Gebühr gemäß § 14 RVG (→ § 2 Rn. 40 ff.) sowie bei der Geschäftsgebühr Nr. 2302 VV-RVG (→ § 3 Rn. 36 ff.) wird Bezug genommen. Die Anrechnungsregelung wird gegenüber der Minderungsregelung zu einer gerechteren Vergütung führen.

Oftmals ist die **Mitwirkung im initialen Verwaltungsverfahren** wesentlich geringer, weil sich ein komplexer Sachverhalt erst nach Durchführung des Antrags- und Anhörungsverfahrens sowie nach Durchführung von Ermittlungen, zB Einholung von Gutachten, in diesem Verfahrensabschnitt ergeben. An solchen Ermittlungen wird der Rechtsanwalt in der Regel nicht beteiligt sein. Deshalb wird in vielen Fällen

40 LSG NRW 14.11.2007 – L 10 KA 24/07; LSG BW 13.12.2006 – – L 5 KA 5567/05; SchlHLSG 16.6.2003 – L 5 B 13/03 SF S; Gerold/Schmidt/Mayer, RVG, 24. Aufl.2019, Rn. 22 zu § 14 RVG; Hartmann, Kostengesetze, 47. Aufl. 2017, Rn. 3 zu § 14 RVG; Winkler in: Mayer/Kroiß, RVG, 8. Aufl.2021, Rn. 20 zu § 14 RVG.
41 VGH Kassel MDR 1992, 910.

die Geschäftsgebühr für das initiale Verwaltungsverfahren in der Regel aus dem unteren Bereich des Gebührenrahmens zu entnehmen sein. Dagegen ergibt sich bei der Bearbeitung des folgenden Verwaltungsverfahrens häufig ein wesentlich höherer Aufwand, als er bei dem weit weniger umfangreichen initialen Verwaltungsverfahren vorgelegen hatte. Die Minderungsvorschrift wurde diesem gerade im folgenden Verwaltungsverfahren typischerweise höheren Umfang und der höheren Schwierigkeit, zB bei der Auseinandersetzung mit Gutachten oÄ, nicht gerecht.[42] Durch die Anrechnung der Hälfte einer gering bemessenen Geschäftsgebühr aus dem vorangegangenen Verfahrensabschnitt auf eine hohe Geschäftsgebühr für das folgende Verwaltungsverfahren kann einer solchen, durchaus als typisch zu bezeichnenden Fallgestaltung demnächst Rechnung getragen werden.

75 Ein weiterer Vorteil ist, dass durch die Neuregelung die Geschäftsgebühr für das folgende Verwaltungsverfahren in voller Höhe neu entsteht. Eine Kürzung der Gebühr ergibt sich erst nachträglich durch die Anrechnung. Gemäß § 15 a RVG gilt die Anrechnung jedoch nur gegenüber dem Auftraggeber und nicht gegenüber einem erstattungsfähigen Dritten. Dieser kann sich auf die Anrechnung nur dann berufen, wenn er die Geschäftsgebühr des initialen Verwaltungsverfahrens ebenfalls bereits bezahlt haben sollte oder ein Titel auf Zahlung dieser Gebühr besteht. Diese Umstände dürften im sozialrechtlichen Verwaltungsverfahren kaum vorliegen, weil nur die Erstattung der Kosten des Widerspruchsverfahrens durch § 63 SGB X geregelt sind, während es für das Antrags- oder Anhörungsverfahren mangels gesetzlicher Regelungen keine Erstattungsmöglichkeit gibt. Deshalb wird die volle Erstattung der Geschäftsgebühr für das folgende Verwaltungsverfahren ohne Berücksichtigung der Anrechnung erfolgen. Das ist auch der Wille des Gesetzgebers.[43]

4. Gebühren bei Erledigung des Verfahrens

a) Einigungsgebühr Nr. 1000 in Verbindung mit Nr. 1005 VV-RVG

76 Im Falle einer Einigung mit der Gegenseite ist die Einigungsgebühr abzurechnen. Voraussetzung für ihren Anfall ist die **Einigung der Parteien über einen der Gegenstände des Streitfalles**. Anders als nach der BRAGO ist jedoch weder ein Vergleich im Sinne des § 779 BGB für den Anfall der Gebühr erforderlich noch der Abschluss des Vergleiches durch den Rechtsanwalt.

77 Der Begriff der **Einigung** wird in der Anmerkung 1 zu Nr. 1000 VV-RVG definiert. Er entspricht dem Wortlaut des § 779 Abs. 1 BGB, wobei jedoch das dort vorgesehene Merkmal des gegenseitigen Nachgebens nicht mehr vorliegen muss. Das bedeutet, dass jedenfalls eine Ungewissheit über die Sach- oder Rechtslage von den Parteien im Wege eines Vertrages ausgeräumt werden muss. Hier ergeben sich teilweise Probleme bei den Festsetzungsverfahren.

78 Der Gesetzgeber des RVG 2004 hatte zum Ziel, auch die Erledigung der Fälle, in denen lediglich die petitio pecunia non parata erhoben wird, durch die Einigungsgebühr zu entgelten, weil er sich damit eine die Justiz entlastende Wirkung versprach. Des-

---

42 So auch BT-Drs. 17/11471 (neu), 146 f.
43 BT-Drs. 17/11471 (neu), 147.

halb sollten zum Beispiel auch die Fälle des Raten- oder Teilzahlungsvergleichs unter den Anwendungsbereich der Einigungsgebühr fallen, die zuvor wegen des fehlenden Merkmals der Gegenseitigkeit des Nachgebens aus dem Anwendungsbereich herausgefallen waren.[44] Diese Vorstellung des Gesetzgebers hatte sich im Festsetzungsverfahren nur teilweise verwirklicht.

Der Gesetzgeber des 2. KostRMoG hat das Versäumnis, auch § 779 Abs. 2 BGB in den Text der Anmerkung 1 zu Nr. 1000 VV-RVG zu integrieren, nicht ausgeräumt. Stattdessen ist er unnötiger Weise mit der Hereinnahme einer Ziffer 2 in die Anmerkung 1 zu Nr. 1000 VV-RVG einen komplizierteren Weg gegangen, indem er für den Ratenzahlungsvergleich eine eigene, gesonderte Regelung getroffen hat. Zudem hat der Gesetzgeber ohne wirklichen Anlass den Gegenstandswert für einen solchen Ratenzahlungsvergleich in § 31 b RVG auf 20 % des Anspruches begrenzt. **79**

Wie zu Zeiten der BRAGO ist die Einigungsgebühr eine echte **Erfolgsgebühr** geblieben. Nur wenn die Einigung tatsächlich zu Stande kommt, ist die Einigungsgebühr angefallen. Das zeigt sich insbesondere auch durch die Anmerkung 3 zu Nr. 1000 VV-RVG. **80**

Anders als zu Zeiten der BRAGO fordert der Gesetzestext aber heute nicht mehr eine besondere Mitwirkung des Rechtsanwalts und insbesondere auch nicht mehr die persönliche Abgabe der Willenserklärung zum Abschluss des Vergleichs, sei es schriftsätzlich oder zu Protokoll; es reicht vielmehr **jede Mitwirkung** am Zustandekommen der Einigung aus.[45] Auch die Beratung über die Bedeutung oder über mögliche Änderungen des Vergleichstextes sind Mitwirkungshandlungen, die die Gebühr auslösen. **81**

Durch die Anmerkung 2 zu Nr. 1000 VV-RVG ist auch klargestellt, dass es eine **gesetzliche Vermutung der Ursächlichkeit** der Mitwirkung gibt. Wer die Ursächlichkeit bestreitet, trägt die Darlegungs- und Beweislast für ihr Fehlen. **82**

Wie oben unter → Rn. 76 dargestellt, ist der gesetzgeberische Grund für die Neufassung der Einigungsgebühr gewesen, dass jede Einigung das Potential zur **Justizentlastung** in sich trägt. Der konkrete Eintritt der Entlastungswirkung für die Gerichte ist jedoch keine Voraussetzung für das Entstehen der Einigungsgebühr.[46] Deshalb ist die Einigungsgebühr auch dann angefallen, wenn nur einer von mehreren Gegenständen der Angelegenheit durch die Einigung geklärt wird, während die anderen weiterhin Gegenstand des Verwaltungs- oder späteren gerichtlichen Verfahrens bleiben. Sogar dann, wenn später ein Anerkenntnis- oder Versäumnisurteil zu demselben Gegenstand ergeht, über den eine Einigung getroffen worden war, bleibt die Einigungsgebühr erhalten.[47] **83**

Problematisch ist die Frage der Anwendbarkeit der Einigungsgebühr bei **öffentlichrechtlichen Rechtsverhältnissen**. Der Gesetzgeber ist der Auffassung gewesen, dass bestimmte Bereiche des öffentlichen Rechts vertragsfeindlich sein können; das Sozial- **84**

---

44 BT-Drs. 15/1971, 215.
45 BGH MDR 2009, 293 f.
46 BGH NJW 2009, 234.
47 BGH AGS 2008, 330.

recht hat er zu diesen Bereichen gezählt. Aus diesem Grunde war im RVG 2004 in Nr. 3106 VV-RVG der schriftliche Vergleich nicht wie in Nr. 3104 VV-RVG 2004 zur Begründung einer fiktiven Vergleichsgebühr genannt worden. Dennoch ist es offensichtlich, dass es im Sozialrecht, wo es eigentlich im Regelfall um nicht disponible Ansprüche geht, Vergleiche gibt und geben muss. So ist in vielen Verfahren retrospektiv nicht mehr feststellbar, wann die Leistungsvoraussetzungen eingetreten sind, wenn zum Beispiel eine progressiv verlaufende Krankheit die Grundlage des Anspruchs ist. Deshalb ist in § 101 SGG ausdrücklich die Möglichkeit von Vergleichen im sozialgerichtlichen Verfahren vorgesehen worden; im vorgerichtlichen Verfahren gilt nichts anderes. Der Gesetzgeber des 2. KostRMoG hat den Wortlaut der Anmerkungen zu den Terminsgebühren deshalb jetzt angeglichen.

85 In Angelegenheiten, in denen **durch Verwaltungsakt entschieden** wird, kann dieser eine Verkörperung der Einigung darstellen und damit die Einigungsgebühr auslösen.[48]

Wird in einem Rechtsstreit eine Einigung durch einen „Rahmenvertrag" getroffen, durch die zugleich weitere Rechtsstreite erledigt werden, kann in diesen ebenfalls eine Einigungsgebühr anfallen.[49]

86 Nr. 1005 VV-RVG 2004 gab für die Einigungsgebühr einen **Rahmen** vor. Das war problematisch, weil sich der Aufwand für die Einigung nicht wirklich aus den für die Geschäftsführung maßgebenden Tätigkeiten ausscheiden ließ. Der Gesetzgeber des 2. KostRMoG hat deshalb jetzt vorgesehen, dass die Vergleichsgebühr in Höhe der Geschäftsgebühr Nr. 2302 VV-RVG anfällt. Er hat hier eine andere Lösung gefunden als in Nr. 1000 VV-RVG, wo eine Festgebühr in der Mitte des Rahmens der Geschäftsgebühr Nr. 2300 VV-RVG vorgesehen ist.

b) Erledigungsgebühr Nr. 1002 in Verbindung mit Nr. 1005 VV-RVG

87 Die Erledigungsgebühr fällt an, wenn eine Rechtssache sich gemäß S. 1 der Anmerkung zu Nr. 1002 VV-RVG durch Aufhebung (also Zurücknahme oder Widerruf) oder Änderung eines angefochtenen Verwaltungsaktes oder gemäß S. 2 der Anmerkung zu Nr. 1002 VV-RVG durch Erlass eines bisher abgelehnten Verwaltungsaktes erledigt.

88 Hier liegt also eine echte **Erfolgsgebühr** vor. Dabei reicht es aus, dass eine Erledigung nur eines von mehreren streitigen Gegenständen eintritt, denn S. 1 der Anmerkung zu Nr. 1002 VV-RVG spricht von einer ganzen oder teilweisen Erledigung der Angelegenheit.

89 Nach dem Gesetzeswortlaut ist eine **Mitwirkung** des Rechtsanwalts bei der Erledigung gefordert. Der Gesetzestext qualifiziert jedoch nicht, welche Art und welchen Umfang die Mitwirkung haben muss. Die Fassung des Gesetzestextes ist damit genauso offen geblieben wie zuvor in § 24 Abs. 2 BRAGO. Nach dem Wortlaut der Vorschrift genügt deshalb jede einfache Art der Mitwirkung des Rechtsanwaltes.

---

48 OVG Münster AnwBl. 1993, 693; OVG Bremen AGS 2001, 7; jeweils noch zum im Wortlaut identischen § 23 Abs. 3 BRAGO.
49 SchlHLSG 11.2.2019 – L 5 SF 114/18 BE.

Entgegen der positiven Fassung der Vorschrift fordert die Rechtsprechung in Fortset- 90
zung der Rechtsprechung zu § 24 Abs. 2 BRAGO weiterhin eine „besondere" Mitwirkung des Rechtsanwalts.[50] Hier ist festzuhalten, dass es sich um eine Anforderung
contra legem handelt. Der Gesetzestext ist eindeutig und der Gesetzgeber hat die extrem einschränkende Rechtsprechung nicht zum Anlass genommen, den Gesetzestext
im RVG entsprechend dieser einschränkenden Rechtsprechung zu ändern. Die Rechtsprechung ist auch nicht zum Grundgesetz konform, denn es handelt sich bei den Regelungen des RVG um Einschränkungen der Berufsausübungsfreiheit. Ausweitungen
dieser Einschränkung bedürfen deshalb positiver gesetzlicher Regelungen.

Zusätzlich fordert diese Rechtsprechung, dass der Rechtsanwalt nicht nur mitgewirkt
haben muss, sondern dass seine Mitwirkung auch **ursächlich** für die Erledigung geworden sein muss.[51]

Die Anforderungen an diese „besondere" Mitwirkung dürfen aus den oben angerisse- 91
nen verfassungsrechtlichen Gründen nicht überspannt werden. Die Erledigungsgebühr des § 116 Abs. 4 BRAGO[52] ist eine Erfolgsgebühr, an die nicht zu hohe Anforderungen gestellt werden dürfen, um den Gesetzeszweck nicht zu verfehlen.[53] Die
Rechtsprechung lässt deshalb eine Vielzahl von Mitwirkungen genügen.

So reicht ein eigenständiger Vergleichsvorschlag an das Gericht[54] oder den Leistungsträger ebenso aus wie das Einwirken auf den Mandanten, einen gerichtlichen Vorschlag anzunehmen[55] oder eine Einigung mit dem Leistungsträger zu akzeptieren.

Die Vorlage von Gutachten betreffend zivilrechtlicher Ansprüche[56] oder die Beschaf- 92
fung neuer tatsächlicher Erkenntnisse, zB die Vorlage von Zeugenaussagen,[57] reichen
für den Anfall der Erledigungsgebühr aus.

Bei richtiger Auslegungsweise liegt die Mitwirkung des Rechtsanwalts an der „Erledi- 93
gung" des Rechtsstreits schon dann vor, wenn der Rechtsanwalt durch substanziierten Vortrag dazu beiträgt, dass die Behörde ein Anerkenntnis abgibt.[58] Der Gesetzgeber des 2. KostRMoG hat die Frage der Auslegung der Nr. 1002 VV-RVG nicht geklärt. Die Höhe der Erledigungsgebühr Nr. 1002 VV-RVG bestimmt sich nach der
Regelung im RVG 2013 nach der Höhe der angefallenen Geschäftsgebühr Nr. 2302
VV-RVG.

III. Sozialgerichtliches Verfahren

1. Erstinstanzliches Verfahren, Teil 3 Abschnitt 1 VV-RVG

Abzurechnen sind im erstinstanzlichen Verfahren die Verfahrensgebühr Nr. 3102 VV- 94
RVG und die Terminsgebühr Nr. 3106 VV-RVG. Hinzukommen können die Eini-

---

50 BSG in ständiger Rechtsprechung, zB 7.11.2006 – B 1 KR 13/06 R.
51 LSG RhPf AGS 2009, 179 (180).
52 Die Rechtslage hat sich insoweit gegenüber der BRAGO, zu der die Rechtsprechung noch ergangen ist, nicht
    geändert.
53 SG Aachen ASR 2004, 89.
54 OVG RhPf 18.4.2007 – 8 E 10310/07.
55 OVG RhPf 18.4.2007 – 8 E 10310/07.
56 LSG BW 15.12.2006 – L 8 SB 212/06.
57 SG Halle 3.3.2010 – S 22 AS 2286/06.
58 SG Aachen ASR 2004, 89.

gungsgebühr Nr. 1000 iVm Nr. 1005 und Nr. 1006 VV-RVG oder die Erledigungsgebühr Nr. 1002 iVm Nr. 1005 und Nr. 1006 VV-RVG.

a) Verfahrensgebühr VV Nr. 3102

95   Bei erstmaliger Befassung mit der Angelegenheit wird mit der Verfahrensgebühr Nr. 3102 VV-RVG die **Bearbeitung des gesamten gerichtlichen Verfahrens** abgerechnet. Dazu zählen insbesondere auch die Besprechungen mit dem Mandanten oder mit der Gegenseite, das Verfassen von Schriftsätzen, die Auswertung der Schriftsätze der Gegenseite, von eingeholten Beweismitteln, wie zum Beispiel ärztlichen Berichten oder Gutachten, der Kontakt mit dem Gericht etc, soweit sich die Tätigkeit nicht auf einen konkreten Termin bezieht.

96   Der Rahmen der Verfahrensgebühr bei erstmaliger Befassung mit der Angelegenheit reicht von **50 EUR bis 550 EUR**. Die Mittelgebühr beträgt **300 EUR**. Es ist keine Kappungsgrenze vorgesehen.

97   Die **Bestimmung der konkreten Gebühr** erfolgt anhand der Kriterien des § 14 RVG, insbesondere anhand des Umfangs und der Schwierigkeit der Bearbeitung. Auf die grundsätzlichen Ausführungen zur Gebührenbemessung wird verwiesen (→ § 2 Rn. 40 ff.).

98   Die Rechtsprechung beurteilt den Umfang der Verfahrensgebühr insbesondere anhand der Frage, ob eine Einsichtnahme in Akten vorliegt und wie deren Umfang zu bewerten ist, und/oder ob ein bemerkenswerter sonstiger Rechercheumfang, zum Beispiel durch die selbstständige Einholung ärztlicher Berichte, vorliegt. Maßgeblich sind daneben insbesondere die Anzahl und der Umfang der verfassten oder entgegengenommenen Schriftsätze sowie die Anzahl und der Umfang der im Verfahren auszuwertenden Gutachten. Die Abgabe von qualifizierten Stellungnahmen zum Sachverhalt oder zu dem Ergebnis der Beweisaufnahme indiziert eine besondere Befassung mit der Angelegenheit.

99   Der Zeitaufwand der außergerichtlichen Befassung ist ebenfalls ein wichtiges Bewertungskriterium des Umfangs. Einen besonderen Umfang erkennt die Rechtsprechung zum Beispiel bei der Verständigung in einer Fremdsprache[59] oder bei eingeschränkter Hör- und Sehfähigkeit des Mandanten an.[60]

100 Fehlerhafterweise will die Rechtsprechung zum Teil Synergieeffekte durch andere Verfahren gebührenmindernd berücksichtigen,[61] wenn der Rechtsanwalt zum Beispiel für den Mandanten bereits ein Parallelverfahren betrieben hat. Das ist deshalb unzulässig, weil für die Bemessung des Aufwands auf den durchschnittlichen Rechtsanwalt abgestellt werden muss.

Anders kann das sein, wenn Parallelverfahren mit denselben Beteiligten geführt werden.[62]

---

59 LSG NRW 16.8.2006 – L 10 B 7/06.
60 SG Aachen 21.6.2005 – S 11 AL 111/04.
61 Falsch: BSG 22.1.1993 – 14b/4 REG 12/91.
62 SchlHLSG 11.2.2019 – L 5 SF 114/18 BE, das in diesem Fall eine Minderung der Gebühren um 1/3 vorsieht.

Die Schwierigkeit der Bearbeitung bewertet die Rechtsprechung danach, ob ein reiner Sachvortrag vorliegt, oder ob der Rechtsanwalt sowohl substanziierten Sach- als auch Rechtsvortrag geboten hat.

Eine Auseinandersetzung mit einem medizinischen Gutachten betrachtet die Rechtsprechung noch nicht als überdurchschnittlich schwierig, da das in sozialgerichtlichen Verfahren der Regelfall ist.[63] Bei einer Vielzahl von auszuwertenden Gutachten ist aber nicht mehr der Fall einer durchschnittlichen Schwierigkeit gegeben.[64]   101

Für eine besondere, überdurchschnittliche Schwierigkeit sprechen die Auseinandersetzung mit besonderen rechtlichen Fragen, zum Beispiel zu der Rücknahmeproblematik in den §§ 45 bis 48 SGB X, Fragen der Kausalität, des Übergangsrechts[65] oder des Europarechts sowie Fragen der Prozessfähigkeit, zur Wiedereinsetzung, Gerichtszuständigkeit etc.   102

Schwierig ist auch die Tätigkeit in Rechtsgebieten, die abgelegen sind, die eine lange Einarbeitungszeit oder Auseinandersetzung mit komplexen oder in verschiedenen Rechtsmaterien verankerten Regelungen erfordern,[66] sowie bei einer uneinheitlichen Rechtsprechung, bei Fehlen einer höchstrichterlichen Rechtsprechung[67] und der Auseinandersetzung mit anderen als sozialrechtlichen Rechtsgebieten.[68]   103

Die weiteren Kriterien des § 14 RVG sowie alle weiteren Umstände, die die Bearbeitung der Angelegenheit geprägt haben, sind zu berücksichtigen. Die Bestimmung der Gebühr erfolgt wie immer in der Gesamtschau aller Kriterien des § 14 RVG durch die Bewertung des gesamten Einzelfalles.   104

b) Anrechnung bei Vorbefassung im Verwaltungsverfahren

Der Gesetzgeber des RVG 2004 hatte für den Fall der Vorbefassung im Verwaltungsverfahren vorgesehen, dass die Verfahrensgebühr nur gemindert anfallen sollte. Die geminderte Verfahrensgebühr Nr. 3103 VV-RVG 2004 ist im RVG 2013 nicht mehr vorgesehen. Stattdessen wird auch hier durch die Vorbemerkung 3 (4) S. 2 VV-RVG eine Anrechnung der im vorangegangenen Verfahrensabschnitt angefallenen Geschäftsgebühr Nr. 2302 VV-RVG auf die Verfahrensgebühr Nr. 3102 VV-RVG zu ½, maximal jedoch mit einem Betrag von 175 EUR, vorgesehen.   105

Der Grund ist auch hier, dass wegen der Vorbefassung der Einarbeitungsaufwand nicht noch einmal anfällt und deshalb nicht mehr entgolten werden soll. Bei der Bemessung der Gebühr ist deshalb die Tatsache des weggefallenen Einarbeitungsaufwandes wegen der Regelung in Vorbemerkung 3 (4) S. 4 VV-RVG nicht noch einmal zu berücksichtigen.   106

Die Vorbefassung in mehreren in einem Klageverfahren zusammengefassten Vorverfahren führt auch zur mehrfachen Anrechnung. Bei Betragsrahmengebühren darf je-

---

63   BSG 26.2.1992 – 9 a RVs 3/90.
64   LSG HE 26.1.2004 – L 12 B 90/02 RJ.
65   LSG SN 7.2.2008 – L 6 B 33/08.
66   LSG BW 13.12.2006 – L 5 KA 5567/05.
67   LSG NRW 16.8.2006 – L 10 B 7/06.
68   BSG 22.1.1993 – 14b/4 REG 12/91.

doch gemäß § 15 a Abs. 3 S. 3 RVG der Gesamtbetrag der Anrechnungen den für die Anrechnung bestimmten Höchstbetrag nicht übersteigen.

107 Wie bei der Geschäftsgebühr erfolgt die Anrechnung nur dann, wenn im gerichtlichen Verfahren eine Auseinandersetzung mit demselben Gegenstand wie im vorangegangenen Verwaltungsverfahren erfolgt. Nur, wenn auch tatsächlich die **Fortführung einer in jedem Gegenstand gleichen Angelegenheit** vorliegt, ist die Gebührenminderung vorzunehmen.

Die Rechtsprechung fordert dafür zunächst, dass ein zeitlich vorausgegangenes,[69] abgeschlossenes Verfahren erfolgt ist.[70] Nach anderer Ansicht soll auch ein nur zeitgleich eingeleitetes Verfahren zur Gebührenminderung führen.[71] Der Meinungsstand ist hier nicht einheitlich.

Jedenfalls ist aber erforderlich, dass es sich um ein Verfahren mit einem identischen Gegenstand, also mit Ansprüchen aus demselben Lebenssachverhalt und aus derselben Rechtsgrundlage handelt, und dass eine Identität der Verfahrensziele besteht.[72]

108 Anträge auf **Vollstreckbarerklärung**, auf Aussetzung oder Anordnung der sofortigen Vollziehung sowie auf Herstellung der aufschiebenden Wirkung des Widerspruchs sind, soweit sie nicht gemäß § 16 Ziff. 1 RVG zur selben Angelegenheit gehören, nicht verfahrensidentisch mit der Hauptsache und deshalb bei gerichtlicher Geltendmachung nicht mit geminderten Gebühren abzurechnen. Dasselbe gilt für die gemäß § 17 Ziff. 1 RVG als verschiedene Angelegenheiten geltenden Verwaltungsverfahren über die Aussetzung oder Anordnung der sofortigen Vollziehung sowie über einstweiligen Maßnahmen zur Sicherung der Rechte Dritter.

109 Ein identischer Gegenstand des Verfahrens mit dem der Hauptsache liegt bei einer **Untätigkeitsklage** nicht vor. Hier sind weder der Lebenssachverhalt noch die Rechtsgrundlage, und auch nicht das Verfahrensziel identisch mit dem Hauptsacheverfahren. Der Lebenssachverhalt, auf dem der Anspruch auf das Bescheidungsurteil beruht, ist nicht derselbe wie bei der Hauptsache; vielmehr beruht der Anspruch auf das Bescheidungsurteil ausschließlich auf dem zeitlichen Auseinanderfallen von Antrag und ausstehender Bescheidung sowie dem Fehlen von Bemühungen zur Aufklärung und Verfahrensbeschleunigung durch den Anspruchsgegner des Hauptsacheverfahrens. Die Anspruchsgrundlage ist nicht dieselbe wie die des Hauptsacheverfahrens. Vielmehr kommt es für den Bescheidungsantrag überhaupt nicht auf die sachliche Berechtigung des in der Hauptsache zu entscheidenden Anspruchs an. Deshalb ist das Verfahrensziel unterschiedlich. Mit dem Bescheidungsantrag kann lediglich der Erlass einer Entscheidung, nicht aber der Erlass einer inhaltlich bestimmten Entscheidung durchgesetzt werden.

110 Deshalb ist bei der Untätigkeitsklage in der Regel eine Anrechnung nicht vorzunehmen. Anders ist das nur, wenn der Rechtsanwalt einen gesonderten Auftrag zur Verfolgung der Untätigkeit im vorgerichtlichen Bereich erhalten haben sollte. Das wird

---

69 LSG Thüringen 6.3.2008 – L 6 B 198/07 SF.
70 LSG NRW 29.1.2008 – L 1 B 35/07 AS; anderer Ansicht: LSG NRW 26.4.2007 – L 9 B 14/06 AS.
71 LSG NRW 26.4.2007 – L 9 B 14/06 AS.
72 LSG NRW 29.1.2008 – L 1 B 35/07 AS.

in der Regel nicht der Fall sein, weil die Pflicht zur Beschleunigung des Verfahrens zumeist eine Nebenpflicht des Anwaltsvertrages ist.[73]

Bei Verfahren im **einstweiligen Rechtsschutz** ist in der Regel keine Anrechnung vorzunehmen.[74] Zwar liegt dem Anspruch auf einstweiligen Rechtsschutz unter anderem derselbe Lebenssachverhalt zu Grunde wie dem Hauptsacheanspruch, aber der Antragsteller des einstweiligen Verfahrens verfolgt ein anderes Verfahrensziel als im Hauptsacheverfahren, so dass hier nicht die Anrechnung wegen der Vorbefassung eintritt.   111

Es gibt immer wieder Entscheidungen, die die Gebühr für das gerichtliche Verfahren nach Vorbefassung als **unterdurchschnittlich** bewerten, weil kein Aufwand für die erstmalige Einarbeitung mehr anfällt. Wie oben (→ Rn. 63) festgestellt wurde, ist der Grund für die Anrechnung gerade darin begründet, dass die aufwändige Einarbeitung entfällt.   112

Es ist deshalb rechtsfehlerhaft, wenn bei der Bestimmung der Gebühr oder bei der Festsetzung noch einmal die fehlende Notwendigkeit zur Einarbeitung berücksichtigt wird. Diesem Gesichtspunkt hat der Gesetzgeber bereits bei der Anrechnung Rechnung getragen. Deshalb kann die Vorbefassung bei der Gebührenhöhe nicht mehr berücksichtigt werden.[75]

Dennoch gibt es immer wieder Ansätze in der Rechtsprechung, insbesondere im Festsetzungs- oder Kostenausgleichungsverfahren eines Nebenverfahrens, die Befassung im Hauptsacheverfahren (natürlich die Vergütung mindernd) zu berücksichtigen. Diese Ansätze widersprechen dem System der Gebührenbestimmung in § 14 RVG. Wie oben (→ § 2 Rn. 56) bereits ausgeführt wurde, ist die Bemessung anhand eines objektiv-generellen Maßstabs vorzunehmen.[76] Deshalb sind die Vorkenntnisse des Rechtsanwalts, zum Beispiel als Fachanwalt oder Spezialist auf dem streitgegenständlichen Gebiet, nicht bei der Bestimmung der Gebühr zu berücksichtigen, sondern die Bestimmung ist an einem durchschnittlichen Rechtsanwalt auszurichten.   113

Bei der Anrechnung der Geschäftsgebühr auf die Verfahrensgebühr nach Vorbefassung ist die Hälfte der zuletzt angefallenen Geschäftsgebühr anzurechnen. Hat eine Anrechnung einer davor angefallenen Geschäftsgebühr für das initiale Verwaltungsverfahren auf die Geschäftsgebühr für das folgende Verwaltungsverfahren stattgefunden, so ist die Hälfte der letzten angefallenen Geschäftsgebühr unter Berücksichtigung der Anrechnung auf die Verfahrensgebühr anzurechnen, weil sonst eine doppelte Anrechnung stattfinden würde.   114

---

73 SG Frankfurt/M. ASR 2010, 82.
74 OVG NRW 18.10.2006 – 7 E 1339/05; SG Freiburg und SG Hannover, jeweils ASR 2010, 136 mwN Anders LSG NRW 9.8.2007 – L 20 B 91/07 AS; 13.2.2009 – L 12 B 159/08 AS; HessLSG 25.5.2009 – L 2 SF 50/09 E; BayLSG 18.1.2007 – L 15 B 224/06 AS.
75 BT-Drs. 15/1971, 212.
76 LSG NRW 14.11.2007 – L 10 KA 24/07; LSG BW 13.12.2006 – L 5 KA 5567/05; LSG SH 16.6.2003 – L 5 B 13/03 SF S; Gerold/Schmidt-Madert, RVG, 17. Aufl., Rn. 16 zu § 14 RVG; Hartmann, Kostengesetze, 47. Aufl. 2017, Rn. 3 zu § 14 RVG; Winkler in: Mayer/Kroiß, RVG, 8. Aufl. 2021, Rn. 2 zu § 14 RVG.

c) Terminsgebühr Nr. 3106 VV-RVG

115 Neben der Verfahrensgebühr kann im gerichtlichen Verfahren eine Terminsgebühr anfallen. Die Terminsgebühr wird ausgelöst durch einen **tatsächlich stattgehabten Termin**, zum Beispiel einen Erörterungstermin, einen Beweisaufnahmetermin oder einen Verhandlungstermin, durch die Mitwirkung an einer auf die Erledigung des Verfahrens gerichteten Besprechung ohne Beteiligung des Gerichts gemäß der Vorbemerkung 3 (3) am Ende des ersten Teilsatzes VV-RVG oder (als sogenannte fiktive Terminsgebühr) durch die in den Anmerkungen zu Nr. 3106 VV-RVG genannten Umstände.

aa) Gerichtliche Termine

116 Unproblematisch ist der Fall, dass tatsächlich ein gerichtlicher Termin stattfindet oder ein von einem gerichtlichen Sachverständigen angeordneter Termin von dem Rechtsanwalt wahrgenommen wird. In diesen Fällen fällt die Gebühr ohne weitere Nachprüfung an. Wegen des Grundsatzes der Einfachheit der Gebühren fällt die Terminsgebühr unabhängig davon, wie viele Termine stattgefunden haben oder wie viele Erledigungsbesprechungen geführt haben, nur einmal an.

117 Für die Terminsgebühr Nr. 3106 VV-RVG ist ein Rahmen von **50 EUR bis 510 EUR** vorgesehen. Die Mittelgebühr beträgt **280 EUR**.

Die Ausfüllung des Gebührenrahmens erfolgt wieder anhand der **Merkmale des § 14 RVG**.

118 Für die Terminsgebühr ist im Rahmen der **Bemessung des Umfangs der Bearbeitung** die Einsichtnahme in die Akten sowie deren Umfang und der sonstige Rechercheumfang, zum Beispiel durch Einholung ärztlicher Berichte, zu bewerten. Die Bewertung darf sich aber nur auf die Tätigkeiten stützen, die ausschließlich zur Vorbereitung des konkreten Termins erforderlich waren. Die allgemein erforderlichen Tätigkeiten sind zur Bemessung der Verfahrensgebühr heranzuziehen und erschöpfen sich in ihrer Bedeutung dadurch. Dennoch ist häufig eine konkrete Vorbereitung des Termins durch Gespräche mit Dritten, zum Beispiel behandelnden Ärzten, im Hinblick auf die anstehende Diskussion gerichtlicher Gutachten in einem Erörterungstermin oder Verhandlungstermin sinnvoll. Hier handelt es sich um ausschließlich auf den Termin bezogene Tätigkeiten.

119 Die Anzahl und der Umfang der Schriftsätze, die Anzahl und der Umfang der Gutachten sowie die Abgabe von qualifizierten Stellungnahmen zum Sachverhalt oder zur Beweisaufnahme sind ebenfalls zu berücksichtigen, soweit sie sich auf die Vorbereitung des konkreten Termins beziehen.

120 Auch der Zeitaufwand für die Vorbereitung der gerichtlichen Termine, zum Beispiel durch die Vorbesprechung mit dem Mandanten oder Dritten, ist in die Bewertung einzubeziehen. Dabei bestehende Schwierigkeiten, wie die Verständigung bei fremdsprachlichen Mandanten[77] oder die eingeschränkte Hör- und Sehfähigkeit des Mandanten,[78] sind hierbei in die Betrachtung einzubeziehen.

---

77 LSG NRW 16.8.2006 – L 10 B 7/06.
78 SG Aachen 21.6.2005 – S 11 AL 111/04.

Die Durchführung einer Beweisaufnahme im Termin macht diesen in der Regel bereits überdurchschnittlich umfangreich. 121

Die die Schwierigkeit ausmachenden Merkmale nach § 14 RVG, wie die Frage, ob für die Verhandlung ein reiner Sachvortrag ausreicht oder ob ein substanziierter Sach- und Rechtsvortrag erfolgt, sind für die Bewertung der Terminsgebühr wichtig. Die Auseinandersetzung mit einem medizinischen Gutachten für den Termin ist normal,[79] eine Vielzahl von Gutachten jedoch nicht mehr.[80] 122

Für die Terminsgebühr ist es von Bedeutung, ob es in ihr um besondere rechtliche Fragen, zum Beispiel die Anwendung der §§ 45 bis 48 SGB X, um Fragen der Kausalität, um Übergangsrecht[81] oder um Rechtsgebiete geht, die abgelegen sind, die eine lange Einarbeitungszeit oder Auseinandersetzung mit komplexen oder in verschiedenen Rechtsmaterien verankerten Regelungen erfordern.[82] Die Auseinandersetzung mit einer uneinheitlichen Rechtsprechung oder das Fehlen höchstrichterlicher Rechtsprechung indizieren, ebenso wie die Auseinandersetzung mit anderen Rechtsgebieten,[83] für die Verhandlung eine besondere Schwierigkeit.[84] 123

Die Gerichte neigen dazu, bei der Bemessung der Terminsgebühr ausschließlich auf die **Dauer der Verhandlung** (laut Protokoll) abzustellen.[85] Hier handelt es sich um ein anscheinend besonders zuverlässiges, objektivierbares Kriterium. 124

Diese Betrachtung ist aber zu einseitig. Zum Termin gehört auch seine konkrete **Vorbereitung**. Zur Dauer des Termins ist deshalb die Dauer der Vorbereitung des Termins[86] hinzuzurechnen, vor allem die Vorbereitung des Mandanten. Das muss umso mehr gelten, nachdem der Gesetzgeber die Terminsgebühr jetzt durch eine überdurchschnittliche Anhebung besonders hervorgehoben hat. 125

Daneben ist die reine Zeitdauer des Termins nicht ohne Weiteres maßgeblich. Allein aus der Länge des Termins kann nicht zwingend auf den für die Terminswahrnehmung erforderlichen Umfang und die Schwierigkeit der Terminswahrnehmung geschlossen werden. Vielmehr führen eine gute Vorbereitung und ein sachgerechtes Prozessverhalten zu einer Verkürzung des Termins,[87] ohne dass damit etwas über die Qualität des Inhalts des Termins und seiner Vorbereitung ausgesagt wäre. 126

Die Dauer eines durchschnittlichen sozialgerichtlichen Termins beträgt in der ersten Instanz empirisch ca. 30 Minuten.[88] Die früher üblichen Terminsdauern von einer Stunde entsprechen nicht mehr der heutigen Rechtswirklichkeit.

---

79 BSG 26.2.1992 – 9 a RVs 3/90.
80 LSG HE 26.1.2004 – L 12 B 90/02 RJ.
81 LSG SN 7.2.2008 – L 6 B 33/08.
82 LSG BW 13.12.2006 – L 5 KA 5567/05.
83 BSG 22.1.1993 – 14b/4 REG 12/91.
84 LSG NRW 16.8.2006 – L 10 B 7/06.
85 LSG NRW 7.12.2006 – L 18 B 9/06 R.
86 LSG NRW 31.5.2007 – L 10 B 6/07 SB; falsch: SchlHLSG 12.9.2006 – S 2 SF 12/07 SK.
87 SG Dortmund – S 10 (32) AS 210/07; LSG NRW 20.12.2006 – L 12 B 194/06 AS.
88 HessLSG 28.4.2014 – L 2 AS 708/13 B.

Wird in mehreren selbstständigen Verfahren gemeinsam verhandelt, so soll die Dauer durch die Anzahl der Verfahren geteilt werden und so in jedem Verfahren die anteilige Dauer zur Berechnung der Terminsgebühr herangezogen werden.[89]

127 Für den Ansatz der Höchstgebühr sprechen die Durchführung **mehrerer Termine** und die Durchführung einer **Beweisaufnahme** im Termin.

128 Schließlich sind bei der Bestimmung der konkreten Terminsgebühr ebenfalls alle weiteren Kriterien des § 14 RVG zu bewerten.

bb) Erledigungsbesprechung

129 Zu Schwierigkeiten bei der Abrechnung der Terminsgebühr kommt es zuweilen bei der Mitwirkung an einem Erledigungsgespräch gemäß der Vorbemerkung 3 (3) Ziff. 2 VV-RVG. Gerichte und Behörden sind zuweilen gegenüber dieser vom Gesetzgeber im Sinne der Prozessökonomie geschaffenen Gebühr sehr **skeptisch**.

130 Diese Terminsgebühr kann sogar ohne die Anhängigkeit oder Rechtshängigkeit des gerichtlichen Verfahrens anfallen,[90] vorausgesetzt dem Rechtsanwalt wurde der **Klageauftrag bereits erteilt**. Dann fallen für seine Tätigkeit nämlich nicht mehr die Gebühren des Teils 2 des VV-RVG („Außergerichtliche Tätigkeit") an, sondern (nur noch) solche des Teils 3 VV-RVG, der die Gebühren in gerichtlichen Angelegenheiten regelt.

131 Ist dem Rechtsanwalt also der Klageauftrag erteilt worden und nimmt er mit der Gegenseite Kontakt auf, um ihr die bevorstehende Erhebung der Klage mitzuteilen und ihr nochmals Gelegenheit zur Klaglosstellung des Mandanten zu geben, fällt nicht nur die Verfahrensgebühr an, sondern auch bereits die Terminsgebühr. Sie ist dem Rechtsanwalt unabhängig von dem weiteren Verlauf des Klageverfahrens nicht mehr zu nehmen. Es empfiehlt sich deshalb immer, diese Möglichkeit zur Förderung der Prozessökonomie zu nutzen. Das Gespräch, der Gesprächspartner und der konkrete Inhalt des Gespräches sollten genau dokumentiert werden, um späteren **Nachweisproblemen** zu begegnen.

132 Der Begriff der **Besprechung** ist dabei nicht zu eng zu bewerten. Im Interesse der Förderung vorzeitiger Erledigung von gerichtlichen Verfahren, die ja auch die Intention des Gesetzgebers für die Schaffung der Terminsgebühr für Besprechungen außerhalb des Gerichts war, muss jeder Gedankenaustausch zwischen den Parteien genügen. Jedenfalls reicht eine telefonische Besprechung aus.[91] So kann zum Beispiel der Austausch anwaltlicher E-Mails zur Vermeidung oder Erledigung des gerichtlichen Verfahrens einer Besprechung mit derselben Zielrichtung gleichstehen und daher die Terminsgebühr gemäß RVG-VV Nr. 3104 auslösen.[92] Dagegen reicht die Besprechung allein mit dem Gericht ohne Beteiligung des Gegners nicht aus.[93] Diese Rechtsprechung ist auch auf die Besprechung in sozialrechtlichen Angelegenheiten übertragbar.

---

89 HessLSG 28.4.2014 – L 2 AS 708/13 B.
90 OLG Koblenz 18.5.2007 – 14 W 373/07.
91 BGH AGS 2010, 164 f.
92 BGH AGS 2010, 164 f.
93 ZB im EA-Verfahren, LSG NRW RVG-report 2010, 221.

Leider erkennen viele Sozialgerichte und Leistungsträger die **prozessökonomische Be-** 133 **deutung** der Terminsgebühr nach der Vorbemerkung 3 (3) VV-RVG nicht richtig. Sie versuchen, den Anfall der Gebühr zurückzudrängen. Dies geschieht häufig dadurch, dass der Inhalt der Besprechung hinterfragt wird. Immer dann, wenn das Gespräch über die reine Sachstandsnachfrage hinausgeht,[94] ist die Terminsgebühr abrechenbar. Der Sachbearbeiter der Gegenseite erinnert sich typischerweise nach dem Abschluss des Verfahrens, das einige Monate oder sogar Jahre gedauert hat, nicht mehr an die Inhalte eines solchen Gespräches. Es muss deshalb auf die **konkrete Dokumentation des Einigungsversuches** größte Sorgfalt gelegt werden, um sich die Terminsgebühr zu sichern, falls die Voraussetzungen für ihren Anfall im gerichtlichen Verfahren ansonsten nicht vorliegen.

Weiter empfiehlt es sich, nicht nur vor Anhängigmachen des Rechtsstreites, sondern 134 ebenso in den folgenden Stadien des Verfahrens mit der Gegenseite Kontakt aufzunehmen, um die vergleichsweise Erledigung der Angelegenheit zu erreichen und die Terminsgebühr zu sichern. Die Erledigungsbesprechung kann auch im Verfahren über die einstweilige Anordnung anfallen.[95]

cc) Fiktive Terminsgebühr

Findet kein echter Termin statt und hat auch keine Erledigungsbesprechung stattge- 135 funden, kann die Terminsgebühr als sogenannte fiktive Terminsgebühr anfallen. Sie fällt jedoch nur unter bestimmten, in der Anmerkung zu Terminsgebühr Nr. 3106 VV-RVG beschriebenen Umständen an. Während der Gesetzgeber des RVG 2004 die Voraussetzungen für den Anfall der fiktiven Terminsgebühr für die Abrechnung nach § 2 RVG in Nr. 3104 VV-RVG und für die Abrechnung nach § 3 RVG in Nr. 3106 VV-RVG unterschiedlich geregelt hatte, hat er die Ungleichbehandlung im 2. KostRMoG korrigiert.

Die Anmerkung zu Nr. 3106 VV-RVG nennt **vier Fälle**, in denen eine Terminsgebühr 136 entsteht, obwohl weder ein Verhandlungs-, Erörterungs- oder Beweisaufnahmetermin noch eine Erledigungsbesprechung stattgefunden hat.

Nach **Ziff. 1** der Anmerkung zu Nr. 3106 VV-RVG fällt die Terminsgebühr an, wenn 137 die Parteien in einem Verfahren, für das eine mündliche Verhandlung vorgeschrieben ist, ihr **Einverständnis mit der Entscheidung ohne mündliche Verhandlung** erklären. In den Verfahren, in denen ohne Weiteres ohne mündliche Verhandlung entschieden werden kann, also insbesondere in den Verfahren des einstweiligen Rechtsschutzes, kann eine fiktive Terminsgebühr deshalb nicht entstehen.[96] Ebenfalls in Ziff. 1 der Anmerkung zu Nr. 3106 VV-RVG wird der Fall genannt, dass in einem Verfahren, in dem eine mündliche Verhandlung vorgeschrieben ist, ein schriftlicher Vergleich geschlossen wird. Für diesen Fall hatte das RVG 2004 nicht ausdrücklich eine Regelung

---

94 OVG Bremen AGS 2009, 30 ff.; BayLSG RVGreport 2018, 58.
95 Bay LSG RVG-report 2010, 220 = ASR 2010, 79; zu Unrecht nennt das Gericht hier die Terminsgebühr für die Erledigungsbesprechung eine fiktive Terminsgebühr, obwohl tatsächlich ein echter Termin im Sinne der Vorbemerkung 3 (3) VV-RVG stattgefunden hat.
96 LSG NRW AGS 2009, 578; aA LSG Thüringen AGS 2009, 579, wobei allerdings auch ein volles Anerkenntnis vorlag.

vorgesehen, so dass die Rechtsprechung geschlossen hatte, dass es hierfür keine fiktive Terminsgebühr geben sollte.

138 Nach **Ziff. 2** der Anmerkung zu Nr. 3106 VV-RVG entsteht die Terminsgebühr auch, wenn das Gericht gemäß § 105 Abs. 1 SGG **ohne mündliche Verhandlung durch Gerichtsbescheid** entscheidet. Nach dem Wortlaut ist für das Entstehen der Terminsgebühr erforderlich, dass ein Termin für das Verfahren vorgeschrieben ist.[97]

Das RVG 2013 sieht insoweit jedoch eine Einschränkung vor, als die fiktive Terminsgebühr in diesem Fall nur entstehen soll, wenn eine mündliche Verhandlung beantragt werden kann. Das ist dann der Fall, wenn eine Berufungsmöglichkeit gegeben ist. Da das Verfahren der Entscheidung durch Gerichtsbescheid in den verschiedenen Gegenden Deutschlands unterschiedliche Akzeptanz findet, hat diese Einschränkung regional deutlich unterschiedliche Auswirkungen und wird dort, wo überwiegend durch Gerichtsbescheid entschieden wird, zu erheblichen Gebührenverlusten führen.

139 **Ziff. 3** der Anmerkung zu Nr. 3106 VV-RVG sieht die Terminsgebühr schließlich auch für den Fall vor, dass das Verfahren nach einem angenommenen **Anerkenntnis ohne mündliche Verhandlung** endet. Hier ist nach dem Wortlaut erforderlich, dass für das Verfahren eine mündliche Verhandlung vorgeschrieben wäre.[98] Deshalb kann die fiktive Terminsgebühr nach den Ziff. 2 und 3 der Anmerkung zu Nr. 3106 VV-RVG zum Beispiel in Eilverfahren entstehen. Im Fall der Ziff. 3 reicht ein Teilanerkenntnis aus, wenn es dadurch zur Erledigung des Rechtsstreites kommt.[99] Jedenfalls reicht ein nach einem Anerkenntnis abgeschlossener schriftlicher Vergleich aus.[100] Das LSG NRW ist dagegen der Auffassung, dass ein Verfahren nur dann endet, wenn es allein durch das Anerkenntnis zum Abschluss kommt. Nach dieser Auffassung reicht ein Teilanerkenntnis nicht aus, um die Terminsgebühr entstehen zu lassen.[101]

140 Der Zweck der Vorschrift ist es, die **Verfahrensökonomie** zu fördern. Dabei hat der Gesetzgeber des RVG 2004 für die Anordnung der fiktiven Terminsgebühr in der Nr. 3106 VV-RVG keine gesonderte Begründung abgegeben, sondern auf die Begründung zur heutigen Nr. 3104 VV-RVG verwiesen.[102] Deshalb sahen viele Stimmen in der Literatur[103] und zunächst auch in der Rechtsprechung[104] die fiktive Terminsgebühr als entstanden an, wenn in einem Verfahren, für das eine mündliche Verhandlung vorgeschrieben ist, ein schriftlicher Vergleich geschlossen und das Verfahren damit ohne mündliche Verhandlung erledigt wird. Dieser Fall ist in der Anmerkung 1 Ziff. 1 zu Nr. 3104 VV-RVG genannt.

---

97 Anders noch Müller-Raabe in: Gerold/Schmidt, RVG, 18. Aufl., Rn. 5 zu Nr. 3106 VV-RVG; diese Auffassung wird von Mayer in Gerold/Schmidt, RVG, 24. Aufl. 2019, Rn. 57 zu § 3 RVG nicht mehr vertreten.

98 Anders noch Müller-Raabe in: Gerold/Schmidt, RVG, 18. Aufl., Rn. 5 zu Nr. 3106 VV-RVG; diese Auffassung wird von Mayer in Gerold/Schmidt, RVG, 24. Aufl. 2019, Rn. 57 zu § 3 RVG nicht mehr vertreten.

99 SG Trier JurBüro 2008, 86.

100 Str; ja: SG Düsseldorf 26.6.2005 – S 23 AL 311/04; SG Aachen 9.8.2005 – S 9 Al 18/05, 18.2.2005 – S 3 SB 178/04; SG Karlsruhe 25.10.2006 – S 10 SB 3035/05; nein: LSG NRW in ständiger Rechtsprechung.

101 LSG NRW 1.3.2018 – L 20 SO 95/18 B; ebenso LSG Thüringen 27.9.2018 – L 1 SF 1163/16 B.

102 BT-Drs. 15/1971, 213.

103 Anders noch Müller-Raabe in: Gerold/Schmidt, RVG, 18. Aufl., Rn. 5 zu Nr. 3106 VV-RVG; diese Auffassung wird von Mayer in Gerold/Schmidt, RVG, 24. Aufl. 2019, Rn. 57 zu § 3 RVG nicht mehr vertreten. Dazu auch Schons AGS 2006, 554.

104 Für alle: SG Duisburg AGS 2006, 319; SG Ulm AGS 2006, 554; SG Stuttgart RVGreport 2008, 59 mwN; auch SG Mannheim ASR 2010, 134, das von einem Versehen des Gesetzgebers spricht.

Wann ein schriftlicher Vergleich vorliegt, war dem Wortlaut der Anm. 3106 VV-RVG nach eigentlich eindeutig. Die Voraussetzungen waren der Abschluss eines Vertrages nach § 779 BGB und die Schriftform nach § 126 BGB. Der BGH hatte darüber hinaus klargestellt, dass der Schriftform auch genüge getan ist, wenn der Vergleich durch das Gericht angeregt und anschließend nach § 278 Abs. 6 ZPO durch Beschluss festgestellt wird.[105] Auch in diesem Fall tritt die mit der Regelung geförderte Justizentlastung ein.

In der Sozialgerichtsbarkeit ist diese Entscheidung des BGH missverstanden worden. Viele LSGe gingen davon aus, dass die fiktive Terminsgebühr nur dann ausgelöst werde, wenn nicht nur der Vergleich in Schriftform abgeschlossen würde, sondern dieser auch nach § 202 SGG festgestellt würde.[106] Diese Auffassung war falsch. Sie missachtet nicht nur den klaren Wortlaut der Anm. 3106 VV-RVG, sondern auch den Gesetzeszweck.[107] Sie kann nur als Willkür bezeichnet werden.

Mit dem KostRÄG 2021 hat der Gesetzgeber klargestellt, dass bei jedem Vertrag im Sinne der Nr. 1000 VV-RVG, gleich ob mit oder ohne Beteiligung des Gerichts, die fiktive Terminsgebühr ausgelöst wird. Diese Regelung ist eine unmittelbare Reaktion auf die willkürliche Missachtung der gesetzlichen Regelung des KostRMoG 2.[108]

Die frühere Rechtsprechung, nach der bei einem schriftlichen Vergleich ohne Feststellung nach § 202 SGG keine fiktive Terminsgebühr anfallen soll, ist daher nicht zu beachten.

Die unterschiedliche Behandlung der fiktiven Terminsgebühr bei Abrechnung nach § 3 und nach § 2 RVG war in der Literatur durchweg kritisiert worden.[109] Der Gesetzgeber hat sich im 2. KostRMoG korrigiert.

Bei der fiktiven Terminsgebühr war durch das RVG 2004 für die Abrechnung ein Gebührenrahmen vorgesehen.[110] Es war jedoch häufig schwierig, Kriterien für die Ausfüllung dieses Rahmens zu finden, denn tatsächlich hat ein Termin ja nicht stattgefunden. Die Rechtsprechung dazu war uneinheitlich. So wurde vertreten, dass sich die Höhe der fiktiven Terminsgebühr regelmäßig nach der anteiligen Höhe der Verfahrensgebühr richten soll.[111] Nach einer anderen Meinung sollte mangels anderer Anhaltspunkte stets die Mittelgebühr abzurechnen sein.[112] So hat es der Gesetzgeber beispielsweise bei der Befriedungsgebühr im Strafrecht, Anmerkung 3 S. 2 zu Nr. 4141 VV-RVG, und in Bußgeldsachen, Anmerkung 3 S. 2 zu Nr. 5115 VV-RVG,

---

105 BGH 27.10.2005 – III ZB 42/05; BGH 10.7.2006 – II ZB 28/05; nochmals klarstellend BGH 7.5.2020 – V ZB 110/19.
106 LSG NRW 11.3.2015 – L 9 AS 277/14 B; diesem folgend BayLSG 22.5.2015 – L 15 SF 115 E und LSG Niedersachsen-Bremen 27.7.2015 – L 7/14 AS 64/14 B.
107 LSG Mecklenburg-Vorpommern 14.3.2018 – L 13 SB 1/17 B; LSG Berlin-Brandenburg 13.9.2018 – L 39 SF 302/17 BE.
108 Regierungsentwurf, S. 99.
109 Vgl. noch die 2. Auflage, § 3 Rn. 164 ff.
110 Dabei war der volle Gebührenrahmen ansetzbar: SG Stade ASR 2009, 249.
111 SG Hildesheim 18.1.2007 – S 12 SF 96/06; LSG NRW ASR 2010, 91.
112 SG Aachen 16.8.2006 – L 20 B 137/06 AS; SG Düsseldorf 26.6.2005 – S 23 AL 311/04; SG Koblenz 19.8.2005 – S 5 Kr 351/04.

geregelt. Nach einer dritten Meinung sollte die Bestimmung der Höhe der fiktiven Terminsgebühr sich am hypothetischen Aufwand orientieren.[113]

141 Gegen die letztgenannte Meinung spricht, dass sie kaum praktikabel ist. Gegen die starre Festlegung der Mittelgebühr spricht, dass der Gesetzgeber den gesamten Rahmen der Gebühren zur Verfügung stellt und in § 14 RVG den Grundsatz der individuellen Bestimmung der Gebühr in jedem Einzelfall aufstellt, von dem er im Sozialrecht keine Ausnahme macht. Die **Anlehnung der fiktiven Terminsgebühr an die Verfahrensgebühr** ist sachgerecht und praktikabel.

142 Falsch sind deshalb auch zwei weitere Meinungen, nach denen entweder nur die Mindestgebühr bei der Annahme eines Anerkenntnisses abrechenbar sein sollte[114] oder maximal die Mittelgebühr bei einer fiktiven Terminsgebühr entstehen sollte.[115] Für beide Ansichten findet sich im Gesetz keine Stütze. Da es sich bei den Regeln des RVG um solche handelt, die die Berufsausübungsfreiheit beschneiden, ist aber eine gesetzliche Regelung erforderlich, um die einschränkende Auslegung zu rechtfertigen.

143 In einer Einzelfallentscheidung hatte das Sächsische LSG angenommen, dass bei einer fehlenden Reaktion auf die Ankündigung eines Gerichtsbescheides nur die Mindestgebühr abrechenbar sein sollte.[116] Das kann nur als willkürlich bezeichnet werden, weil es im Gesetz keine Stütze findet. Es handelt sich wohl um einen apokryphen Bestrafungswillen, der in die Entscheidung eingeflossen ist. Die Reaktion auf die Ankündigung, einen Gerichtsbescheid erlassen zu wollen, hat mit dem Umfang einer fiktiven Verhandlung jedenfalls nichts zu tun. Der Gesetzgeber hat diese Probleme erkannt und ausgeräumt. Die fiktive Terminsgebühr beträgt gemäß der Anmerkung zu Nr. 3106 S. 2 VV-RVG 2013 90 % der tatsächlich berechneten Verfahrensgebühr. Die prozentuale Kürzung entspricht dem Höhenverhältnis der Termins- zur Verfahrensgebühr.

Bei der Bestimmung der fiktiven Terminsgebühr in Höhe von 90 % der Verfahrensgebühr ist von der Gebühr vor der Anrechnung auszugehen. Das ergibt sich daraus, dass die Gebühr zunächst in voller Höhe entsteht und erst nachträglich durch Anrechnung vermindert wird, soweit sich der Mandant oder ein erstattender Dritter sich gemäß § 15 a Abs. 1 RVG darauf berufen können.

d) Sonderfall 1: Verfahren des einstweiligen Rechtsschutzes

144 Nach § 17 Ziff. 4 lit. a) und b) RVG sind Eilverfahren und Hauptsache verschiedene Angelegenheiten, so dass sie **getrennt abzurechnen** sind. Wie oben bereits festgestellt wurde, hat das Verfahren des einstweiligen Rechtsschutzes keinen identischer Gegenstand mit dem Hauptsacheverfahren, weshalb keine Anrechnung und keine Minderung wegen der Vorbefassung entstehen.[117]

---

113 SG Lüneburg AGS 2008, 391 ff.; der Begründungsaufwand zeigt die mangelnde Praktikabilität der Entscheidung.
114 SG Aachen 18.2.2005 – S 3 SB 178/04.
115 LSG SN AGS 2008, 288 mit abl. Anm. N. Schneider.
116 LSG SN AGS 2008, 288 mit abl. Anm. N. Schneider; diese Entscheidung kann nur als willkürlich angesehen werden.
117 SG Frankfurt/M. 31.7.2006 – S 20 SF 8/06 AY, S 20 AY 9/05 ER; anders, aber falsch, SG Aurich 9.5.2006 – S 25 SF 20/05 AS: Nr. 3203 VV.

Dennoch gibt es bei der Abrechnung häufig Probleme. Die Gerichte sehen in den 145 Verfahren des einstweiligen Rechtsschutzes typischerweise Verfahren geringeren Umfangs, so dass sie häufig nur unterdurchschnittliche Gebühren, zum Beispiel in Höhe von zwei Dritteln der Mittelgebühr, festsetzen.[118]

Diese Verfahrensweise ist rechtsfehlerhaft. Sie beruht auf einem fehlerhaften Verständnis der Gebührenberechnung sowie auf grober Unkenntnis der anwaltlichen Tätigkeit. Die gerichtliche Festsetzungspraxis muss sich zudem an den Vorgaben des Art. 12 Abs. 1 GG messen lassen.[119]

Der Gebührenrahmen für Verfahren im einstweiligen Rechtsschutz ist derselbe wie in allen sozialrechtlichen Angelegenheiten. Es verbietet sich deshalb, für diese Verfahrensart eine eigene Mittelgebühr in Höhe von nur zwei Dritteln der Mittelgebühr anzunehmen.

Nach § 14 Abs. 1 RVG ist der Gebührenrahmen individuell auszufüllen.[120] Es verbietet sich deshalb, eine pauschale Gebührenhöhe, zum Beispiel von zwei Dritteln der Mittelgebühr, anzusetzen. 146

Bei der Bestimmung der Gebühr ist gemäß § 14 RVG zunächst der **Umfang der Bearbeitung** zu bewerten. Dieser ist bei Verfahren um einstweiligen Rechtsschutz in der Regel nicht unter-, sondern **überdurchschnittlich**. 147

Hierzu muss man sich die Situation vorstellen. Der Mandant erscheint und es ergibt sich im Beratungsgespräch, dass eine einstweilige Anordnung beantragt werden muss. Regelmäßig duldet eine solche Sachlage auch **keinen Aufschub**, so dass der Rechtsanwalt die weitere Bearbeitung nicht auf einen ihm genehmen Zeitpunkt verschieben kann. Das bedeutet für den Rechtsanwalt zunächst, dass er seinen eigenen Tagesplan umwerfen muss; damit allein ist es aber nicht getan. Vielmehr wird auch der gesamte Büroablauf gestört. Geplante Arbeiten müssen aufgeschoben werden und es muss eine neue Ablaufplanung erstellt werden. Handelt es sich um einen Zeitpunkt nahe dem Büroschluss, muss die Leistung von zu bezahlenden Überstunden für das Büropersonal angeordnet werden.

Bei der Abfassung der Antragsschrift muss der Rechtsanwalt damit rechnen, dass allein aufgrund seiner Antragsschrift entschieden werden wird. Anders als bei normalen gerichtlichen Verfahren muss er damit rechnen, dass es möglicherweise **keine Gelegenheit zur Nachbesserung** geben wird. Der Rechtsanwalt muss also in einem intensiven Gespräch den gesamten Sachverhalt sofort unter Hintanstellung anderer zu erledigender Arbeiten vollständig ermitteln. Er muss auf eine sofortige Auswertung aller zur Verfügung stehenden Unterlagen achten und auch die Mittel zur Glaubhaftmachung erstellen oder aufbereiten. 148

All das zeigt bereits, dass schon der Normalfall eines Verfahrens auf einstweiligen Rechtsschutz einen ganz erheblichen, **über dem Normalfall eines anderen Verfahrens liegenden Aufwand** erfordert. Dass bei einer sofortigen Entscheidung des Gerichts die 149

---

118 HessLSG 23.6.2014 – L 2 AS 568/13 B.
119 BVerfG 10.8.2011 – 1 BvR 2473/10.
120 Eingehend dazu Hinne, Gebührenbestimmung im einstweiligen Rechtsschutz ASR 2020, 14.

Notwendigkeit weiterer Schriftsätze entfällt und insoweit Aufwand gegenüber dem Normalverfahren entfällt, kompensiert den Mehraufwand bei der Anfertigung der Antragsschrift nicht wesentlich.

150 Wie die Erfahrung zeigt, bleibt es zudem in einer Vielzahl von einstweiligen Anordnungsverfahren nicht dabei. Die sofortige Entscheidung ist nicht mehr der Regelfall. Vielmehr erfolgt nach heutiger gerichtlicher Praxis in einstweiligen Anordnungsverfahren eine umfangreiche **Anhörung** der Gegenpartei, die Beiziehung der Akten und – nicht zuletzt – eine erneute Anhörung der den Antrag stellenden Partei. In vielen Fällen werden diese mehrfachen Anhörungen noch mit 24-Stunden-Fristen verbunden, die extreme Anforderungen an die Kontaktaufnahme mit dem Mandanten oder die Beschaffung von sonstigen Informationen oder Mitteln zur Glaubhaftmachung stellen – von dem damit ausgelösten Stress einmal abgesehen. Deshalb lässt sich bei dieser Sachlage gar nicht mehr von einer unterdurchschnittlich aufwändigen Angelegenheit sprechen.

151 Die Schwierigkeit der Bearbeitung von Verfahren im einstweiligen Rechtsschutz ist regelmäßig ganz erheblich überdurchschnittlich. Wegen der Notwendigkeit, den Sachverhalt vollständig zu ermitteln, alle Mittel der Glaubhaftmachung sofort auszuschöpfen und vollständig und fehlerfrei zu präsentieren sowie einen kompletten Vortrag zur Sach- und Rechtslage vorzulegen, ist schon eine ganz besondere, weit überdurchschnittliche Konzentrationsleistung des Rechtsanwalts erforderlich.

152 Zusätzlich zur Hauptsache ist darüber hinaus die **Glaubhaftmachung des Anordnungsgrundes** erforderlich. Hierzu ist in der Regel bei der Abwägung der im Spiel stehenden Interessen zusätzlich die grundrechtliche Problematik zu erörtern.[121] Das stellt eine zusätzliche Schwierigkeit dar, die bei der Bestimmung der Gebühr entsprechend zu bewerten ist.

153 Gebührensteigernd ist deshalb zu berücksichtigen, dass im einstweiligen Rechtsschutzverfahren Anordnungsanspruch und Anordnungsgrund glaubhaft zu machen sind (während im Hauptsacheverfahren die Beweisbeschaffung aufgrund des Amtsermittlungsgrundsatzes dem Gericht überlassen bleibt) und unter großem Zeitdruck gearbeitet werden muss.[122]

154 Im einstweiligen Anordnungsverfahren steht jedoch nicht nur der Rechtsanwalt unter einem besonderen Druck; auch für den Mandanten steht in Verfahren über einstweiligen Rechtsschutz meist sehr viel auf dem Spiel. Damit ein Anordnungsanspruch gegeben ist, muss schon eine sehr weitreichende Beeinträchtigung der Rechte des Mandanten vorliegen. Die Bedeutung der Angelegenheit ist deshalb im ER-Verfahren für den Mandanten regelmäßig überdurchschnittlich hoch.

155 Damit sind bereits drei der vier vom Gesetzgeber vorgesehenen **Regelkriterien des § 14 RVG** im Verfahren über einstweiligen Rechtsschutz typischerweise als überdurchschnittlich zu bewerten. Damit ist notwendigerweise eine deutlich überdurchschnittliche Gebühr verdient, keinesfalls aber eine unterdurchschnittliche.

---

121 SG Berlin 1.12.2004 – S 54 AL 4073/04; anders, aber falsch: LSG Thüringen 6.3.2008 – L 6 B 198/07 F.
122 SG Darmstadt 25.5.2005 – S 11 SF 144/04 AL ASR 2005, 92.

Bei der Gesamtbewertung ist die Tatsache einer etwaigen Vorbefassung des Rechtsanwalts nicht zu berücksichtigen, weil es sich nach § 17 Ziff. 4 RVG um eine eigene Angelegenheit handelt und weil das RVG vom Normalanwalt ausgeht, der weder besondere fachliche noch besondere sachliche Vorkenntnisse hat.[123]

156

e) Sonderfall 2: Untätigkeitsklage

Einen weiteren Sonderfall stellt die Untätigkeitsklage dar. Bei ihr besteht kein identischer Gegenstand mit dem Hauptsacheverfahren, weshalb **keine Anrechnung** und **keine Minderung** zu erfolgen haben.[124]

157

Damit steht jeweils der gesamte Gebührenrahmen zur Verfügung. Die konkrete Gebühr ist unter Anwendung des **§ 14 RVG** zu bestimmen.

Die Rechtsprechung sieht in Untätigkeitsklagen Verfahren von **unterdurchschnittlicher Bedeutung**. Das hat zu **Pauschalierung** der Gebühren bei Untätigkeitsklagen geführt. Noch einmal: Das RVG sieht gerade keine Pauschalierung einzelner Verfahren vor, sondern die konkrete Bestimmung der Gebühr in jedem Einzelfall unter Anwendung der Kriterien des § 14 RVG. Die pauschalierende Rechtsprechung ist deshalb gesetzeswidrig.

158

Ein Vergleich unter verschiedenen Klagearten mit einer schematischen Bewertung und einer Pauschalierung der Entgelte ist wegen § 14 RVG unzulässig.

Für die Festsetzung haben sich **örtlich unterschiedliche Vergütungssätze** herausgebildet.

159

In Nordrhein-Westfalen wird eine Pauschale des Zweifachen der Mindestgebühr festgesetzt.[125] Das sind im Fall der Verfahrensgebühr Nr. 3102 VV-RVG gerade einmal 120 EUR. Das deckt nicht einmal die Gestehungskosten des Schriftsatzes ab. Diese Rechtsprechung lässt außer Acht, dass die Mindestgebühr nur dann anzusetzen ist, wenn auch die Leistung minimal ist, also nur Anspruchsteller und Gegner bezeichnet werden und das ungefähre Begehr des Klägers angedeutet wird, ohne eine weitere Begründung (sie ist wegen des Amtsermittlungsgrundsatzes überflüssig) abzugeben. Alles Mehr muss zu einer **erheblichen Überschreitung der Mindestgebühr** führen. Der Ansatz des Zweifachen der Mindestgebühr kann nur als Verhöhnung der Leistung des Rechtsanwaltes bewertet werden.

Andere Entscheidungen gehen bei der Festsetzung für eine durchschnittliche Untätigkeitsklage vom 3-fachen der Mindestgebühr,[126] dem 4-fachen der Mindestgebühr,[127] dem Ansatz der Hälfte der Mittelgebühr,[128] von 60 % der Mittelgebühr,[129] von 2/3 der Mittelgebühr, von einer Bildung der Mittelgebühr bei Ansatz von 30 % des Gebührenrahmens aus.

---

123 BayLSG 17.12.2018 – L 12 F 224/17; s. hierzu auch ausführlich: Hinne ASR 2020, 14.
124 LSG NRW 5.5.2008 – L 19 B 24/08 AS.
125 LSG NRW 5.5.2008 – L 19 B 24/08 AS.
126 SG Hamburg 5.7.2006 – S 58 AS 329/05.
127 LSG Sachsen 2.7.2004 – L 2 B 73/03 AL-PKH.
128 LSG NRW 7.4.2007 – L 12 B 44/07 AS; HessLSG 13.1.2014 – L 2 AS 250/13 B; SchlHLSG 13.9.2018 – L 5 SF 294/17 BE; BayLSG 25.6.2018 – L 12 SF 174/18.
129 SG Hamburg 21.3.2007 – S 61 AS 1905/06.

In der Rechtsprechung der Sozialgerichte hat sich in den letzten Jahren überwiegend der Ansatz der halben mittleren Verfahrensgebühr für eine durchschnittliche Untätigkeitsklage durchgesetzt.[130] Diese berechnet sich wie folgt: (Mindestgebühr + Mittelgebühr) : 2. Die reine Halbierung der Mittelgebühr verkennt, dass der Gesetzgeber den Gebührenrahmen nicht bei Null beginnen lässt, sondern mit der Mindestgebühr.

In diesem Zusammenhang sei noch einmal auf den Wortlaut des § 14 Abs. 1 RVG hingewiesen. Danach bestimmt der Rechtsanwalt die Gebühr nach seinem billigen Ermessen. Die Überprüfung der Gebührenbestimmung im Festsetzungsverfahren beschränkt sich danach auf die Überprüfung der Billigkeit der Gebührenbestimmung. Wenn der Rechtsanwalt sich bei der Bestimmung der Gebühr also an die mehrheitliche Rechtsprechung der LSGe anlehnt und die Gebühr in Höhe der halben Mittelgebühr bestimmt, so kann es sich nicht um eine unbillige Bestimmung handeln. Eine Herabsetzung im Rahmen der Festsetzung etwa auf das Doppelte der Mindestgebühr ist dann unzulässig.

160 Bei Erledigung der Untätigkeitsklage durch Erlass des erstrebten Bescheides wird keine Terminsgebühr nach der Anmerkung Ziff. 3 zu Nr. 3106 VV-RVG verdient; ebenso soll es keine Erledigungsgebühr geben.[131] Das Hessische LSG hatte diese Gebühr zeitweilig zugestanden,[132] hat diese Rechtsprechungspraxis aber inzwischen ausdrücklich aufgegeben.[133] Der Grund wird darin gesehen, dass die faktische Erledigung der Abgabe einer prozessualen Anerkenntniserklärung nicht gleichzusetzen ist. Die Terminsgebühr würde demnach nur dann anfallen, wenn die Beklagtenseite ein ausdrückliches prozessuales Anerkenntnis abgeben würde, das die Klägerseite annimmt.

f) Einigung und Erledigung

161 Im Falle einer Einigung fällt gemäß Nr. 1005 iVm Nr. 1000 und Nr. 1006 VV-RVG eine Einigungsgebühr an. Die Gebühr entsteht in Höhe der Verfahrensgebühr Nr. 3102 VV-RVG. Hier sei noch einmal darauf hingewiesen, dass der Gesetzestext nicht mehr eine besondere Mitwirkung des Rechtsanwalts und auch nicht mehr die persönliche Abgabe der Erklärung durch ihn fordert, sondern es reicht eine **Mitwirkung** am Zustandekommen des Vergleiches.[134] Die Entlastungswirkung für die Gerichte ist keine Voraussetzung für das Entstehen der Einigungsgebühr,[135] so dass diese auch dann anfallen kann, wenn später ein Anerkenntnis- oder Versäumnisurteil ergeht.[136]

162 Bei der Einigungsgebühr war nach dem RVG 2004 fraglich, wie ihre **Höhe** berechnet werden sollte. Häufig waren die Kriterien des § 14 RVG schwer auszufüllen. Praxisgerecht und sachgerecht ist die Anknüpfung der Gebührenhöhe an die der Verfahrensgebühr.

---

130 HessLSG 13.1.2014 – L 2 AS 250/13 B; SchlHLSG 13.9.2018 – L 5 SF 294/17 B E; BayLSG 25.6.2018 – L 12 SF 174/18.
131 LSG NRW 5.5.2008 – L 19 B 24/08 AS.
132 HessLSG 13.1.2014 – L 2 AS 250/13.
133 HessLSG 8.8.2019 – L 2 AS 328/18 B.
134 BGH MDR 2009, 293 f.
135 BGH NJW 2009, 234.
136 BGH AGS 2008, 330.

Die Erledigungsgebühr gemäß der Nr. 1005 iVm Nr. 1006 und Nr. 1002 VV-RVG 163 entsteht in derselben Höhe wie die Einigungsgebühr.

Nach dem Gesetzestext ist **keine „besondere" Mitwirkung** des Rechtsanwalts[137] ge- 164 fordert, wie es in der Rechtsprechung verbreitet gefordert wird. Eine solche Forderung wird contra legem erhoben. Zusätzlich wird als Erfordernis für den Anfall der Gebühr die Ursächlichkeit des anwaltlichen Verhaltens für die Erledigung[138] gefordert.

Eine besondere Mitwirkung des Rechtsanwaltes liegt vor, wenn er einen eigenständi- 165 gen Vergleichsvorschlag an das Gericht sendet,[139] wenn er innerhalb oder außerhalb der Verhandlung auf den Mandanten dahin gehend einwirkt, einen gerichtlichen Vorschlag anzunehmen,[140] wenn der Rechtsanwalt zusätzliche Ermittlungsansätze oder -ergebnisse präsentiert, zum Beispiel durch die Vorlage von Gutachten, betreffend zivilrechtliche Ansprüche[141] und auch dann, wenn er durch substanziierten Vortrag dazu beiträgt, dass die Behörde ein Anerkenntnis abgibt.[142] Dazu reicht etwa die Vorlage einer eidesstattlichen Versicherung eines Beteiligten.[143]

Insgesamt ist festzuhalten, dass es sich bei der Erledigungsgebühr um eine auch die 166 Gerichte entlastende Erfolgsgebühr handelt, an die nicht zu hohe Anforderungen gestellt werden dürfen, um den Gesetzeszweck nicht zu verfehlen.[144]

Die **konkrete Höhe** der Erledigungsgebühr richtet sich an der Verfahrensgebühr Nr. 3102 VV-RFVG aus.

g) Kosten und Auslagen

Im gerichtlichen Verfahren ist der Anfall der **Dokumentenpauschale** Nr. 7000 VV- 167 RVG häufig streitig, wenn eine Festsetzung erfolgen soll. Es besteht die Neigung, allzu sehr zu kontrollieren, ob der Rechtsanwalt wirklich alle Kopien anfertigen musste, die er angefertigt hat. Aus Gründen der Sparsamkeit sollte eine Prüfung dieser Kostenpositionen unterbleiben. Zum einen verdient der Rechtsanwalt an den Kopien kaum etwas, so dass es zur Falschabrechnung hier keinen Anlass geben dürfte. Zum anderen ist die Einsparung einiger weniger Euros mit der Arbeitskraft der Kostenbeamten recht teuer erkauft.

Zudem ist der Rechtsanwalt als Organ der Rechtspflege gemäß § 43a Abs. 3 BRAO 168 an das Sachlichkeitsgebot und damit an die Wahrheitspflicht gebunden. Das bewusste Ansetzen von zu vielen Kopien erfüllt den Tatbestand des Betruges. Der Rechtsanwalt wird deshalb im eigenen Interesse sorgfältig abrechnen. Es bleiben in der Regel die Streitfälle übrig, bei denen unterschiedliche Ansichten zwischen dem Kostenbeamten und dem Rechtsanwalt über die Erforderlichkeit bestehen. In diesen Fällen ist

---

137 BSG in ständiger Rechtsprechung, zB 7.11.2006 – B 1 KR 13/06 R.
138 LSG RhPf AGS 2009, 179 (180).
139 OVG RhPf 18.4.2007 – 8 E 10310/07.
140 OVG RhPf 18.4.2007 – 8 E 10310/07.
141 LSG BW 15.12.2006 – L 8 SB 212/06; SG Halle 3.3.2010 – S 22 AS 2286/06.
142 SG Aachen ASR 2004, 89.
143 SG Berlin ASR 2010, 137.
144 SG Aachen ASR 2004, 89.

dem Rechtsanwalt, der in der jeweiligen Prozesssituation die Entscheidung über das Anfertigen der Kopien zu treffen hat, ein erhebliches **Ermessen** zuzugestehen.

169 Richtig ist aber, dass der Rechtsanwalt ein erhebliches Ermessen hat, um prospektiv zu beurteilen, welche Kopien er im Laufe des Verfahrens tatsächlich benötigen könnte. Erstattbar sind Fotokopien aus Akten, wenn ihre Anfertigung geboten war, weil sie zur Bearbeitung sachgemäß ist, und zwar gemessen an der allgemeinen Verkehrsanschauung im Prozessrechtsverkehr unter Berücksichtigung der Eigenverantwortlichkeit des Rechtsanwalts.[145] Dabei verbietet sich jede kleinliche Handhabung.[146]

170 Der Gesetzgeber hat mit dem KostRMoG 2 versucht, den Sprachgebrauch des RVG zu modernisieren, indem er in Nr. 7000 Z.1 VV-RVG das Wort „Ablichtungen" durch das Wort „Kopien" ersetzt hat. In der Rechtsprechung wird das entgegen dem Willen des Gesetzgebers so bewertet, dass nunmehr Scans von Akten nicht mehr abrechnungsfähig sein sollen, sondern nur noch das physische Herstellen eines Aktendoppels.

Zur Erstattung ist eine **Glaubhaftmachung** erforderlich,[147] die durch Vorlage der Kopien selbst oder durch die Vorlage einer abgezeichneten **Kopieranweisung** des Rechtsanwalts an sein Personal erfolgen kann.

2. Rechtsmittelverfahren

a) Berufung

171 Im sozialgerichtlichen Berufungsverfahren erfolgt **keine Anrechnung oder Minderung** wegen einer etwaigen Vorbefassung. Kappungsgrenzen sind nicht vorgesehen.

172 Die **Verfahrensgebühr** vor dem Landessozialgericht beträgt nach Nr. 3204 VV-RVG von 72 EUR bis 816 EUR. Die Mittelgebühr errechnet sich in einer Höhe von 444 EUR. Damit liegt die Mittelgebühr für die Berufung um rund ein Viertel über der Gebühr für das erstinstanzliche Verfahren ohne Vorbefassung.

173 Die **Terminsgebühr** Nr. 3205 VV-RVG ist mit einem Rahmen von 60 EUR bis 610 EUR und einer Mittelgebühr von 335 EUR gleich hoch wie im erstinstanzlichen Verfahren. Sie kann nach der Vorbemerkung 3 (3) VV-RVG auch durch eine Erledigungsbesprechung entstehen.

Das Entstehen einer fiktiven Terminsgebühr richtet sich nach den Anmerkungen zu Nr. 3205 VV-RVG, die auf die Anmerkung zu Nr. 3106 VV-RVG verweist. Die fiktive Terminsgebühr entsteht in Höhe von 75 % der tatsächlich angefallenen Verfahrensgebühr Nr. 3202 VV-RVG. Das entspricht dem Verhältnis der Terminsgebühr zur Verfahrensgebühr im Berufungsverfahren.

174 Die **Einigungsgebühr** nach Nr. 1005 iVm Nr. 1007 und Nr. 1000 VV-RVG und die Erledigungsgebühr nach Nr. 1005 iVm Nr. 1007 und Nr. 1002 VV-RVG errechnen sich im Berufungsverfahren entsprechend der tatsächlich abzurechnenden Verfahrensgebühr Nr. 3202 VV-RVG.

---

145 OVG NRW 18.10.2006 – 7 E 1339/05.
146 OVG NRW 18.10.2006 – 7 E 1339/05.
147 LSG Thüringen 23.2.2004 – L 6 B 54/03.

Auch die **Mehrvertretungsgebühr** Nr. 1008 VV-RVG ist im Berufungsverfahren anzuwenden. 175

Weithin unbekannt ist die **Verfahrensgebühr für die Beschwerde gegen die Nichtzulassung der Berufung** nach Nr. 3511 VV-RVG. Der Rahmen von 72 EUR bis 816 EUR und die Mittelgebühr von 444 EUR sind mit dem Rahmen der Verfahrensgebühr für die Berufung Nr. 3205 VV-RVG identisch. Im Falle der Zulassung der Berufung sind die Verfahrensgebühren aufeinander anzurechnen. 176

Sollte im Beschwerdeverfahren ein Termin stattfinden, entsteht die **Terminsgebühr** Nr. 3517 VV-RVG. Dabei beläuft sich die Gebühr auf 60 EUR bis 610 EUR mit einer Mittelgebühr von 335 EUR. Auch diese Terminsgebühr kann durch ein Erledigungsgespräch nach der Vorbemerkung 3 (3) VV-RVG ausgelöst werden. Da es sich nicht um einen Termin im Berufungsverfahren handelt, entsteht die Gebühr im Falle der Durchführung des Berufungsverfahrens neben der Terminsgebühr in diesem Verfahren. 177

Für die Bemessung der Gebühren gibt es keine Besonderheiten. Ihre konkrete Bestimmung ergibt sich aus § 14 RVG. Auf die vorstehenden Ausführungen zu den erstinstanzlichen Gebühren wird verwiesen. 178

b) Revision

Soweit die Revision nicht zugelassen wurde, ist zunächst ein Beschwerdeverfahren gegen die **Nichtzulassung** der Revision durchzuführen. Hierfür entsteht eine Verfahrensgebühr nach Nr. 3512 VV-RVG. Die Höhe der Gebühr beträgt von 96 EUR bis 1.056 EUR, die Mittelgebühr 576 EUR. Sie ist im Erfolgsfall auf die Gebühr für das Revisionsverfahren anzurechnen. 179

Soweit im Beschwerdeverfahren eine Verhandlung durchgeführt wird, entsteht eine **Terminsgebühr** Nr. 3518 VV-RVG in Höhe von 72 bis 792 EUR. Die Mittelgebühr beträgt 432 EUR. Diese Terminsgebühr kann durch ein Erledigungsgespräch nach der Vorbemerkung 3 (3) VV-RVG ausgelöst werden. Da es sich nicht um einen Termin im Revisionsverfahren handelt, entsteht die Gebühr im Falle der Durchführung des Revisionsverfahrens neben der Terminsgebühr in diesem Verfahren. 180

Die **Verfahrensgebühr** für das Revisionsverfahren nach Nr. 3212 VV-RVG beträgt von 96 EUR bis 1.056 EUR mit einer Mittelgebühr von 576 EUR. Es gibt weder eine Anrechnung oder Minderung wegen einer etwaigen Vorbefassung noch eine Kappungsgrenze. Es steht deshalb zur Bestimmung der gesamte Gebührenrahmen ungeschmälert zur Verfügung. 181

Die **Terminsgebühr** Nr. 3213 VV-RVG ist mit einem Rahmen von 96 EUR bis 990 EUR und einer Mittelgebühr von 543 EUR deutlich höher als im Berufungsverfahren. Sie kann nach der Vorbemerkung 3 (3) VV-RVG auch durch eine Erledigungsbesprechung entstehen. Das Entstehen einer fiktiven Terminsgebühr richtet sich nach den Anmerkungen zu Nr. 3213 VV-RVG, die auf die Anmerkung zu Nr. 3106 VV-RVG verweist. 182

183 Die **Einigungsgebühr** nach Nr. 1005 iVm Nr. 1007 und Nr. 1000 VV-RVG und die Erledigungsgebühr nach Nr. 1005 iVm Nr. 1007 und Nr. 1002 VV-RVG errechnen sich im Revisionsverfahren nach der tatsächlichen Höhe der Verfahrensgebühr.

184 Die **Mehrvertretungsgebühr** Nr. 1008 VV-RVG ist im Revisionsverfahren anzuwenden.

185 Für die Bemessung der Gebühren gibt es keine Besonderheiten. Ihre konkrete Bestimmung ergibt sich aus **§ 14 RVG**. Auf die vorstehenden Ausführungen zu den erstinstanzlichen Gebühren wird verwiesen.

c) Beschwerde

186 Für Beschwerden und Erinnerungen im sozialgerichtlichen Verfahren sieht Nr. 3501 VV-RVG einen Rahmen von 24 EUR bis 250 EUR vor. Die Mittelgebühr beträgt 137 EUR.

187 Im Falle der Durchführung eines Termins im Beschwerdeverfahren entsteht gemäß Nr. 3515 VV-RVG eine **Terminsgebühr** in Höhe von 24 EUR bis 250 EUR. Die Mittelgebühr beträgt 137 EUR. Die Vorbemerkung 3 (3) VV-RVG ist anzuwenden.

188 Für die Bemessung der Gebühren gibt es keine Besonderheiten. Ihre konkrete Bestimmung ergibt sich aus **§ 14 RVG**. Auf die vorstehenden Ausführungen zu den erstinstanzlichen Gebühren wird verwiesen.

189 Wird jedoch eine **Kostenbeschwerde in einem isolierten Verfahren** gemäß § 193 Abs. 1 S. 3 SGG erhoben, entstehen hierdurch keine gesonderten Gebühren.[148] Dieser Fall kann entstehen, wenn die Hauptsache eines gerichtlichen Verfahrens erledigt wird und eine Kostengrundentscheidung ergeht, die durch Beschwerde angefochten wird. Der Grund hierfür soll sein, dass im Falle der Nichterledigung die Kostenentscheidung durch Urteil getroffen würde und dann durch die Verfahrenskosten mit abgedeckt würde, so dass keine gesonderten Gebühren entstehen würden. Die Verfahrensgebühr für das Hauptsacheverfahren soll deshalb die Kosten des Festsetzungsverfahrens mit abdecken.[149] Es erscheint zweifelhaft, ob diese Entscheidung richtig ist. Denn es liegt eben nicht eine Kostenentscheidung durch Urteil vor, so dass sich erst hieraus die isolierte Kostenbeschwerde ergibt.

Durch das 2. KostRMoG ist auch die fehlerhafte Bemessung der Gebühren im Verfahren über die Beschwerde gegen eine Entscheidung im Wege des einstweiligen Rechtsschutzes geändert worden. Galten hier mangels anderer gesetzlicher Regelungen die Regeln über das allgemeine Beschwerdeverfahren, so ist jetzt durch die Vorbemerkung 3.2.1 Ziff. 3 lit. A) VV-RVG klargestellt, dass insoweit die Gebühren des Berufungsverfahrens abzurechnen sind.

---

148 SchlHLSG ASR 2004, 150.
149 Meyer-Ladewig, SGG, 13. Aufl. 2020. § 193 SGG Rn. 17.

§ 4 Abrechnung nach Wertgebühren, § 2 RVG

Die Abrechnung nach wertbezogenen Gebühren gemäß § 2 RVG ist im RVG der **Regelfall**. Im Sozialrecht ist das systematisch ebenso. Die Abrechnung erfolgt grundsätzlich nach Wertgebühren und nur im Ausnahmefall nach Betragsrahmengebühren gemäß § 3 RVG. Der Anwendungsbereich der Abrechnung nach Wertgebühren ist gemäß § 197a SGG das gesamte Sozialrecht, soweit nicht ausnahmsweise eine Kostenbefreiung gemäß § 184 SGG vorliegt.

Der **Ausnahmefall**, nämlich die Mandate mit einer Kostenbefreiung gemäß § 184 SGG, ist jedoch zahlenmäßig weit überwiegend. Faktisch sind es insbesondere die Vertretung von Arbeitgebern im Sozialrecht und das Vertragsarztrecht, in denen eine Abrechnung nach wertbezogenen Gebühren vorzunehmen ist.

Grundsätzlich unterscheidet sich die Bestimmung der Wertgebühren nicht von der der Betragsrahmengebühren. Die Bestimmung der konkreten Gebühr erfolgt in beiden Fällen anhand aller **Kriterien des § 14 RVG**. Insoweit wird auf die Ausführungen in → § 2 Rn. 40 ff. verwiesen.

I. Beratung

Die Vergütung für die Beratung hat der Gesetzgeber mit Wirkung ab dem 1.7.2006 vollständig freigegeben. Der Rechtsanwalt soll eine **Gebührenvereinbarung** mit dem Mandanten treffen. Tut er das nicht, bestimmen sich die Gebühren nach den Vorschriften des bürgerlichen Rechts. Die Bestimmung der Beratungsvergütung ist vollständig identisch, ob es sich um ein nach § 2 RVG oder ein nach § 3 RVG abzurechnendes Verfahren handelt. Es wird deshalb in vollem Umfang auf die Ausführungen in → § 3 Rn. 10 ff. verwiesen.

Daneben sind **nur einzelne Beratungsgebühren** verblieben. Insbesondere handelt es sich hierbei um die Gebühren für die Prüfung der **Aussichten eines Rechtsmittels** nach Nr. 2100 und Nr. 2101 VV-RVG.

Entgegen einer verbreiteten Auffassung entstehen diese Gebühren nicht nur, wenn sonst kein Vertretungsauftrag besteht, sondern grundsätzlich dann, wenn der **Auftrag** zur Prüfung der Erfolgsaussichten erteilt wird. Hat der Rechtsanwalt den Mandanten auch im durch die zu prüfende Entscheidung abgeschlossenen Verfahrensabschnitt vertreten, ist die Prüfung der Erfolgsaussichten nicht durch die Verfahrensgebühr dieses Verfahrensabschnittes abgegolten. Zum Verfahren gehört zwar noch die Erläuterung der Bedeutung des Inhalts der Entscheidung, nicht jedoch die Prüfung, ob ein Rechtsmittel gegeben ist und Sinn macht.

Eine Abrechenbarkeit ist jedoch nur dann gegeben, wenn der Auftrag zur Prüfung erteilt wird. Wird der Rechtsanwalt unaufgefordert tätig und klärt den Mandanten über Rechtsmittelmöglichkeiten und -aussichten auf, bietet er zwar einen guten Service, hat jedoch keinen Anspruch auf ein Entgelt für diese Leistung.

7 Die Gebühr fällt auch dann an, wenn der Auftrag zur Prüfung der Erfolgsaussichten des **Rechtsmittels des Gegners** erteilt wird.[1]

8 Mit **Rechtsmitteln** sind nicht nur die prozessualen Rechtsmittel gemeint, sondern auch alle außergerichtlichen Rechtsmittel, soweit sie einen Devolutionseffekt und einen Suspensionseffekt haben. Zu den Rechtsmitteln gehören deshalb Einspruch, Widerspruch und Beschwerde sowie Klage, Berufung und Revision, Rechtsbeschwerden und Nichtzulassungsbeschwerden.

9 Die einfache Prüfung der Erfolgsaussichten löst eine Vergütung gemäß Nr. 2100 VV-RVG aus. Die Gebühr beträgt **0,5 bis 1,0 der Wertgebühr**, die Mittelgebühr liegt bei **0,75 der Wertgebühr**. Innerhalb des Gebührenrahmens ist die Gebühr anhand der Kriterien des § 14 RVG zu bestimmen.

10 Die **einfache Prüfungsgebühr** ist auf die Verfahrensgebühr des Rechtsmittelverfahrens anzurechnen, wenn der Auftrag zu dessen Durchführung erteilt wird.

11 An Stelle der einfachen Prüfungsgebühr ist eine **qualifizierte Prüfungsgebühr** nach Nr. 2101 VV-RVG abzurechnen, wenn nicht nur eine mündliche Beratung, sondern die Erstattung eines Gutachtens über die Aussichten des Rechtsmittels beauftragt wird. Für ein solches Gutachten ist eine Festgebühr von 1,3 der Wertgebühr vorgesehen. Es handelt sich erstaunlicherweise um die einzige Gebühr in Teil 2 Abschnitt 1 VV-RVG, in der kein Gebührenrahmen zur Abrechnung zur Verfügung steht. Eine Anrechnung der qualifizierten Prüfungsgebühr auf die Betriebsgebühr für das anschließende Verfahren ist nicht vorgesehen.

II. Außergerichtliche Vertretung

1. Geschäftsgebühr Nr. 2300 VV-RVG

12 Die außergerichtliche Vertretung wird mit der Geschäftsgebühr Nr. 2300 VV-RVG entgolten. Der abrechenbare Rahmen von **0,5 bis 2,5** der Wertgebühr gemäß § 13 RVG ist vergleichsweise weit. Die Mittelgebühr liegt bei **1,5**.

Sie entgilt die **gesamte Tätigkeit** des Rechtsanwalts vom Auftrag bis zur Beendigung der Angelegenheit (§ 15 Abs. 1 RVG), insbesondere das Betreiben des Geschäfts einschließlich der Information und die Mitwirkung bei der Gestaltung eines Vertrages (Vorbemerkung 2.3 (1) VV-RVG). Begrifflich **endet** der Anwendungsbereich der Geschäftsgebühr, wenn die vorgerichtliche Tätigkeit abgeschlossen ist und der Auftrag zur Durchführung eines gerichtlichen Verfahrens erteilt wird.

13 Gemäß § 15 Abs. 2 S. 1 RVG kann der Rechtsanwalt die Gebühr in einer Angelegenheit nur einmal fordern. Es ist also zunächst einmal festzustellen, ob von vorneherein **eine oder mehrere Angelegenheiten** vorliegen (→ § 2 Rn. 14 ff.) oder ob die vorgerichtliche Geschäftsführung zwei gemäß § 17 Nr. 1 RVG als eigene Angelegenheiten anzusehende Verfahrensabschnitte, das initiale und das weitere Verwaltungsverfahren, umfasst. In diesen Fällen ist jede der mehreren Angelegenheiten gesondert abzurechnen.

---

1 Winkler in: Mayer/Kroiß, RVG 8. Aufl. 2021 Rn. 17 zu Nr. 2100 VV-RVG.

Die Bestimmung der konkreten Gebühr innerhalb des Rahmens erfolgt anhand der 14
Kriterien des § 14 Abs. 1 RVG, nämlich des Umfangs der Tätigkeit, der Schwierigkeit
der Tätigkeit, der Bedeutung für den Auftraggeber, der wirtschaftlichen Verhältnisse
des Auftraggebers unter Berücksichtigung eines etwaigen besonderen Haftungsrisikos
und aller anderen Umstände des Mandates.

Bei der Geschäftsgebühr werden dazu insbesondere folgende **Indiztatsachen** zur Be- 15
wertung des Umfangs herangezogen:

Die Tatsachen, dass **Einsicht in die Verwaltungsakten** genommen wurde und dass die 16
Akten einen großen Seitenumfang hatten, deuten auf einen überdurchschnittlichen
Umfang hin.

Ein unüblicher **Rechercheumfang**, zum Beispiel durch Einholung ärztlicher Berichte, 17
Arbeitgeberauskünfte, technischer Unterlagen, Statistiken über Praxisbesonderheiten
etc, ist zu berücksichtigen. Die Einholung solcher Informationen durch den Rechtsanwalt übersteigt den normalen Umfang.

Die Anzahl und der Umfang der gewechselten **Schriftsätze** dokumentieren augen- 18
scheinlich, dass eine überdurchschnittlich umfangreiche Tätigkeit vorliegt. Der Umkehrschluss ist nicht notwendig richtig. Auch nur ein kurzer Schriftsatz kann Folge
einer umfangreichen Vorbereitung sein.

Die Anzahl und der Umfang der vorliegenden und ausgewerteten **Gutachten** und 19
ärztlichen oder sonstigen Stellungnahmen haben ebenfalls eine augenscheinliche Indizwirkung hinsichtlich des Umfangs der Bearbeitung.

Die Abgabe von **qualifizierten Stellungnahmen** zum Sachverhalt oder zur Rechtslage 20
indiziert eine besonders umfangreiche Bearbeitung der Angelegenheit.

Der weitere **Zeitaufwand** durch außergerichtliche Termine, Akteneinsicht bei der 21
Behörde, Gespräche mit Beteiligten, (sachverständigen) Zeugen und sonstigen Dritten
sowie mit der Mandantschaft ist ebenfalls bei der Bemessung des Umfangs der Angelegenheit heranzuziehen.

Überdurchschnittlich ist der Umfang der Bearbeitung regelmäßig bei der Verständi- 22
gung in einer **Fremdsprache**,[2] auch bei Inanspruchnahme eines Dolmetschers und bei
einer eingeschränkten Hör- und Sehfähigkeit des Mandanten.[3]

Synergieeffekte durch andere Verfahren[4] oder sonstige Vorkenntnisse sind bei der 23
Ermittlung des Umfangs der Bearbeitung außen vor zu lassen.

Ein reiner Sachvortrag ist durchschnittlich schwierig, ein zusätzlicher **Rechtsvortrag** 24
lässt eine Auseinandersetzung mit der Rechtslage erkennen und deutet auf eine überdurchschnittliche Befassung mit der Sach- und Rechtslage hin.

Die Auseinandersetzung mit einem medizinischen Gutachten ist durchschnittlich;[5] die 25
Befassung mit **mehreren oder sogar vielen Gutachten** ist überdurchschnittlich.[6]

---

2 LSG NRW 16.8.2006 – L 10 B 7/06.
3 SG Aachen 21.6.2005 – S 11 AL 111/04.
4 Falsch: BSG 22.1.1993 – 14b/4 REG 12/91.
5 BSG 26.2.1992 – 9 a RVs 3/90.
6 LSG HE 26.1.2004 – L 12 B 90/02 RJ.

26 **Besondere rechtliche Fragen,** zum Beispiel zu den Aufhebungs- und Rückforderungs-vorschriften der §§ 45, 48 SGB X, zur Kausalität oder zum Übergangsrecht,[7] indizieren eine besondere Schwierigkeit der Bearbeitung.

27 Rechtsgebiete, die abgelegen sind, die eine lange Einarbeitungszeit oder Auseinandersetzung mit komplexen oder in verschiedenen Rechtsmaterien verankerten Regelungen erfordern,[8] sowie die Auseinandersetzung mit **anderen Rechtsgebieten**[9] weisen ebenfalls auf eine überdurchschnittliche Schwierigkeit hin.

28 Dasselbe gilt bei **uneinheitlicher Rechtsprechung** oder beim Fehlen höchstrichterlicher Rechtsprechung[10] zu den für den Fall einschlägigen Rechtsfragen.

29 Erhöhter Umfang und erhöhte Schwierigkeit sind immer anzunehmen, wenn die Tätigkeit in einem **Spezialgebiet** erforderlich ist.[11]

Neben dem Umfang und der Schwierigkeit der Bearbeitung sind auch die **Bedeutung der Angelegenheit für den Auftraggeber,** seine wirtschaftlichen Verhältnisse, ein etwaiges besonderes Haftungsrisiko sowie schließlich alle anderen das Mandat prägenden Umstände zu bewerten. Wegen der Einzelheiten zu den Kriterien des § 14 RVG wird auf die Ausführungen unter → § 2 Rn. 40 ff. verwiesen.

Anhand dieser Kriterien wird zunächst geprüft, welche Gebühr zu bestimmen ist. Erst nach Bildung der Gebühr ist ggf. zu prüfen, ob die **Kappungsgrenze** gemäß der Anmerkung zu Nr. 2300 VV-RVG überschritten wird.

30 Die **Überschreitung der Kappungsgrenze von 1,3** der Wertgebühr erfordert nicht, dass ein „besonderer" Umfang oder eine „besondere" Schwierigkeit der Rechtssache bestehen muss, das heißt, dass ein gesteigerter Umfang oder ein gesteigerter Schwierigkeitsgrad der Sache nicht erforderlich ist, um die 1,3 Gebühr zu übersteigen.[12] Das ist allerdings, wie unter → § 2 Rn. 154 ff. ausführlich dargestellt, streitig. Es ist also in Durchschnittsfällen die oberhalb der Kappungsgrenze liegende Mittelgebühr abzurechnen.

Ist die Kappungsgrenze überschritten, so sind auch die anderen Kriterien des § 14 RVG in vollem Umfang zu würdigen und können eine weitere Erhöhung über die Mittelgebühr hinaus begründen. Es steht dann der volle Gebührenrahmen zur Bestimmung der Gebühr zur Verfügung. Die Kappungsgrenze ist um 0,3 der Wertgebühr für jeden weiteren Auftraggeber höher anzusetzen, wenn wegen der Vertretung **mehrerer Auftraggeber** nach Nr. 1008 ein Aufschlag auf die Geschäftsgebühr zu machen ist.

7 LSG SN 7.2.2008 – L 6 B 33/08.
8 LSG BW 13.12.2006 – L 5 KA 5567/05.
9 BSG 22.1.1993 – 14b/4 REG 12/91.
10 LSG NRW 16.8.2006 – L 10 B 7/06.
11 BVerwGE 1962, 169; OLG Jena RVGreport 2005, 361 (363); LG Freiburg AnwBl. 1965, 184; LG Karlsruhe AnwBl. 1973, 367; LG Karlsruhe AnwBl. 1980, 121; AG Köln AnwBl. 1978, 63; AG Hünfeld JurBüro 1970, 97.
12 OLG Hamburg – LG Hamburg 29.3.2007 – 3 U 254/06.

2. Anrechnung nach Vorbefassung

Die geminderte Gebühr für das folgende Verwaltungsverfahren im Falle der Vorbe- 31
fassung im initialen Verwaltungsverfahren hat der Gesetzgeber abgeschafft. An ihre
Stelle ist die Anrechnung der Geschäftsgebühr des vorangegangenen Verwaltungsverfahrens getreten.

Die Bestimmung der konkreten Gebühr erfolgt anhand der Kriterien des § 14 RVG.
Angerechnet wird gemäß Vorbemerkung 2.3 Ziff. 6 VV-RVG die Hälfte der konkret
entstandenen Verfahrensgebühr des vorangegangenen Verfahrensabschnitts, maximal
jedoch 0,75 der Wertgebühr.

Mehrfache Vorbefassungen sind nach § 15 a Abs. 3 S. 2 RVG auch mehrfach anzurechnen. Der Gesamtbetrag der Anrechnungen darf jedoch denjenigen Anrechnungsbetrag nicht übersteigen, der sich ergeben würde, wenn eine Gebühr anzurechnen
wäre, die sich aus dem Gesamtbetrag der betroffenen Wertteile nach dem höchsten
für die Anrechnungen einschlägigen Gebührensatz berechnet.

Voraussetzung für die Minderung der Gebühr ist jedoch, dass die **Tätigkeit in dersel-** 32
ben Angelegenheit erfolgt. Das erfordert ein zeitlich vorausgegangenes,[13] abgeschlossenes Verfahren.[14] Nach anderer Ansicht soll ein nur zeitgleich eingeleitetes Verfahren ausreichen.[15] Der Meinungsstand ist hier nicht einheitlich.

Der Gegenstand des Verfahrens muss **identisch** sein. Das wird nach dem Lebenssach- 33
verhalt und der Rechtsgrundlage sowie der Identität der Verfahrensziele beurteilt.[16]

Anträge auf **Vollstreckbarerklärung**, auf Aussetzung oder Anordnung der sofortigen 34
Vollziehung sowie auf Herstellung der aufschiebenden Wirkung des Widerspruchs
sind, soweit sie nicht gemäß § 16 Ziff. 1 RVG zur selben Angelegenheit gehören,
nicht verfahrensidentisch und unterfallen deshalb nicht der Minderung. Dasselbe gilt
für die gemäß § 17 Ziff. 1 a RVG als verschiedene Angelegenheiten geltenden Verwaltungsverfahren über die Aussetzung oder Anordnung der sofortigen Vollziehung sowie über einstweilige Maßnahmen zur Sicherung der Rechte Dritter.

Ebenso sind **Untätigkeitsklagen**[17] und Verfahren im **einstweiligen Rechtsschutz**[18]
nicht von der Anrechnung wegen der Vorbefassung betroffen.

3. Einigungs- und Erledigungsgebühren

Bei einer Einigung mit der Gegenseite ist die Einigungsgebühr Nr. 1000 VV-RVG ab- 35
zurechnen. Es reicht die **Einigung der Parteien über einen der Gegenstände des Streit-**
falles. Anders als nach der BRAGO ist jedoch weder ein Vergleich im Sinne des § 779
BGB für den Anfall der Gebühr erforderlich noch der Abschluss des Vergleiches
durch den Rechtsanwalt. Insbesondere das Merkmal der Gegenseitigkeit des Nachgebens ist nicht mehr erforderlich. Das Erfordernis der Unsicherheit über die Sach- oder

---

13 LSG Thüringen 6.3.2008 – L 6 B 198/07 SF.
14 LSG NRW 29.1.2008 – L 1 B 35/07 AS; strittig, anderer Ansicht: LSG NRW 26.4.2007 – L 9 B 14/06 AS.
15 LSG NRW 26.4.2007 – L 9 B 14/06 AS.
16 LSG NRW 29.1.2008 – L 1 B 35/07 AS.
17 BSG 23.8.2007 – B 4 RS 7/06; LSG NRW 5.5.2008 – L 19 B 24/08 AS.
18 OVG NRW 18.10.2006 – 7 E 1339/05.

Rechtslage ist großzügig zu beurteilen, damit der Wille des Gesetzgebers, einen Anreiz zur Justizentlastung zu schaffen, möglichst weitgehend erfüllt wird.

36 Die Einigungsgebühr ist eine echte **Erfolgsgebühr** geblieben. Nur wenn die Einigung tatsächlich zu Stande kommt, ist die Einigungsgebühr angefallen. Das ergibt sich aus der Anmerkung 3 zu Nr. 1000 VV-RVG.

37 Anders als zu Zeiten der BRAGO fordert der Gesetzestext aber heute keine besondere Mitwirkung des Rechtsanwalts und insbesondere nicht mehr die persönliche Abgabe der Willenserklärung zum Abschluss des Vergleichs, sei es schriftsätzlich oder zu Protokoll; es reicht vielmehr **jede Mitwirkung** am Zustandekommen des Vergleiches aus.[19] Die **Ursächlichkeit** der Mitwirkung für die Einigung wird durch die Anmerkung 2 zu Nr. 1000 VV-RVG gesetzlich vermutet.

38 Der konkrete Eintritt der **Entlastung der Gerichte** ist keine Voraussetzung für das Entstehen der Einigungsgebühr.[20] Deshalb ist die Einigungsgebühr auch dann verdient, wenn nur einer von mehreren Gegenständen der Angelegenheit durch die Einigung geklärt wird, während die anderen weiterhin Gegenstand des Verwaltungs- oder späteren gerichtlichen Verfahrens bleiben. Auch wenn später ein Anerkenntnis- oder Versäumnisurteil zu demselben Gegenstand ergeht, über den eine Einigung getroffen worden war, bleibt die Einigungsgebühr erhalten.[21]

39 In Angelegenheiten, in denen durch **Verwaltungsakt** entschieden wird, kann dieser eine Verkörperung der Einigung darstellen und damit die Einigungsgebühr auslösen.[22]

40 Anders als bei der Abrechnung von Betragsrahmengebühren ist die **Vergleichsgebühr** gemäß Nr. 1000 VV-RVG eine **Festgebühr**. Sie beträgt 1,5 der Wertgebühr.

41 Die **Erledigungsgebühr** gemäß Nr. 1001 VV-RVG ist eine **Festgebühr**. Sie beträgt ebenfalls 1,5 der Wertgebühr. Die Erledigungsgebühr fällt an, wenn eine Rechtssache sich gemäß S. 1 der Anmerkung zu Nr. 1002 VV-RVG durch Aufhebung (also Zurücknahme oder Widerruf) oder Änderung eines angefochtenen Verwaltungsaktes oder gemäß S. 2 der Anmerkung zu Nr. 1002 VV-RVG durch Erlass eines bisher abgelehnten Verwaltungsaktes erledigt. Auch hier liegt also eine echte **Erfolgsgebühr** vor. Dabei reicht es aus, dass eine Erledigung nur eines von mehreren streitigen Gegenständen eintritt, denn S. 1 der Anmerkung zu Nr. 1002 VV-RVG spricht von einer ganzen oder teilweisen Erledigung der Angelegenheit.

42 Nach dem Gesetzeswortlaut ist eine Mitwirkung des Rechtsanwalts bei der Erledigung gefordert. Nach dem Wortlaut der Vorschrift genügt deshalb **jede einfache Art der Mitwirkung** des Rechtsanwaltes. Entgegen dem Wortlaut der Vorschrift fordert die Rechtsprechung wie bei § 24 Abs. 2 BRAGO weiterhin eine „besondere" **Mitwirkung** des Rechtsanwalts.[23] Es handelt sich hier um eine Anforderung contra legem.

---

19 BGH MDR 2009, 293 f.
20 BGH NJW 2009, 234.
21 BGH AGS 2008, 330.
22 OVG Münster AnwBl. 1993, 693; OVG Bremen AGS 2001, 7; jeweils noch zum im Wortlaut identischen § 23 Abs. 3 BRAGO.
23 BSG in ständiger Rechtsprechung, zB 7.11.2006 – B 1 KR 13/06 R.

Der Gesetzestext ist eindeutig und der Gesetzgeber hat die extrem einschränkende Rechtsprechung nicht zum Anlass genommen, den Gesetzestext im RVG entsprechend dieser einschränkenden Rechtsprechung zu ändern. Die Rechtsprechung ist nicht zum Grundgesetz konform, denn es handelt sich bei den Regelungen des RVG um Einschränkungen der Berufsausübungsfreiheit, für die es positiver gesetzlicher Regelungen bedarf. Zusätzlich fordert diese Rechtsprechung, dass die besondere Mitwirkung auch **ursächlich** für die Erledigung geworden sein muss.[24]

Die Anforderungen an diese „besondere" Mitwirkung dürfen aus den oben angerissenen verfassungsrechtlichen Gründen nicht überspannt werden. Es dürfen nicht zu hohe Anforderungen gestellt werden, um den Gesetzeszweck nicht zu verfehlen.[25] Die Rechtsprechung lässt deshalb eine Vielzahl von Mitwirkungen genügen, wie zum Beispiel einen eigenständigen Vergleichsvorschlag an das Gericht[26] oder vorgerichtlich an den Leistungsträger, das Einwirken auf den Mandanten, einen gerichtlichen Vorschlag anzunehmen[27] oder eine Einigung mit dem Leistungsträger zu akzeptieren. Auch die Vorlage von Gutachten betreffend zivilrechtliche Ansprüche[28] oder die Beschaffung neuer tatsächlicher Erkenntnisse reichen für den Anfall der Erledigungsgebühr aus.   43

Bei richtiger Auslegungsweise reicht es ebenfalls aus, wenn der Rechtsanwalt durch substanziierten Vortrag dazu **beiträgt**, dass die Behörde ihre Entscheidung abändert.[29]   44

III. Gerichtliche Vertretung

1. Verfahrensgebühr

Im gerichtlichen Verfahren ist zunächst die Verfahrensgebühr nach Nr. 3100 VV-RVG abzurechnen. Dabei handelt es sich um eine **Festgebühr** in der Höhe von **1,3 der Wertgebühr** gemäß § 13 RVG. Einer Bestimmung der Gebühr durch den Rechtsanwalt bedarf es deshalb nicht.   45

Eine Minderung der Gebühr wegen der Vorbefassung in dem vorangegangenen Verwaltungsverfahren ist nicht vorgesehen. Auch gibt es keine Kappungsgrenze. Dafür erfolgt eine **Anrechnung der Geschäftsgebühr auf die Verfahrensgebühr** gemäß der Vorbemerkung 3 (4) VV-RVG.   46

Die Anrechnung erfolgt in Höhe der Hälfte der letzten angefallenen Geschäftsgebühr, maximal aber mit dem Betrag in Höhe von 0,75 der Wertgebühr gemäß § 13 RVG. Die Anrechnung erfolgt auch nur in Höhe des Gegenstandes, der im gerichtlichen Verfahren weiter verfolgt wird. Angefallene Geschäftsgebühren nach der Nr. 2503 VV-RVG (Beratungshilfe) unterfallen nicht der Anrechnung.[30]

---

24 LSG RhPf AGS 2009, 179 (180).
25 SG Aachen ASR 2004, 89.
26 OVG RhPf 18.4.2007 – 8 E 10310/07.
27 OVG RhPf 18.4.2007 – 8 E 10310/07.
28 LSG BW 15.12.2006 – L 8 SB 212/06.
29 SG Aachen ASR 2004, 89.
30 LSG NRW AGS 2008, 348.

47 Ist also erst das initiale Verwaltungsverfahren, dann das Widerspruchsverfahren und schließlich das gerichtliche Verfahren bearbeitet worden, ist im gerichtlichen Verfahren nur die Hälfte der geminderten Gebühr Nr. 2301 VV-RVG zur Anrechnung zu bringen.

48 Nach der Rechtsprechung des Bundesgerichtshofes bleibt die Geschäftsgebühr im Fall der Anrechnung voll erhalten; es ist lediglich die Verfahrensgebühr in Höhe des Anrechnungsbetrages zu vermindern. Hier hat der Gesetzgeber mit Wirkung ab dem 5.8.2009 durch Einführung des § 15 a RVG Abhilfe geschaffen. Durch § 15 a RVG ist klargestellt, dass sich die Anrechnung im Verhältnis zu Dritten grundsätzlich nicht auswirkt. In der Kostenfestsetzung muss also etwa eine Verfahrensgebühr auch dann in voller Höhe festgesetzt werden, wenn eine Geschäftsgebühr entstanden ist, die auf sie angerechnet wird. Ein Dritter darf jedoch nicht über den Betrag hinaus auf Ersatz oder Erstattung in Anspruch genommen werden, den der Rechtsanwalt von seinem Mandanten verlangen kann.[31]

49 Die Anrechnung nach dieser Maßgabe war – wie die Minderung nach Vorbefassung im initialen Verwaltungsverfahren – für den Mandanten regelmäßig ein schwerer Nachteil. Die gemäß § 63 SGB X zu erstattenden Kosten des Widerspruchsverfahrens, wie auch die zu erstattenden Verfahrenskosten, auf die sich die Erstattungsansprüche gegenüber den Rechtsschutzversicherern nach den üblichen Allgemeinen Rechtsschutzversicherungsbedingungen beschränken, werden vermindert, während der Mandant die Kosten der frühzeitigen Inanspruchnahme des Rechtsanwalts tragen muss. Hier hat § 15 a RVG Abhilfe geschaffen – leider nur bei einer Abrechnung nach Wertgebühren. Bei der Abrechnung nach Betragsrahmengebühren bleibt die Erstattbarkeit nur der geminderten Gebühr.

Bei Vorbefassung in mehreren Angelegenheiten, die in einer Klage zusammengefasst werden, erfolgt auch eine Anrechnung aller Geschäftsgebühren auf die Verfahrensgebühr. Nach § 15 a Abs. 3 S. 2 RVG darf der Gesamtbetrag der Anrechnung jedoch denjenigen Anrechnungsbetrag nicht übersteigen, der sich ergeben würde, wenn eine Gebühr anzurechnen wäre, die sich aus dem Gesamtbetrag der betroffenen Wertteile nach dem höchsten für die Anrechnungen einschlägigen Gebührensatz berechnet.

50 Die Verfahrensgebühr ist nach der spezielleren Regelung in Nr. 3101 VV-RVG nur in Höhe von 0,8 der Wertgebühr abzurechnen, wenn sich die Angelegenheit erledigt, bevor der Rechtsanwalt eine gerichtliche Tätigkeit entfaltet hat.

2. Terminsgebühr

51 Weiter fällt im gerichtlichen Verfahren eine Terminsgebühr nach Nr. 3104 VV-RVG an. Hierbei handelt es sich um eine Festgebühr, und zwar in Höhe von **1,2 der Wertgebühr** gemäß § 13 RVG.

52 Die Terminsgebühr fällt auch für **außergerichtliche Besprechungen** zur Vermeidung oder Erledigung des Verfahrens gemäß der Vorbemerkung 3 (3) VV-RVG an. Dabei müssen die Anhängigkeit oder die Rechtshängigkeit des gerichtlichen Verfahrens

---

31 BMJ-Newsletter v. 5.8.2009.

noch nicht gegeben sein,[32] vorausgesetzt, dem Rechtsanwalt wurde der **Klageauftrag bereits erteilt**. Dann fallen für seine Tätigkeit nicht mehr die Gebühren des Teils 2 des VV-RVG („Außergerichtliche Tätigkeit") an, sondern (nur noch) solche des Teils 3 VV-RVG, der die Gebühren in gerichtlichen Angelegenheiten regelt.

Nimmt der Rechtsanwalt nach Erteilung des Klageauftrags mit der Gegenseite Kontakt auf, um ihr die bevorstehende Erhebung der Klage mitzuteilen und ihr Gelegenheit zur Klaglosstellung des Mandanten zu geben, fällt nicht nur die Verfahrensgebühr (gegebenenfalls in der Höhe der Nr. 3101 VV-RVG) an, sondern bereits die Terminsgebühr. Sie ist dem Rechtsanwalt unabhängig von dem weiteren Verlauf des Klageverfahrens nicht mehr zu nehmen. Es empfiehlt sich deshalb immer, diese Möglichkeit zur Förderung der Prozessökonomie zu nutzen. Das Gespräch, der Gesprächspartner und der konkrete Inhalt des Gespräches sollten genau dokumentiert werden, um späteren Nachweisproblemen zu begegnen. 53

Der Begriff der **Besprechung** ist dabei nicht zu eng zu bewerten. Im Interesse der Förderung vorzeitiger Erledigung von gerichtlichen Verfahren kann zum Beispiel der Austausch anwaltlicher E-Mails zur Vermeidung oder Erledigung des gerichtlichen Verfahrens einer Besprechung mit derselben Zielrichtung gleichstehen und daher die Terminsgebühr gemäß RVG-VV Nr. 3104 auslösen.[33] 54

Leider erkennen viele Sozialgerichte und Leistungsträger die prozessökonomische Bedeutung der Terminsgebühr nach der Vorbemerkung 3 (3) VV-RVG nicht richtig und versuchen, den Anfall der Gebühr zurückzudrängen. Dies geschieht häufig dadurch, dass der Inhalt der Besprechung in Zweifel gezogen wird. Immer dann, wenn das Gespräch über die reine Sachstandsnachfrage hinausgeht,[34] ist die Terminsgebühr abrechenbar. Der Sachbearbeiter der Gegenseite erinnert sich typischerweise nach dem Abschluss des Verfahrens, das einige Monate oder sogar Jahre gedauert hat, nicht mehr an die Inhalte eines solchen Gespräches. Es muss deshalb der **Einigungsversuch konkret dokumentiert** werden, um sich die Terminsgebühr zu sichern, falls die Voraussetzungen für ihren Anfall im gerichtlichen Verfahren ansonsten nicht vorliegen. Es sollte deshalb ein ausführlicher Vermerk aufgesetzt oder ein Besprechungsbericht an den Mandanten versandt werden. 55

Es empfiehlt sich, in jedem Stadium des Verfahrens mit der Gegenseite Kontakt aufzunehmen, um die vergleichsweise Erledigung der Angelegenheit zu erreichen und die Terminsgebühr zu sichern. 56

Schließlich kann die Gebühr auch als fiktive Terminsgebühr gemäß der Anmerkung zu Nr. 3104 VV-RVG entstehen, wenn für das Verfahren eine mündliche Verhandlung vorgeschrieben ist. Nach der Anmerkung entsteht die Gebühr, wenn die Parteien auf eine vorgeschriebene mündliche Verhandlung verzichten, wenn eine Entscheidung gemäß § 307 ZPO oder 495a ZPO auf Anordnung des Gerichts ohne mündliche Verhandlung ergeht sowie bei dem Abschluss eines schriftlichen Vergleichs. Anders als bei der Abrechnung nach Betragsrahmengebühren gemäß § 3 RVG ist in der Anmer- 57

---

32 OLG Koblenz 18.5.2007 – 14 W 373/07.
33 OLG Koblenz 18.5.2007 – 14 W 373/07.
34 OVG Bremen AGS 2009, 30 ff.

kung zu Nr. 3104 VV-RVG dieser Fall auch ausdrücklich vorgesehen. Weiter kann die fiktive Terminsgebühr auch bei einer Entscheidung durch Gerichtsbeschluss gemäß § 84 Abs. 1 S. 1 VwGO oder gemäß § 105 Abs. 1 SGG durch die Annahme eines Anerkenntnisses vor dem Sozialgericht ausgelöst werden.

3. Eilverfahren und Untätigkeitsklage

58 Nach § 17 Ziff. 4 RVG sind Eilverfahren und Hauptsache **verschiedene Angelegenheiten,** so dass sie getrennt abzurechnen sind, weil das Verfahren des einstweiligen Rechtsschutzes keinen identischen Gegenstand mit dem Hauptsacheverfahren hat. Deshalb erfolgt auch keine Anrechnung und keine Minderung wegen der Vorbefassung.[35]

59 Anders als bei der Abrechnung nach Betragsrahmengebühren gemäß § 3 RVG ist für das Verfahren über **einstweiligen Rechtsschutz** bei Abrechnung gemäß § 2 RVG eine **Festgebühr** vorgesehen, so dass die Minderbewertung der anwaltlichen Tätigkeit gegenüber anderen Verfahren hier nicht erfolgt. Allerdings wird bei Verfahren des einstweiligen Rechtsschutzes in der Regel eine Minderung des Gegenstandswertes vorzunehmen sein.

60 Einen weiteren Sonderfall stellt die **Untätigkeitsklage** dar. Bei ihr besteht kein identischer Gegenstand mit dem Hauptsacheverfahren, weshalb keine Anrechnung und keine Minderung zu erfolgen hat.[36]

61 Bei Erledigung der Untätigkeitsklage durch Erlass des erstrebten Bescheides wird keine Terminsgebühr nach der Anmerkung Ziff. 3 zu Nr. 3104 VV-RVG verdient; ebenso soll es keine Erledigungsgebühr geben.[37]

4. Einigung und Erledigung

62 Im Falle einer Einigung im gerichtlichen Verfahren fällt gemäß Nr. 1003 iVm Nr. 1000 VV-RVG eine Gebühr **1,0 der Wertgebühr** an.

63 Der Gesetzestext fordert hierfür nicht mehr eine besondere Mitwirkung des Rechtsanwalts und auch nicht mehr die persönliche Abgabe der Erklärung durch einen anwaltlichen Schriftsatz oder die Protokollierung durch das Gericht, sondern es reicht eine Mitwirkung am Zustandekommen des Vergleiches.[38] Auch die Entlastungswirkung für die Gerichte ist keine Voraussetzung für das Entstehen der Einigungsgebühr,[39] so dass sie auch dann anfallen kann, wenn später ein Anerkenntnis- oder Versäumnisurteil ergeht.[40]

64 Die Erledigungsgebühr gemäß der Nr. 1003 iVm Nr. 1002 VV-RVG entsteht in derselben Höhe wie die Einigungsgebühr.

---

35 SG Frankfurt/M. 31.7.2006 – S 20 SF 8/06 AY, S 20 AY 9/05 ER; anders, aber falsch: SG Aurich 9.5.2006 – S 25 SF 20/05 AS: Nr. 3203 VV.
36 LSG NRW 5.5.2008 – L 19 B 24/08 AS zur Terminsgebühr Nr. 3106 VV-RVG.
37 LSG NRW 5.5.2008 – L 19 B 24/08 AS.
38 BGH MDR 2009, 293 f.
39 BGH NJW 2009, 234.
40 BGH AGS 2008, 330.

In der Rechtsprechung wird verbreitet gefordert, dass der Rechtsanwalt eine „beson- 65
dere" Mitwirkung erbringen muss, die über das normal im Verfahren Geforderte
hinausgeht. Nach dem Gesetzestext ist keine „besondere" Mitwirkung des Rechtsanwalts[41] gefordert. Die Rechtsprechung ist nicht durch den Wortlaut des Gesetzes gedeckt. Zusätzlich wird für den Anfall der Gebühr die Ursächlichkeit des anwaltlichen
Verhaltens für die Erledigung[42] gefordert.

Eine **besondere Mitwirkung** des Rechtsanwaltes liegt vor, wenn er einen eigenstän- 66
gen Vergleichsvorschlag an das Gericht sendet,[43] wenn er innerhalb oder außerhalb
der Verhandlung auf den Mandanten dahin gehend einwirkt, einen gerichtlichen Vorschlag anzunehmen,[44] wenn der Rechtsanwalt zusätzliche Ermittlungsansätze oder
-ergebnisse präsentiert, zum Beispiel durch die Vorlage von Gutachten betreffend
zivilrechtliche Ansprüche,[45] und auch dann, wenn er durch substanziierten Vortrag
dazu beiträgt, dass die Behörde ein Anerkenntnis abgibt.[46]

Insgesamt ist festzuhalten, dass es sich bei der Erledigungsgebühr um eine auch die 67
Gerichte entlastende Erfolgsgebühr handelt, an die nicht zu hohe Anforderungen
gestellt werden dürfen, um den Gesetzeszweck nicht zu verfehlen.[47]

5. Kosten und Auslagen

Die Höhe der **Dokumentenpauschale** Nr. 7000 VV-RVG wird auch bei Abrechnungen 68
nach Wertgebühren häufig streitig, wenn eine Festsetzung erfolgen soll.

Der Rechtsanwalt hat bei der prospektiv zu fällenden Entscheidung, welche Kopien er 69
im Laufe des Verfahrens tatsächlich benötigen könnte, ein erhebliches **Ermessen**. Die
Kosten für Fotokopien aus Akten sind zu erstatten, wenn ihre Anfertigung geboten war,
weil sie zur Bearbeitung sachgemäß war, und zwar gemessen an der allgemeinen
Verkehrsanschauung im Prozessrechtsverkehr unter Berücksichtigung der Eigenverantwortlichkeit des Rechtsanwalts.[48] Dabei verbietet sich jede kleinliche Handhabung.[49]

Zur Erstattung ist eine **Glaubhaftmachung** erforderlich,[50] die durch Vorlage der 70
Kopien selbst oder durch die Vorlage einer abgezeichneten **Kopieranweisung** des
Rechtsanwalts an sein Personal erfolgen kann.

6. Rechtsmittelverfahren

In den Berufungs- und Revisionsverfahren sowie in den Beschwerdeverfahren ergeben 71
sich keine wesentlichen Unterschiede zu den Gegebenheiten in der ersten Instanz.
Hier handelt es sich um **Festgebühren**, die dem Rechtsanwalt wenig Spielraum zur
Bestimmung der Vergütungshöhe geben. Auf eine eingehende Darstellung wird deshalb verzichtet.

---

41 BSG in ständiger Rechtsprechung, zB 7.11.2006 – B 1 KR 13/06 R.
42 LSG RhPf AGS 2009, 179 (180).
43 OVG RhPf 18.4.2007 – 8 E 10310/07.
44 OVG RhPf 18.4.2007 – 8 E 10310/07.
45 LSG BW 15.12.2006 – L 8 SB 212/06.
46 SG Aachen ASR 2004, 89.
47 SG Aachen ASR 2004, 89.
48 OVG NRW 18.10.2006 – 7 E 1339/05.
49 OVG NRW 18.10.2006 – 7 E 1339/05.
50 LSG Thüringen 23.2.2004 – L 6 B 54/03.

§ 5 Abrechnung bei Beratungshilfe und Prozesskostenhilfe

1   Beratungshilfe und Prozesskostenhilfe sollen den Bedürftigen in den Stand setzen, außergerichtlichen und gerichtlichen Rechtsschutz ebenso in Anspruch nehmen zu können, wie ein vernünftiger Bemittelter es tun würde.[1] Diese Einrichtungen sind deshalb insbesondere ein Ausfluss des Sozialstaatsprinzips gemäß Art. 20 Abs. 1 und Abs. 3 GG und des Gleichheitssatzes gemäß Art. 3 Abs. 1 GG.[2] Anders als in anderen Lebensbereichen werden dem Bedürftigen jedoch nicht die Mittel zur Verfügung gestellt, um sich rechtliche Hilfe beschaffen zu können. Vielmehr wird dem Bedürftigen – quasi als Sachleistung – die Hilfe auf Kosten des Staates unmittelbar geleistet. Dazu bedient sich der Staat der Rechtsanwälte als Leistungserbringer, die dann auch für diese Leistungen ein **Entgelt vom Staat** erhalten.

2   § 48 und § 49 a BRAO verpflichten den Rechtsanwalt zur Übernahme der Mandate bei Beratungshilfe und Prozesskostenhilfe. Zugleich wird dem Rechtsanwalt untersagt, mit dem Mandanten eine Vereinbarung über die Vergütung zu treffen, weil ansonsten die soziale Leistung des Staates nicht zum Tragen kommen könnte. Eine dennoch getroffene Vereinbarung ist nach § 8 BerHG nichtig.

3   Der Rechtsanwalt kann deshalb **mit der Landeskasse abrechnen**. Diese ist zwar ein zögerlicher und oft auch pingeliger Schuldner, aber letztendlich ein zuverlässiger. Dafür sind die Gebühren aber zum Teil so stark beschnitten, dass insbesondere die Übernahme von Beratungshilfe regelmäßig im verfassungsrechtlichen Sinne ein Sonderopfer darstellt. Sie ist der Preis für besondere Rechte und Privilegierungen, die mit der Stellung des Rechtsanwalts als Organ der Rechtspflege einhergehen.

4   Die Voraussetzungen und Ansprüche auf Beratungs- und Prozesskostenhilfe sind wegen der Pflichten des Rechtsanwalts und wegen der Einschränkungen bei den Abrechnungsmöglichkeiten sorgfältig zu prüfen. Das gilt jetzt mehr denn früher, weil die parallel zum 2. KostRMoG beschlossene Änderung des Prozesskosten- und Beratungshilferechts (im Vorfeld Prozesskostenhilfe und Beratungshilfe-Begrenzungsgesetz genannt) erhebliche Erschwerungen im Umgang mit Beratungs- und Prozesskostenhilfe bringt.

I. Beratungshilfe

5   Beratungshilfe ist nur abrechenbar, wenn die Berechtigung des Mandanten durch einen **Berechtigungsschein** festgestellt ist oder wenn nachträgliche Beratungshilfe bewilligt wird.

1. Beratungshilfe bei Vorlage eines Berechtigungsscheins

6   Legt der Mandant bei der Vorsprache einen Berechtigungsschein vor, so steht der Beratungshilfanspruch fest. Die neue gesetzliche Regelung sieht für Anträge, die nach dem 1.1.2014 gestellt werden, keine einheitliche Beratungshilfebewilligung für die

---

1 BVerfG NJW 2009, 209 ff.
2 BVerfG in stRspr seit BVerfGE 9, 124 (130 f.); zuletzt BVerfG 11.5.2009 – 1 BvR 1517/08.

Gesamtangelegenheit mehr vor. Vielmehr wird Beratungshilfe zunächst nur noch für die Beratung bewilligt. Eine Bewilligung auch der Vertretung erfolgt gemäß § 2 Abs. 1 letzter Satz BerHG nur noch, wenn der Rechtssuchende nach der Beratung seine Rechte wegen des Umfangs, der Schwierigkeit oder der Bedeutung nicht selbst wahren kann. Das entspricht der **faktischen Bewilligungspraxis** vieler Gerichte, wie sie auch schon vor der Gesetzesänderung gewesen ist. Allerdings wird nach der Rechtslage bis zum 31.12.2013 Beratungshilfe für die gesamte Angelegenheit bewilligt, wobei erst später die Notwendigkeit der Vertretung überprüft und gegebenenfalls nach erfolgter Tätigkeit des Rechtsanwaltes verneint wird, so dass ein Vergütungsanspruch des Rechtsanwaltes vollständig entfällt, wenn der Mandatsvertrag unter der Bedingung der Bewilligung von Beratungshilfe abgeschlossen wird. Insoweit ist die Klarstellung der Reichweite der Bewilligung eine Verbesserung.

Der Rechtsanwalt kann die Übernahme des Mandates nur noch aus einem **wichtigen Grund** ablehnen. Ein solcher wichtiger Grund kann im Vertrauensverhältnis begründet sein. So ist die Ablehnung zulässig, wenn der Rechtsanwalt weiß, dass der Mandant einen nicht bestehenden Anspruch durchsetzen will, dass der Mandant zur Durchsetzung seines Anspruches unlautere Mittel einsetzen will oder dass die Beratungshilfevoraussetzungen tatsächlich nicht vorliegen sowie in vergleichbaren Fällen. **7**

Ob ein besonders Haftungsrisiko oder gar die Tatsache, dass der Rechtsanwalt eine Leistung auf einem von ihm sonst nicht bearbeiteten oder gar unbekannten Gebiet erbringen soll, einen wichtigen Grund zur Ablehnung des Mandates bieten, ist umstritten. Allerdings kann es nicht sinnvoll sein, wenn der Rechtsanwalt **zur Übernahme eines Mandates gezwungen** wird, obwohl er gerade nicht zur Gleichstellung des Bedürftigen mit dem Bemittelten beitragen kann. Hier besteht eine Grauzone, aber in der Regel kann der Rechtsanwalt durch ein vernünftiges Gespräch den potenziellen Mandanten bewegen, seinen Fall anderwärts bearbeiten zu lassen. **8**

Eine **Vergütungsvereinbarung** abzuschließen, ist dem Rechtsanwalt verboten, wenn Beratungshilfe gewährt wird. Der Abschluss einer **Vereinbarung zur Haftungsbegrenzung** ist dem Rechtsanwalt aber unter denselben Voraussetzungen gestattet, wie sie bei Mandaten von Bemittelten abschließbar wären. Als Vergütung darf der Rechtsanwalt lediglich noch die Beratungshilfegebühr von 10 EUR fordern. **9**

Die Beratungshilfegebühr kann erlassen werden. Das ist in vielen Fällen jedoch nicht sinnvoll. Zwar stellt die Beratungshilfegebühr für den Mandanten eine erhebliche Belastung dar – und sie bringt dem Rechtsanwalt auch keinen nennenswerten Einkommenszuwachs. Aber sie zeigt dem Mandanten klar und deutlich, dass es sich bei dem abzuschließenden Anwaltsvertrag um ein Austauschverhältnis handelt, bei dem Leistung gegen Vergütung erbracht wird. Das ist für einen Teil des Beratungshilfeklientels, der seit langem staatlich alimentiert wird, keine Selbstverständlichkeit mehr. Diese, wenn auch kleine, Gruppe kann ausgesprochen fordernd sein. Das Anspruchsdenken wird durch die Forderung der **Eigenbeteiligung** erfahrungsgemäß in der Regel gezügelt, weil die anwaltliche Leistung aus dem Bereich der Beliebigkeit in den Bereich eines Austauschvertrages gehoben wird. **10**

11 Der Beratungshilfe-Mandant hat im Übrigen dieselben Leistungsansprüche aus dem Anwaltsvertrag wie jeder andere Mandant. Er hat insbesondere dieselben Haftungsansprüche wie jeder andere Mandant.

2. Beratungshilfe ohne Berechtigungsschein

12 Wenn der Mandant ohne Berechtigungsschein erscheint, ist zu unterscheiden, ob ein Mandatsvertrag bereits zu Stande gekommen ist oder nicht.

a) Vorträgliche Beantragung von Beratungshilfe durch den Rechtsanwalt

13 Grundsätzlich kann der Mandant sich bei der Beantragung der Beratungshilfe eines Rechtsanwalts bedienen. Das setzt aber voraus, dass ein Mandatsvertrag noch nicht abgeschlossen worden ist. Nur dann kann vorträglich Beratungshilfe beantragt und ein Berechtigungsschein erteilt werden.

14 Diese Möglichkeit war jedoch zuletzt faktisch nicht mehr gegeben. Die Entscheidungspraxis der Gerichte ging davon aus, dass der Rechtsanwalt das Mandat bereits angenommen und mit der Beratungsleistung begonnen hat, wenn er einen Antrag auf Beratungshilfe stellt. Die Gerichte lehnten dann die Erteilung des Berechtigungsscheines ab, weil die Voraussetzungen dafür nicht mehr gegeben seien, und verwiesen auf die Möglichkeit der nachträglichen Beantragung von Beratungshilfe.

15 Bei vielen Gerichten half die anwaltliche Versicherung, dass der Mandatsvertrag nur unter der Bedingung der Erteilung des Berechtigungsscheines abgeschlossen wurde und eine Beratung noch nicht erfolgt ist, nichts.

16 Faktisch existierte die Möglichkeit der vorträglichen Beantragung von Beratungshilfe durch den Rechtsanwalt an vielen Gerichten nicht mehr. Von der Übernahme der Mandate ohne Vorliegen des Berechtigungsscheins war deshalb **dringend abzuraten**. Nach der neuen Rechtslage ist die Möglichkeit nachträglicher Beratungshilfe nur noch sehr stark eingeschränkt gegeben. Es wird abzuwarten sein, ob die Gerichte an dieser zuletzt gepflogenen Bewilligungspraxis festhalten werden. Falls das der Fall sein sollte, wird in vielen Fällen ein unbemittelter Rechtsuchender faktisch keinen Rechtsrat mehr bekommen können.

b) Nachträgliche Beantragung von Beratungshilfe durch den Rechtsanwalt

17 Ist der **Mandatsvertrag abgeschlossen**, kann nur noch nachträgliche Beratungshilfe beantragt werden. Das bedeutet, dass der Rechtsanwalt das Mandat auf den Verdacht hinführen muss, später eine Beratungshilfevergütung zu erhalten. Der Mandant wiederum läuft Gefahr, später zu erfahren, dass er die anwaltlichen Regelgebühren zahlen muss, wenn die Beratungshilfe nachträglich nicht bewilligt wird. In diesem Fall sieht sich der Rechtsanwalt zumeist dem Einwand ausgesetzt, dass er den Mandanten über diese Folgen der Mandatsbearbeitung nicht aufgeklärt hat und deshalb dem Vergütungsanspruch ein Schadensersatzanspruch in gleicher Höhe entgegensteht, wenn der Mandant vortragen und glaubhaft machen kann, dass er den Mandatsvertrag unter diesen Voraussetzungen nicht abgeschlossen hätte. Nach der neuen Regelung in § 6 Abs. 2 S. 1 BerHG wird zudem Beratungshilfe nur noch dann nachträglich bewilligt, wenn es dem Rechtsuchenden aufgrund besonderer Eilbedürftig-

keit nicht zuzumuten war, vorher bei Gericht einen Berechtigungsschein einzuholen. Im Antragsverfahren für die nachträgliche Bewilligung wird deshalb an erster Stelle die Eilbedürftigkeit glaubhaft zu machen sein.

Gemäß § 3 Abs. 3 BerHG darf der Antrag auf nachträgliche Bewilligung von Bera- 18 tungshilfe nicht mehr nach Abschluss des Mandates gestellt werden, sondern muss spätestens vier Wochen nach Beginn der Beratungshilfetätigkeit gestellt werden. Dabei ist zu beachten, dass auch das Prüfungsverfahren verschärft worden ist. So kann das Gericht neben der Vorlage des (neuen) Antragsformulars, der zugehörigen Belege und der Versicherung, in dieser Angelegenheit noch keine Beratungshilfe erlangt zu haben, auch gemäß § 4 Abs. 4 BerHG verlangen, dass der Rechtssuchende die tatsächlichen Verhältnisse glaubhaft macht, es kann die Abgabe einer eidesstattlichen Versicherung verlangen und es kann darüber hinaus selbst Ermittlungen anstellen. Dabei sind Finanzbehörden, Arbeitgeber, Sozialleistungsträger, Träger sonstiger Altersversorgungen, Versicherungsunternehmen und ähnliche Stellen zur Auskunftserteilung verpflichtet worden.

Weiter kann das Gericht dem Rechtsuchenden Fragen stellen und zur Beantwortung 19 und zur Glaubhaftmachung **Fristen** setzen. Bei Fristsäumnis lehnt das Gericht gemäß § 3 Abs. 5 BerHG die Bewilligung ab. Im Gegenzug wird der Beratungsperson durch § 4 Abs. 6 BerHG ein Anspruch gegen den Rechtsuchenden auf Vorlage von Belegen und Erklärungen über die tatsächlichen Verhältnisse eingeräumt. Faktisch wird das kaum helfen.

Wie – und mit welchem völlig unverhältnismäßigen Aufwand – diese Überprüfungs- 20 möglichkeiten praktiziert werden sollen, wird sich zeigen müssen. Es bleibt zu erwarten, dass die Bewilligung nicht mehr mit der erforderlichen Schnelligkeit erfolgen wird, so dass entweder die Belange des Rechtsuchenden oder aber des vorträglich Leistungen erbringenden Rechtsanwaltes auf der Strecke bleiben werden. Es bleibt bei der **Unsicherheit über die Beratungshilfeberechtigung**.

Hinzu kommt, dass schon jetzt viele Rechtspfleger eine **Zermürbungstaktik** pflegen, 21 um Rechtsanwälte zu entmutigen und damit die Landeskasse zu schonen. So wird der Antrag auf nachträgliche Beratungshilfe häufig zu einem Spießrutenlauf, der sich in einem Schriftverkehr manifestiert, der den Umfang der Hauptsache häufig deutlich übersteigt. Zunächst wird nämlich angenommen, es handele sich bei der Bearbeitung nicht um eine rechtliche Beratung, sondern um allgemeine Lebenshilfe. Der Rechtsanwalt muss also darlegen, welche rechtlichen Bezüge im „allgemeinen Leben" steckten. Danach wird darauf verwiesen, dass die Beratungsleistung auch nach den §§ 13 ff. SGB I von den Sozialbehörden hätten erbracht werden können. Der Rechtsanwalt muss nunmehr darlegen, dass diese Beratungsversuche gescheitert sind oder die Beratungen dort falsch waren. Sodann wird eingewandt, dass der Mandant doch auch eine Pflicht habe, sich selbst um seine Sachen zu bemühen. Es muss dann dargelegt werden, warum das nicht möglich war. Es folgt dann der Einwand, dass Belege nicht ausreichend oder nicht zeitpassend seien etc Das Spiel lässt sich nahezu unendlich fortsetzen.

22 Dass das alles Verschwendung staatlicher Ressourcen durch die Gerichte ist, ändert nichts daran, dass es heute allgemein üblich ist. Da die Rechtspfleger bei der Bearbeitung ähnlich unabhängig sind wie ein Richter, lässt sich hieran außer durch den Gesetzgeber nichts ändern. Der Vorstoß von Nordrhein-Westfalen zur Verschärfung des Beratungshilferechts zeigt jedoch, dass die Politik kaum zur Abhilfe bereit sein wird. Angesichts der neuen Möglichkeiten wird sich die Bewilligungspraxis verschärfen.

c) Vorträgliche Beantragung des Berechtigungsscheins durch den Mandanten

23 Diese Verfahrensweise ist nicht nur für die Justiz unwirtschaftlich; sie ist es besonders auch für den Rechtsanwalt. Niemand kann sich auf Dauer solche Auseinandersetzungen leisten. Und niemand kann sich leisten, dauerhaft Beratungshilfe zu gewähren, ohne wenigstens die marginalen Gebühren für Beratungshilfe zu erhalten.

24 Der Rechtsanwalt hat es – von Fällen der Dringlichkeit abgesehen – in der Hand, Beratungshilfeleistungen nur zu erbringen, wenn die **Voraussetzungen** dazu **sicher gegeben** sind. Das ist dann der Fall, wenn sowohl der Berechtigungsschein vorliegt, als auch die Beratungshilfegebühr Nr. 2500 VV-RVG gezahlt ist.

25 Das kann sichergestellt werden, indem bei der Terminsvergabe oder bei der Vorsprache eines Mandanten durch das Personal des Rechtsanwalts erfragt wird, ob Beratungshilfe in Anspruch genommen werden soll. Ist das der Fall, ist dem Mandanten die Möglichkeit der Beantragung des Berechtigungsscheines zu erläutern. Zugleich sollte der Mandant darauf hingewiesen werden, dass er nur bei Erhalt des Berechtigungsscheines sicher gehen kann, auch tatsächlich keine weiteren Kosten tragen zu müssen, und dass er bei Vorlage aller erforderlichen Belege einen Anspruch auf Prüfung und Erteilung des Berechtigungsscheines durch die Rechtsantragstelle des örtlich zuständigen Amtsgerichtes hat.

26 Viele Anwaltsvereine haben entsprechende **Merkblätter** entwickelt, die dem Mandanten ausgehändigt werden können.

d) Nachträgliche Änderungen

27 Bisher war die Bewilligung von Beratungshilfe endgültig. Nach der neuen Rechtslage steht die Bewilligung unter der ständigen Überprüfung. Zunächst kann das Gericht selbst die Bewilligung gemäß § 6 a Abs. 1 BerHG aufheben, wenn die Voraussetzungen anfänglich nicht vorgelegen haben und seit der Bewilligung noch kein Jahr vergangen ist. Darüber hinaus besteht gemäß § 7 BerHG eine Erinnerungsmöglichkeit der Staatskasse gegen die Beratungshilfebewilligung. Hierfür gilt eine Frist von drei Monaten. Es handelt sich um die Einräumung einer Stichprobenprüfung, weil die Gerichte die Bewilligungsbeschlüsse nicht von Amts wegen der Staatskasse bekanntmachen müssen.

28 Schließlich kann die Beratungsperson gemäß § 6 a Abs. 2 BerHG die Aufhebung der Bewilligung beantragen, wenn der Rechtsuchende durch die Beratungshilfe nachträglich bereichert worden ist. Voraussetzung hierfür ist, dass keine Beratungshilfeliquidation erfolgt ist und dass der Rechtsuchende vor Abschluss des Mandatsvertrages auf diese Möglichkeit und die daraus entstehenden Folgen in Textform hingewiesen

hat. Folge der Aufhebung der Bewilligung von Beratungshilfe ist zunächst, dass gemäß § 8 a Abs. 3 BerHG ein Rückzahlungsanspruch der Staatskasse gegen den Rechtsuchenden begründet wird. Die Beratungsperson behält nach der Aufhebung der Bewilligung gemäß § 8 a Abs. 1 BerHG ihren Liquidationsanspruch gegen die Staatskasse, solange ihr die fehlende Beratungshilfeberechtigung nicht bekannt war oder sie ihr nicht wegen grober Fahrlässigkeit unbekannt war. Alternativ kann die Beratungsperson gemäß § 8 a Abs. 2 BerHG von dem Rechtsuchenden die Regelvergütung verlangen, wenn sie auf die Liquidation gegenüber der Staatskasse verzichtet und erhaltene Zahlungen an diese zurückzahlt. Voraussetzung dafür ist ebenfalls wieder, dass der Rechtsuchende vor Abschluss des Mandatsvertrages auf diese Möglichkeit hingewiesen worden ist.

3. Voraussetzungen der Beratungshilfe

Beratungshilfe erhält gemäß § 1 BerHG, wer die erforderlichen Mittel nach seinen persönlichen und wirtschaftlichen Verhältnissen nicht aufbringen kann, sofern ihm nicht andere zumutbare Hilfemöglichkeiten zur Verfügung stehen und wenn die Wahrnehmung seiner Rechte nicht mutwillig ist. So kurz diese Regelung ist, so viele Zweifelsfragen ergeben sich aus ihr. 29

Unproblematisch ist zumeist die Prüfung der **wirtschaftlichen Verhältnisse** des Mandanten. Sie sind zu belegen. Soweit bereits ein Anspruch auf Sozialleistungen nach SGB XII durch die zuständige Behörde oder den zuständigen Leistungsträger festgestellt worden ist, reicht der diesbezügliche Bescheid als Nachweis aus, wenn nicht das Gericht weitere Informationen für erforderlich hält. Der Nachweis von Leistungen nach dem SGB II reicht hingegen nicht aus. 30

Ein wesentlicher Punkt der neuen gesetzlichen Regeln ist die Neufassung der Mutwilligkeit in § 1 Abs. 3 BerHG. Danach liegt eine mutwillige Inanspruchnahme von Beratungshilfe vor, wenn ein begüterter Rechtsuchender bei verständiger Würdigung aller Umstände davon absehen würde, sich auf eigene Kosten rechtlich beraten oder vertreten zu lassen. Das wird insbesondere in Betracht kommen, wenn eine Kostenerstattung durch die Gegenseite ausgeschlossen ist. Allerdings ist bei dieser Bewertung auf die individuellen Kenntnisse und Fähigkeiten des Rechtsuchenden und auf seine besondere wirtschaftlich Lage abzustellen. 31

Problematisch ist hingegen die Frage der **Inanspruchnahme zumutbarer Hilfen**.[3] Nach den §§ 13 bis 15 SGB I hat der Bürger Anspruch auf umfassende Beratung und Hilfestellung. Jeder Praktiker weiß aus eigener Anschauung, dass diese Hilfemöglichkeiten zumeist Makulatur sind. Faktisch ist zwar jede Stelle der Sozialversicherung zu umfassender Beratung verpflichtet, aber dazu nicht in der Lage. Für eine Beratung ausreichende Kenntnisse hat die Behörde oder der Leistungsträger nur in dem von ihm bearbeiteten Leistungsausschnitt. Die Beratungspflicht wird bei positiven und negativen Kompetenzstreiten ebenso wenig erfüllt wie bei der Beratung über alternative Ansprüche. 32

---

3 Die gesetzliche Verweisung ist verfassungsrechtlich unbedenklich: BVerfG NJW 2009, 210.

33 Sachlich geht die Verweisung gemäß § 1 Abs. 1 Ziff. 2 BerHG auf die §§ 13 ff. SGB I deshalb zumeist fehl. Die Rechtsantragstellen machen dennoch von dem Verweisungsrecht umfänglich Gebrauch. Häufig aber zu Unrecht.

34 Die Verweisung auf die Behörde ist dann unzumutbar, wenn sich das Begehren gerade gegen die Behörde richtet.[4] Es kann unzumutbar sein, den Rechtsuchenden an die Beratung durch die Stelle zu verweisen, mit der er sich auseinandersetzen muss. Das gilt im Regelfall aber nicht notwendig schon bei der ersten Auskunft.[5]

35 Jedenfalls kann dem Rechtsuchenden nicht zugemutet werden, zunächst kostenlos selbst Widerspruch gegen eine Entscheidung einzulegen und dabei die Beratung derjenigen Behörde in Anspruch zu nehmen, die den angefochtenen Bescheid erlassen hatte.[6]

36 Das **Bundesverfassungsgericht** orientiert sich bei der Frage der Zumutbarkeit der Verweisung zugleich auch an der Kostenerstattungsvorschrift des § 63 SGB X. Danach erfolgt eine Kostenerstattung für eine anwaltliche Vertretung erst im Widerspruchsverfahren. Das Bundesverfassungsgericht geht deshalb davon aus, dass sich ein bemittelter Betroffener jedenfalls im Widerspruchsverfahren anwaltlicher Hilfe bedienen würde.[7]

37 Ob daraus geschlossen werden kann, dass die **Zumutbarkeit** in den vorangehenden Verfahrensstadien eher begründet werden kann, muss bezweifelt werden. Die Rechtsantragstellen verweisen zum Beispiel regelmäßig darauf, dass im Anhörungsverfahren keine Prozesskostenhilfe zu bewilligen sei, da es in diesem Verfahrensstadium nur um die Feststellung von Tatsachen gehe und eine rechtliche Hilfe nicht erforderlich sei. Das ist grundfalsch. Die Angaben des Betroffenen im Anhörungsverfahren werden zum Beispiel bei der Inanspruchnahme einer Zuvielleistung die Grundlage von eventuellen Rückforderungsansprüchen, von Bußgeldverfahren oder sogar von der Einleitung eines Strafverfahrens. Der Betroffene hat in der Regel keine Kenntnis der Voraussetzungen solcher Maßnahmen und von den Folgen seiner Angaben. Zudem weiß er in der Regel gar nicht, welche Angaben wichtig sein können, welche Angaben er machen muss und welche nicht. Dass er Schweigerechte im Hinblick auf straf- oder bußgeldrechtliche Maßnahmen haben kann, weiß er ebenfalls nicht. Von unvollständigen oder fahrlässig falschen Angaben kommt der Betroffene im weiteren Verfahrensverlauf nicht mehr ab. Ein vernünftiger bemittelter Rechtsuchender würde deshalb gerade in dem Falle einer Anhörung von seinem Recht auf anwaltliche Beratung Gebrauch machen.

38 Zwar hat das Bundesverfassungsgericht eine **Verfassungsbeschwerde gegen die Versagung von Beratungshilfe** im Anhörungsverfahren nicht zur Entscheidung angenommen. Das Bundesverfassungsgericht hat jedoch klargestellt, dass die Beschwerde keine ausreichenden Ausführungen dazu enthalten habe, warum für den Rechtsuchenden im konkreten Fall eine Unzumutbarkeit der unmittelbaren Kontaktaufnahme

---

4 AG Köln 9.8.2007 – 354 UR II 611/07.
5 BVerfG 12.6.2007 – 1 BvR 1014/07, Rn. 10.
6 BVerfG 11.5.2009 – 1 BvR 1517/08 Rn. 26.
7 BVerfG 11.5.1009 – 1 BvR 1517/98, Rn. 30.

mit der Behörde gegeben gewesen war.[8] Deshalb kann der Entscheidung nicht entnommen werden, dass Beratungshilfe im Anhörungsverfahren grundsätzlich nicht gewährt werden muss.

Zu berücksichtigen ist weiter, dass das Sozialrecht eine **Spezialmaterie** ist, die nicht nur der rechtsunkundigen Partei, sondern selbst ausgebildeten Juristen Schwierigkeiten bereitet.[9]

Gemäß § 1 Abs. 1 Ziff. 2 BerHG kann auch an andere Stellen, zum Beispiel **freie Beratungsstellen**, verwiesen werden. Praktisch werden hier die Verweisungen an Arbeitslosenhilfeinitiativen oder an Insolvenzberatungsstellen. Nachdem der Gesetzgeber (endlich) die Beratungshilfevergütung für Insolvenzberatungen ein wenig angemessener ausgestaltet hat, wird durch die Rechtsantragstellen grundsätzlich nur noch an Dritte verwiesen.

Diese Stellen sind jedoch in der Regel nur geeignet, allgemeine Lebensberatung zu leisten, nicht aber Rechtsberatung.

Dabei ist bei den **Arbeitslosenhilfeinitiativen** zumeist gar nicht gesichert, dass ein ausreichender Sachverstand über ein ungesundes Halbwissen hinaus besteht. Bei den Insolvenzberatungen geben die zumeist kirchlichen oder sonstigen sozialen Träger unter der Hand zu, dass es keine ausreichenden Kapazitäten und deshalb erhebliche Wartezeiten gibt.

Die **karitativen Träger** sind in Beratungshilfesachen zumeist so überlastet, dass sie die Rechtsuchenden an ihnen bekannte Rechtsanwälte verweisen, die nicht sofort wegen der Beratungshilfe abwinken. Faktisch ist die Verweisung an Dritte höchst problematisch.

Deshalb kann für den außergerichtlichen Einigungsversuch in der Verbraucherinsolvenz nicht ohne Weiteres eine Verweisung an dritte Stellen erfolgen.[10]

Schließlich darf nicht vergessen werden, dass die **ordnungsgemäße Erfüllung der Aufgabe der Gewährung von Beratungshilfe** nur bei Rechtsanwälten gewährleistet ist, weil diese allein die Gewähr dafür bieten, über entsprechendes Fachwissen zu verfügen, und nur diese zudem den besonderen anwaltlichen Pflichtbindungen in Bezug auf Unabhängigkeit, Verschwiegenheit und Neutralität unterliegen.[11]

Und zu guter Letzt wird regelmäßig vergessen, dass nur der Rechtsanwalt persönlich für seine Beratungsleistungen haftet und diese Haftung zum Schutz des Mandanten mit der Versicherungspflicht sichergestellt wird. Hierin liegt eine erhebliche Schlechterstellung des weniger Bemittelten gegenüber dem bemittelten Rechtsuchenden.

§ 2 BerHG sieht in der neuen Fassung keine Beschränkung der Beratungshilfe auf einen Katalog von **Rechtsgebieten** mehr vor. Der Bürger hat Anspruch auf Gleichstellung in allen gesellschaftlichen Bezügen. Deshalb hatte das Bundesverfassungsgericht

39

40

41

42

43

44

45

---

8 BVerfG 30.6.2009 – 1 BvR 470/09 Rn. 13.
9 BT-Drs. 12/7009, 6; BVerfG 11.5.2009 – 1 BvR 1517/08 Rn. 31.
10 AG Kaiserslautern 20.6.2007 – 1 UR II 498/07; AG Stendal 15.9.2007 – 64 UR (T) I 1367/06, aber nur bei besonderem Vortrag zur rechtlichen Schwierigkeit.
11 BVerfG 4.12.2006 – BvR 1198/06 Rn. 14.

festgestellt, dass Beratungshilfe auch bei Angelegenheiten der steuerlichen Kindergeldbestimmungen zu leisten sei.[12] Dieser Entscheidung hat der Gesetzgeber des 2. KostRMoG Rechnung getragen. Im Gegenzug ist der Katalog der Leistungserbringer durch § 3 Abs. 1 BerHG erweitert worden. Neben Rechtsanwälten und Rechtsbeiständen sind im Rahmen ihrer jeweiligen Rechtsberatungsbefugnis auch Steuerberater, Steuerbevollmächtigte, Wirtschaftsprüfer, vereidigte Buchprüfer und Rentenberater zur Leistung von Beratungshilfe berechtigt. Ihre Vergütung richtet sich dabei nach dem RVG.

46 Gegen die Verweigerung von Beratungshilfe dem Grunde nach ist gemäß § 6 BerHG nur das Rechtsmittel der Erinnerung statthaft, weitere Rechtsmittel sind nicht gegeben.

4. Beratungshilfeabrechnung

47 Die Beratungshilfegebühren sind in den Nr. 2501 bis 2508 VV-RVG beschrieben. Es handelt sich um **Festgebühren**, so dass eine weitere Darstellung der Tatbestände nicht erforderlich ist.

48 Bei der Abrechnung ist jedoch **§ 15 RVG** zu beachten. Danach ist nicht nur geboten, in einer Angelegenheit einheitlich abzurechnen; es ergibt sich aus der Vorschrift auch, dass verschiedene Angelegenheiten getrennt abzurechnen sind. Die Rechtspfleger gehen häufig davon aus, dass die Erteilung des Berechtigungsscheins die Angelegenheit ausweist, so dass je Berechtigungsschein nur einmal abgerechnet werden dürfte. Deshalb wird häufig versucht, möglichst viele Angelegenheiten in einem Berechtigungsschein zu bündeln.

49 Das ist jedoch nicht richtig. Der Begriff der Angelegenheit ist in Beratungshilfesachen derselbe wie im allgemeinen Vergütungsrecht (→ § 2 Rn. 14 ff.). Es ist mit dem Berechtigungsschein lediglich abgegrenzt, welchen Auftrag (→ § 2 Rn. 10 ff.) der Rechtsanwalt auf Kosten der Landeskasse bearbeiten soll. Da es also keinen eigenen Begriff der Angelegenheit bei Beratungshilfe gibt, muss der Rechtsanwalt bei der Abrechnung mittels der allgemeinen Kriterien feststellen, welche Angelegenheit oder welche Angelegenheiten er bearbeitet hat. Hat er mehrere Angelegenheiten bearbeitet, ist er nicht nur berechtigt, sondern er muss **gesonderte Liquidationen trotz nur eines Berechtigungsscheines** erstellen und zur Festsetzung einreichen.[13]

50 Auch die sonstigen allgemeinen Vorschriften und Gebühren sind bei der Abrechnung von Beratungshilfe zu beachten. So ist zum Beispiel die **Mehrvertretungsgebühr** bei der Vertretung mehrerer Auftraggeber in Ansatz zu bringen. Das gilt zum Beispiel bei der Vertretung einer Bedarfsgemeinschaft im Widerspruchsverfahren. Dass der Berechtigungsschein nur auf den Haushaltungsvorstand ausgestellt ist, schadet dabei nicht. Der angefochtene Bescheid wird in der Regel ebenfalls nur an den Haushaltungsvorstand adressiert, richtet sich aber an alle Mitglieder der Bedarfsgemeinschaft, da jedes dieser Mitglieder einen eigenen Anspruch auf Leistungen hat. Des-

---

12 BVerfG NJW 2009, 209 ff.
13 OLG Düsseldorf AnwBl. 2009, 69.

halb ist nach der Nr. 1008 VV-RVG auch die Geschäftsgebühr Nr. 2603 VV-RVG je weiterem Auftraggeber um 30 % zu erhöhen.[14]

Die Beratungsgebühr Nr. 2501 VV-RVG wird gemäß Nr. § 1008 Abs. 10-RVG jedoch nicht erhöht, weil diese sich nur auf die Betriebsgebühren richtet.

Die **Pauschale für Post- und Telekommunikationsdienstleistungsentgelte** richtet sich 51 nach der fiktiven gesetzlichen Wahlanwaltsgebühr und nicht nach den Beratungshilfegebühren. Das ist aus der Vorbemerkung 7 (1) S. 2 VV-RVG zu folgern.[15] Danach hat der Rechtsanwalt aufgrund der Vorschriften des Auftragsrechts, auf die verwiesen wird, Anspruch auf einen reellen und ungekürzten Ersatz der angefallenen Kosten und Auslagen.

Schließlich sind die Beratungshilfegebühren nicht auf gerichtliche Gebühren anzu- 52 rechnen, wenn der Gegenstand der Beratungshilfe ein behördliches Verfahren war.[16]

Gegen die fehlerhafte Festsetzung ist die **Erinnerung** statthaft. Im Falle der Nichtab- 53 hilfe hat gemäß § 56 RVG iVm § 4 Abs. 1 BerHG das örtlich zuständige Amtsgericht zu entscheiden. Die sofortige Beschwerde gemäß § 56 Abs. 2 RVG iVm § 33 Abs. 3 RVG ist zulässig, sofern der Beschwerdewert über 200 EUR liegt oder sie wegen der besonderen Bedeutung zugelassen wurde. Über sie entscheidet der Einzelrichter am Landgericht. Eine weitere Beschwerde ist gemäß § 56 Abs. 2 RVG iVm § 33 Abs. 6 RVG nur im Falle der Zulassung durch das Landgericht zulässig.

Ergibt sich aus der Beratung ein Erstattungsanspruch gegen einen Dritten (zB nach § 63 SGB X), so entsteht gemäß § 9 Abs. 2 iVm § 8 Abs. 2 BerHG der Vergütungsanspruch in der Person des Rechtsanwalts. Der Anspruch ist deshalb im eigenen Namen geltend zu machen. Damit sind auch Aufrechnungen des Erstattungsverpflichteten gegen den Anspruch von vorne herein ausgeschlossen.

II. Prozesskostenhilfe

Die Bewilligung von Prozesskostenhilfe setzt gemäß den §§ 114 ff. ZPO voraus, dass 54 der Antragsteller nicht in der Lage ist, die Kosten seiner gerichtlichen Rechtsverfolgung ganz oder teilweise selbst aufzubringen. Weiter ist Voraussetzung, dass der Antrag Aussicht auf Erfolg bietet und nicht willkürlich ist. Hinzu gekommen ist, dass die Prozessführung nicht mutwillig sein darf.

Die Abrechnung über Prozesskostenhilfe ist möglich, wenn die **Beiordnung durch Be-** 55 **schluss angeordnet** worden ist. Die Beiordnung muss beantragt werden. Dabei sind die wirtschaftlichen Verhältnisse des Antragstellers zu belegen. Liegt ein Leistungsbescheid über Leistungen nach dem SGB II oder SGB XII vor, erübrigen sich weitere Angaben, weil die bewilligende Behörde die Bedürftigkeitsprüfung bereits vorgenommen hat. Es reicht die Beifügung des Bewilligungsbescheides. Überhaupt ist jede Förmelei bei der Antragstellung zu vermeiden. Deshalb sind unvollständige Angaben in der Er-

---

14 LG Kleve 28.10.2005 – 4 T 340/05; KG 3.5.2007 – 1 W 407/06; LSG Mecklenburg-Vorpommern AGS 2008, 286.
15 AG Köln 28.6.2005 – 363 UR II 1905/04; AG Siegburg AGS 2008, 298; OLG Nürnberg 7.11.2006 – 5 W 1943/06; äußerst streitig.
16 LSG NRW 18.3.2008 – L 1 B 21/07 AL; streitig auch innerhalb der Senate.

klärung über die persönlichen und wirtschaftlichen Verhältnisse des Antragstellers dann unschädlich, wenn sich die Sachlage aus den Belegen erklärt.[17]

56 Allerdings sind die **Prüfungsmöglichkeiten des Gerichts** wesentlich erweitert worden. So kann das Gericht nach § 118 Abs. 2 bis 4 ZPO eine weitere Glaubhaftmachung und die Abgabe einer eidesstattlichen Versicherung des Rechtsuchenden verlangen und eigene Ermittlungen bis hin zur Beweisaufnahme über die persönlichen und wirtschaftlichen Verhältnisse des Antragstellers anstellen. Dabei sind Finanzämter, Arbeitgeber, Sozialleistungsträger, sonstige Träger der Altersvorsorge und Versicherungsunternehmen zur Auskunftserteilung verpflichtet. Auch kann das Gericht dem Antragteller Fristen zur Bewirkung von Erklärungen oder zur Glaubhaftmachung setzen und nach deren Ablauf die Bewilligung ablehnen.

57 Hinsichtlich der **Bedürftigkeitsprüfung und der Freigrenzen** beim Einkommen und Vermögen wird jetzt nur auf die Höhe der Leistungen nach dem SGB XII abgestellt. Bei einem Einkommen über diesen Grenzen kommt eine Bewilligung auf Ratenzahlungsbasis in Betracht. Die Raten sind nicht mehr einer Tabelle zu entnehmen, sondern in Höhe von ½ des über den Grundsicherungsbeträgen liegenden Einkommens geschuldet.

58 Die Beiordnung des Rechtsanwaltes kann **beschränkt** werden, zum Beispiel auf eine Bewilligung zu den Bedingungen eines ortsansässigen Rechtsanwaltes. Das muss aber ausdrücklich im Beschluss klargestellt werden,[18] es sei denn, der Rechtsanwalt hätte sich mit der Beschränkung zuvor einverstanden erklärt.[19]

59 Über die **Bewilligung von Prozesskostenhilfe** ist sofort zu entscheiden. So ist es dem Rechtsanwalt nicht zuzumuten, umfangreiche Leistungen auf die Gefahr hin zu erbringen, kein Entgelt dafür erzielen zu können; ebenso ist es der Partei nicht zuzumuten, diese Leistungen auf die Gefahr hin in Anspruch zu nehmen und sie regulär entgelten zu müssen.[20] Das Bestehenlassen dieser Unsicherheit widerspricht dem verfassungsmäßigen Grundsatz der Gleichstellung bemittelter und unbemittelter Rechtsuchender. Denn bei einer solchen Verfahrensweise würde der Rechtsuchende unnötig von der Wahrnehmung seiner Rechte abgehalten. Besonders betroffen wird der Bevollmächtigte des Antragstellers im Falle des zwischenzeitlichen Versterbens des Antragstellers. Prozesskostenhilfe zugunsten eines Verstorbenen gibt es auch dann nicht, wenn sie bei ordnungsgemäßer und zügiger Bearbeitung gewährt worden wäre.[21]

Deshalb verbietet sich sowohl eine vorweggenommene Beweiswürdigung bei Entscheidung über die Prozesskostenhilfe als auch eine häufig praktizierte Verlagerung der Beweisaufnahme ins Prozesskostenhilfe-Prüfungsverfahren.[22]

---

17 LAG Köln 18.8.2003 – 8 Ta 209/03.
18 OLG Oldenburg 16.10.2003 – 12 WF 100/03; LAG ST 1.10.2003 – 5 Ta 260/03.
19 KG 21.4.2004 – 24 W 28/04.
20 VGH München NJW 2005, 1677.
21 OLG Oldenburg MDR 2010, 462, f.
22 BVerfG 3.6.2003 – 1 BvR 135/02.

Spätestens wenn das Gericht durch die Einholung mehrerer Befundberichte bereits 60
in die **Beweisaufnahme** eingetreten ist, ist eine hinreichende Aussicht auf Erfolg anzunehmen.[23]

Auch dann, wenn die Erfolgsaussichten eines Antrages von der persönlichen Anhörung des Betroffenen im Termin abhängen, ist aus diesem Grunde Prozesskostenhilfe zu gewähren.[24]

Der im sozialgerichtlichen Verfahren geltende **Amtsermittlungsgrundsatz** rechtfertigt nicht die generelle Ablehnung von Prozesskostenhilfe. Der Garantie eines effektiven Rechtschutzes widerspricht es anzunehmen, das Ungleichgewicht zwischen rechts- und sachkundig vertretener Behörde und der anderen Prozesspartei werde durch den prozessualen Amtsermittlungsgrundsatz des § 103 SGG ausgeglichen.[25]

Die Tatsache, dass der Ausgang eines Rechtsstreites von der Einholung von **Gutach-** 61
ten abhängt, auf die der Rechtsanwalt keinen Einfluss nehmen könnte, kann nicht zur Versagung von Prozesskostenhilfe führen.[26] Zudem ist die Auswertung der im Amtsermittlungsgrundsatz erhobenen Beweise, insbesondere Gutachten im Hinblick auf rechtliche Folgen, dem Laien nicht in gleicher Weise möglich wie der Behörde, so dass die Beauftragung eines Rechtsanwalts vernünftig ist.[27] Dabei darf Prozesskostenhilfe nach § 114 Abs. 2 ZPO nicht mutwillig in Anspruch genommen werden. **Mutwilligkeit** liegt vor, wenn ein begüterter Rechtsuchender bei Verständiger Würdigung aller Umstände trotz bestehender Erfolgsaussicht auf die Rechtsverfolgung oder Rechtsverteidigung verzichten würde.

Auch ist die Prozesskostenhilfe nicht länger unbeschränkt bewilligt. Gemäß § 124 62
Abs. 2 ZPO kann das Gericht die Bewilligung von Prozesskostenhilfe insoweit aufheben, als eine beantragte Beweiserhebung nachträglich keine hinreichende Erfolgsaussicht bietet oder mutwillig erscheint. Die Prozesskostenhilfe soll darüber hinaus der **ständigen Überprüfung** unterliegen. Bisher wurde eine Überprüfung im laufenden Verfahren nicht durchgeführt. Jetzt ist in § 120 a ZPO vorgesehen, dass die Entscheidung über die Bewilligung geändert werden soll, wenn sich die wirtschaftlichen Verhältnisse der Partei geändert haben. Dabei ist sowohl die Partei verpflichtet, jede wesentliche Änderung (eine solche Änderung liegt bei einem nicht nur einmaligen Mehreinkommen von 100 EUR brutto vor) von sich aus mitzuteilen, als auch das Gericht berechtigt, diesbezüglich jederzeit eine Überprüfung durchzuführen. Über diese Verpflichtung ist die Partei durch den beigeordneten Rechtsanwalt aufzuklären.

Zudem wird geklärt, dass Prozesskostenhilfe vom Grundsatz her ein **vorläufig zinslo-** 63
ses Darlehen des Staates darstellt.[28] Deshalb ist in § 120 a Abs. 3 ZPO vorgesehen, dass das durch den Rechtsstreit Erlangte für die Rückzahlung der Prozesskostenhilfe heranzuziehen ist. Hierüber wird der beigeordnete Rechtsanwalt aufzuklären haben. Ungeklärt ist, welche Pflichten den Rechtsanwalt bei Zahlung des Gegners über sein

---

23 LSG BW, ASR 2004, 149.
24 LSG HE ASR 2005, 45.
25 LSG BW ASR 2004, 149.
26 BVerfG 22.6.2007 – 1 BvR 681/07.
27 BVerfG 6.5.2009 – 1 BvR 439/08.
28 BT-Drs. 17/11472, 30.

Konto treffen. Jedenfalls wird eine Auszahlung an die Partei eine Belehrung über die Rückzahlungspflicht erfordern. Für die Prüfung der persönlichen und wirtschaftlichen Verhältnisse gelten alle Vorschriften über Mitwirkungspflichten und Ermittlungsmöglichkeiten gemäß § 118 Abs. 2 bis 4 ZPO.

64   Die Prozesskostenhilfevergütung entspricht in den nach Betragsrahmengebühren gemäß § 3 RVG abzurechnenden Angelegenheiten der **Wahlanwaltsvergütung.**

65   In den nach Wertgebühren gemäß § 2 RVG abzurechnenden Angelegenheiten entsprechen die Gebührentatbestände ebenfalls denen der Wahlanwaltsvergütung; allerdings sind sie nur bis zum Streitwert bis 5.000 EUR gleich hoch. Im Bereich eines Streitwertes von 5.000 EUR bis 50.000 EUR steigen die Gebühren bei Prozesskostenhilfe stärker degressiv als bei der allgemeinen Abrechnung. Bei einem Streitwert von 50.000 EUR werden die Gebühren gekappt, steigen also nicht weiter, wenn der Streitwert steigt.

66   Dem Rechtsanwalt ist durch § 16 Abs. 2 BORA verboten, nach Bewilligung von Prozesskostenhilfe mit dem Mandanten **Vergütungsvereinbarungen** abzuschließen. Angesichts des Auseinanderklaffens von Streitwert und Vergütung bei Streitwerten von über 30.000 EUR sowie bei Angelegenheiten mit hohem Haftungsrisiko (zum Beispiel bei Rentenangelegenheiten) sollte jedoch eine zulässige Vereinbarung über die Haftungsbeschränkung abgeschlossen werden.

67   Gegen die Verweigerung von Prozesskostenhilfe ist gemäß § 127 Abs. 2 S. 2 ZPO die **Beschwerde zum Landessozialgericht** gegeben.

68   Die im Rahmen der Prozesskostenhilfe verdienten Gebühren werden auf Antrag des Rechtsanwalts gemäß § 55 Abs. 1 RVG vom Urkundsbeamten der Geschäftsstelle festgesetzt. Gegen die **Festsetzung** ist das Rechtsmittel der **Erinnerung** gegeben. Im Falle der Nichtabhilfe hat gemäß § 56 Abs. 1 RVG das Gericht zu entscheiden, vor dem der Rechtsstreit geführt wurde. Die sofortige Beschwerde gemäß § 56 Abs. 2 RVG iVm § 33 Abs. 3 RVG ist zulässig, sofern der Beschwerdewert über 200 EUR liegt oder sie wegen der besonderen Bedeutung zugelassen wurde. Über sie entscheidet der Einzelrichter am Landessozialgericht. Eine weitere Beschwerde ist gemäß § 56 Abs. 2 RVG iVm § 33 Abs. 6 RVG nur im Falle der Zulassung durch das Landessozialgericht zulässig.

Soweit der Verfahrensgegner erstattungspflichtig ist, entstehen die Gebührenansprüche gemäß § 126 ZPO in der Person des Rechtsanwalts. Er hat die Festsetzung daher im eigenen Namen zu beantragen. Damit sind auch Aufrechnungen mit eigenen Forderungen des Verfahrensgegners gegen den Erstattungsanspruch ausgeschlossen.

III. Prozesskostenhilfeantragsgebühren

69   Das Verbot, Vergütungen durch den Mandanten versprechen zu lassen, § 16 Abs. 2 BORA, gilt erst nach der Bewilligung von Prozesskostenhilfe. Dem Rechtsanwalt ist es nicht zuzumuten, Prozesskostenhilfeanträge zu stellen, bei deren Ablehnung die Folge wäre, dass die Tätigkeit des Rechtsanwalts nicht vergütet würde. Der Gesetzgeber hat deshalb für die Stellung der Prozesskostenhilfeanträge **gesonderte Gebühren**

geschaffen. Der Rechtsanwalt ist berechtigt, sein Tätigwerden von der Zahlung dieser Vergütungen abhängig zu machen.

Nach Nr. 3335 VV-RVG ist im Verfahren gemäß § 197 a SGG eine Gebühr in Höhe der Verfahrensgebühr, maximal jedoch **1,0 der Wertgebühr** abrechenbar. Im Verfahren gemäß § 183 SGG ist nach Nr. 3335 VV-RVG eine Prozesskostenhilfe-Antragsgebühr in Höhe der Verfahrensgebühr, maximal jedoch in Höhe von **500 EUR** abrechenbar. Es handelt sich dabei nicht um eine Beschränkung des Gebührenrahmens, sondern eine Kappungsgrenze. Eine Terminsgebühr ist im Antragsverfahren nicht vorgesehen. 70

Gemäß § 16 Ziff. 2 RVG sind das Prozesskostenhilfe-Antragsverfahren und das sich anschließende Hauptsacheverfahren **dieselbe Angelegenheit**. Nach § 15 Abs. 2 RVG darf deshalb nur eine einheitliche Abrechnung erstellt werden. Da die Betriebsgebühren gemäß § 15 Abs. 1 RVG die Tätigkeit für das gesamte Verfahren abdecken, fallen gemäß § 15 Abs. 3 RVG zwar beide Verfahrensgebühren (für das Prozesskostenhilfe-Antragsverfahren und für das Hauptsacheverfahren) an, werden jedoch gegeneinander aufgerechnet. 71

Nach der Bewilligung entfällt der Anspruch gegen den Mandanten direkt; der Rechtsanwalt darf ihm gegenüber nicht mehr abrechnen, sondern nur noch mit der Landeskasse. 72

Bereits **erfolgte Zahlungen** können im Verfahren gemäß § 197 a SGG vorrangig auf die künftige überschießende Wahlanwaltsgebühr verrechnet werden. Soweit diese in Verfahren gemäß § 183 SGG oder bei niedrigen Streitwerten im Verfahren gemäß § 197 a SGG nicht entstehen oder bereits durch Zahlungen abgedeckt sind, sind sie gemäß § 58 Abs. 2 RVG auf den entstehenden Prozesskostenhilfe-Anspruch zu verrechnen, sie mindern also den Vergütungsanspruch gegenüber dem Staat. Das gilt auch für im Vorschusswege vor der Beiordnung erhaltene Gelder. 73

Achtung: Es besteht in diesem Falle kein Rückzahlungsanspruch des Mandanten! Wird dennoch an den Mandanten ausgezahlt, bleibt der Anspruch auf Prozesskostenhilfe-Vergütung gemindert. 74

§ 6 Festsetzung und Erstattung, Rechtsmittel

I. Festsetzung gegenüber dem Auftraggeber

1 Gegenüber dem Mandanten hat der Rechtsanwalt gemäß § 10 RVG abzurechnen. Im Falle der **Nichtzahlung** müssen vorgerichtliche Gebühren im Klagewege geltend gemacht werden. Gerichtliche Gebühren können dagegen gemäß § 11 RVG durch den Urkundsbeamten der Geschäftsstelle des erstinstanzlichen Gerichts gegen den Mandanten festgesetzt werden. Das ist jedoch nur bei der Abrechnung nach Wertgebühren gemäß § 2 RVG sinnvoll. Bei Abrechnung nach Betragsrahmengebühren ist nur die Festsetzung der Mindestgebühr möglich, wenn der Auftraggeber der Höhe der Gebühren nicht zustimmt.

2 Ist der Grund der Nichtzahlung in der aktuell mangelnden Zahlungsfähigkeit des Auftraggebers zu sehen, kann mit ihm vereinbart werden, dass ihm die Teilzahlung pro rata temporis gestattet wird, wenn er der Festsetzung in der beabsichtigten Höhe zustimmt.

3 Bei der Festsetzung gegen den Auftraggeber gemäß § 11 RVG sind die Anrechnung und die Minderung von Gebühren wegen einer Vorbefassung zu berücksichtigen, da diese Vorschriften zur Entlastung des Mandanten eingeführt wurden.

II. Festsetzung gegenüber dem Gegner

4 Gegenüber dem Gegner ist die Festsetzung **aller angefallenen und zu erstattenden Gebühren** möglich. Insbesondere sind bei einem gemäß § 78 SGG vorgeschriebenen Widerspruchsverfahren auch die Kosten dieses Widerspruchsverfahrens gemäß § 192 Abs. 2 SGG erstattungs- und festsetzungsfähig.[1] Bei dieser Festsetzung sind die Anrechnung und die Minderung von Gebühren wegen einer Vorbefassung nicht zu berücksichtigen, weil es sich nicht um den Gegner schützende Vorschriften handelt und das Festsetzungsverfahren nicht zur Prüfung der materiellen Berechtigung des Anspruches dient.[2]

5 Diese Sichtweise ist zwar anwalts- und mandantenfreundlich, aber nur in dem Falle durchzuhalten, dass nur die Festsetzung einer einzelnen Gebühr beantragt wird. Werden die Gebühren mehrerer folgender Verfahrensabschnitte mit dem Festsetzungsantrag geltend gemacht, so würden bei dieser Sichtweise offensichtlich mehr Gebühren gegen den Gegner festgesetzt werden, als dem Mandanten entstehen. Da es sich materiell um einen Schadensersatzanspruch handelt, ist die Festsetzung auf den tatsächlich entstandenen Gebührenumfang beschränkt.

6 Die Festsetzung der Rechtsanwaltskosten für das Vorverfahren ist nicht von ihrer Überprüfung durch den Urkundsbeamten abhängig. Die Hinzuziehung des Rechtsanwalts im Vorverfahren ist im Regelfall notwendig, weil der Gesetzgeber die Erstattung als Regelfall vorgesehen hat.[3]

---

1 BSG 24.8.1976 – 12/1 RA 105/75.
2 Anders LSG RhPf 19.3.2008 – L 4 SB 51/07; durch § 15 a RVG erledigt.
3 BSG 20.11.2001 – B 1 KR 21/00 R.

Die Festsetzung der Höhe der nach § 193 Abs. 2 und Abs. 3 SGG zu erstattenden   7
Vergütung für das Vorverfahren und alle gerichtlichen Rechtszüge erfolgt durch den
Urkundsbeamten der Geschäftsstelle des Sozialgerichts als des erstinstanzlichen Ge-
richts. Gegen seine Festsetzung ist die **Erinnerung** zulässig. Über sie entscheidet bei
Nichtabhilfe der **Richter des Sozialgerichts.**

Einige Landessozialgerichte gingen im Rahmen des RVG 2004 davon aus, dass sich
der Rechtsweg in diesem Falle nach § 197 Abs. 2 SGG bestimmt.[4] Danach wäre nur
die Erinnerung statthaft; diese ist unanfechtbar.

Es ist fraglich, ob diese Sichtweise tatsächlich zutreffend war. Die Landessozialgerich-   8
te sahen § 197 Abs. 2 SGG als die speziellere gesetzliche Regelung gegenüber dem
RVG an.[5] § 197 SGG erfasst jedoch alle erstattbaren Kosten der Rechtsverfolgung.
Das RVG hingegen hat spezielle Regelungen für die Rechtsmittel ausschließlich hinsichtlich der Gebühren und Auslagen nach dem RVG und dem VV-RVG. Es dürfte
sich bei richtiger Betrachtung bei den Regelungen des RVG um speziellere Regelungen gegenüber § 197 SGG handeln.[6] Die Frage ist jedenfalls höchst streitig. Der Gesetzgeber des 2. KostRMoG hat die Frage jetzt durch § 1 Abs. 3 RVG geklärt. Danach gehen die Vorschriften des RVG denen der jeweiligen Prozessrechte vor.

Eine Ausnahme hiervon lässt die Rechtsprechung in dem Fall zu, als die Hauptsache   9
des Prozesses die isolierte Erstattungsforderung gemäß § 63 SGB X ist. Wird in diesem Falle die Erstattung dem Grunde oder der Höhe nach abgelehnt, war hiergegen
der Widerspruch und gegen diesen die Klage gegeben. In diesem Fall ist das Rechtsmittel der **Berufung** gegeben. Allerdings liegt der Berufungswert gemäß § 144 Abs. 1
S. 1 Nr. 1 SGG bei mindestens **750 EUR**. Die **Beschwer** errechnet sich bei teilweiser
Stattgabe oder teilweiser Erledigung nach der Formel (Netto-Antragswert – Festsetzung) + Umsatzsteuer.[7] Neben dieser Hauptforderung fallen die Kosten des Wider-
spruchs- und Klageverfahrens an, die wiederum festsetzungsfähig sind.

Ein großes Problem ist die Aufrechnung des Verfahrensgegners gegen den Erstattungsanspruch bezüglich der Rechtsverfolgungskosten. Soweit der Mandant Bera-
tungs- oder Prozesskostenhilfe in Anspruch genommen hat, sind gemäß §§ 9, 8
BerHG und § 126 ZPO die Erstattungsansprüche in der Person des Rechtsanwalts
entstanden, so dass sie der Aufrechnung von vorne herein entzogen sind. Ein Aufrechnungsverbot ergibt sich im Übrigen aber auch aus § 63 SGB X, soweit der Auftraggeber unbemittelt ist. In diesem Fall erfordert die Gewährung des Zugangs zum
Recht das Aufrechnungsverbot.[8]

III. Beratungshilfeliquidation

Bei Beratungshilfe ist gegen die Festsetzung die **Erinnerung** statthaft. Im Falle der   10
Nichtabhilfe hat gemäß § 56 RVG iVm § 4 Abs. 1 BerHG das örtlich zuständige

---

4 LSG Nds.-Bremen RVGreport 2008, 99; LSG Berlin-Brb. RVGreport 2008, 420.
5 LSG Thüringen AGS 2009, 579.
6 SchlHLSG RVGreport 2008, 241; LSG NRW RVGreport 2008, 303; 2010, 222; BayLSG RVGreport 2010,
   220.
7 LSG NRW 25.10.2007 – L 7 B 141/07 AS.
8 BSG 20.2.2020 – B 14 AS 3/19 R.

Amtsgericht zu entscheiden. Die **sofortige Beschwerde** gemäß § 56 Abs. 2 RVG iVm § 33 Abs. 3 RVG ist zulässig, sofern der **Beschwerdewert über 200 EUR** liegt oder sie wegen der besonderen Bedeutung zugelassen wurde. Der Beschwerdewert errechnet sich nach der Formel (Antragswert – Festsetzung) + Umsatzsteuer.[9] In der Regel wird dieser Wert in Beratungshilfesachen nicht erreicht. Über die sofortige Beschwerde entscheidet der Einzelrichter am Landgericht. Eine weitere Beschwerde ist gemäß § 56 Abs. 2 RVG iVm § 33 Abs. 6 RVG nur im Falle der Zulassung durch das Landgericht zulässig.

IV. Prozesskostenhilfefestsetzung

11 Ebenso ist es bei der Festsetzung von Prozesskostenhilfe. Auch hier ist die **Beschwerde** gemäß den § 56 Abs. 2 S. 1 RVG gegeben; ebenso ist für den Erstattungspflichtigen im Falle des Forderungsübergangs auf die Landeskasse ein Beschwerderecht gemäß § 59 Abs. 2 RVG gegeben.[10] Die Beschwer muss in beiden Fällen mindestens **200 EUR** betragen, § 66 Abs. 2 S. 1 GKG.

12 Gegen die Festsetzung der Prozesskostenhilfegebühren ist jedenfalls das Beschwerdeverfahren zulässig.[11] Der erforderliche Beschwerdewert von 200 EUR ist nach der Formel (Antragswert – Festsetzung) + Umsatzsteuer[12] zu berechnen.

13 Die Kosten des Erinnerungs-/Beschwerdeverfahrens nach § 18 Ziff. 5 RVG sind festsetzbar.[13] Ebenso sind die Kosten des Erinnerungsverfahrens gemäß § 197 SGG festsetzbar; es ist jedoch eine Kostengrundentscheidung erforderlich.

---

9   LSG NRW 25.10.2007 – L 7 B 141/07 AS.
10 LSG NRW 20.12.2007 – L 9 B 38/07; strittig auch innerhalb der Senate.
11 LSG NRW 29.1.2008 – L 1 B 35/07 in ständiger Rechtsprechung; anderer Ansicht LSG NI L 13 B 2/06 AS SF wegen § 178 SGG.
12 LSG NRW 25.10.2007 – L 7 B 141/07 AS.
13 LSG NRW 14.12.2007 – L 4 B 6/07 U.

§ 7 Vergütungsvereinbarungen

I. Grundsätzliches zur Vergütungsvereinbarung

Vergütungsvereinbarungen sind im klassischen Sozialrecht bisher kaum üblich. Es gibt sie naturgemäß bei der dauerhaften Vertretung von Arbeitgebern oder im Vertragsarztrecht. Ansonsten herrscht weitgehend das Dogma, dass es sich bei Auftraggebern im Sozialrecht um Bedürftige handele. Tatsächlich ist das durchaus nicht immer der Fall. Es gibt genügend Fälle, in denen der Auftraggeber in der Lage – und oft auch willens – ist, eine angemessene Vergütung zu zahlen.

Die **gesetzlichen Vergütungen im Sozialrecht** sind traditionell so bemessen, dass sie auch weniger Begüterten den Zugang zum Recht ermöglichen sollen. Durch das RVG sollte eine Anpassung der Gebühren insbesondere auch im Hinblick auf den Mandatsaufwand erreicht werden. Tatsächlich wird jedoch durch die **Anrechnungsvorschriften** die gewollte Gebührenverbesserung[1] wieder aufgezehrt. Dementsprechend wird die gesetzliche Vergütung in vielen Fällen weder dem Aufwand noch der Bedeutung, schon gar nicht aber dem in der Bearbeitung liegenden **Haftungsrisiko** gerecht.[2]

Wenn **eine Anwaltsstunde** unter Berücksichtigung der durchschnittlichen Bürokosten für die Unterhaltung einer den Standard wahrenden Büroorganisation und zur Erzielung eines angemessenen Unternehmergewinns in Höhe eines durchschnittlichen Richtergehalts bei angemessenen Aufwendungen für Altersvorsorge mit etwa 250 EUR vergütet werden muss,[3] steht bei durchschnittlichen Mandatsumständen für die Vertretung im ersten vorgerichtlichen Verfahren gemäß Nr. 2302 VV-RVG ein Zeitrahmen von nur einer Stunde zur Verfügung. Bei einem rentenrechtlichen Mandat ist allein die Abklärung der versicherungsrechtlichen Voraussetzungen in diesem Zeitraum nicht möglich; schon gar nicht aber die Prüfung der medizinischen Voraussetzungen. Bei einem auf Sozialrecht spezialisierten Rechtsanwalt ist eine Kompensation im Rahmen der Quersubventionierung, wie sie dem Bundesverfassungsgericht bei der bisherigen Rechtsprechung – größten Teils noch zur BRAGO – vorgeschwebt haben mag, nicht möglich.

Dabei geht es oft um **existentielle Auswirkungen** auf das künftige Leben des Auftraggebers. Zudem steht das teilweise extrem hohe Haftungsrisiko in keinem vernünftigen Verhältnis zu den gesetzlichen Gebühren. Im Rentenrechtsstreit etwa kann der Haftungsbetrag leicht die Höchstbeträge der anwaltlichen Pflicht-Haftpflichtversicherung überschreiten. Im vorgerichtlichen Bereich kann trotz dieser Umstände die Kappungsgrenze gemäß der Anmerkung zu Nr. 2302 VV-RVG nicht überschritten werden, wenn die Bearbeitung nicht im Vergleich zu anderen sozialrechtlichen Angelegenheiten umfangreich oder schwierig war. Die Anordnung in § 14 RVG, nach der ein besonderes Haftungsrisiko gebührenerhöhend zu berücksichtigen ist, läuft deshalb im Regelfall leer. Das hat der Gesetzgeber bei der in letzter Minute erfolgten Einführung der Kappungsgrenzen bei der Geschäftsgebühr offensichtlich übersehen.

---

1 Vgl. Teubel in: Mayer/Kroiß/Teubel, Das neue Gebührenrecht, § 5 Rn. 6 und § 2 Rn. 10.
2 So auch Madert, Rn. 34 zu § 3 RVG.
3 Teubel in: Mayer/Kroiß, RVG 1. Aufl., Rn. 86 zu § 4 RVG.

5 Schließlich ist **die dem Standard gemäße Bearbeitung** sozialrechtlicher Angelegenheiten außerordentlich arbeitsaufwändig, wenn der Rechtsanwalt sich nicht auf den Amtsermittlungsgrundsatz verlässt, was im Hinblick auf sein hohes Haftungsrisiko nicht sinnvoll ist. Häufig sind umfangreiche Aktenstücke und Gutachten zu verarbeiten. Selbst bei Ansatz der gesetzlichen Höchstgebühren ist dann eine der Leistung und Verantwortung des Rechtsanwalts gerecht werdende Vergütung nicht mehr gegeben. Im Sozialrecht sind deshalb Vergütungsvereinbarungen dringend geboten, wenn der Rechtsanwalt dieses Gebiet kostendeckend bearbeiten will.

6 Um zu verhindern, dass später ein Gericht behauptet, der Rechtsanwalt habe einen bedürftigen Rechtsuchenden zu einer ungerechtfertigt hohen Vergütungsvereinbarung gedrängt, sollten die Gegebenheiten bei Mandatsabschluss in einem **Vorspruch zum Vertrag** aufgenommen werden. So kann Verständnis für den Sinn der Vereinbarung und die Art der in ihr enthaltenen Regelungen geweckt werden. Ein solcher Vorspruch könnte etwa lauten:

Der Auftraggeber legt Wert auf eine sorgfältige Bearbeitung der Angelegenheit. Der Rechtsanwalt hat dem Auftraggeber die Höhe und Berechnungsweise der gesetzlichen Vergütung erläutert. Der Auftraggeber und der Rechtsanwalt sind übereinstimmend der Auffassung, dass die gewünschte sorgfältige Bearbeitung der Angelegenheit mit dem gesetzlichen Honorar nicht angemessen entgolten werden kann.

Oder:

Die Angelegenheit erfordert die Auseinandersetzung mit vier bereits vorliegenden, umfangreichen medizinischen Gutachten. Im anstehenden Verfahren ist es erforderlich, weitere Gutachten einzuholen. Der voraussichtliche Arbeitsaufwand macht es deshalb erforderlich, eine von der gesetzlichen Vergütung abweichende Vereinbarung zu treffen.

Oder:

Der beauftragte Rechtsanwalt ist Fachanwalt für Sozialrecht. Er verfügt zudem über besondere medizinische Kenntnisse. Die Parteien sind sich deshalb einig, dass eine über die gesetzlichen Gebühren hinausgehende Vergütung vereinbart werden soll.

7 Im Sozialrecht sind im Grunde alle Arten von Vergütungsvereinbarungen denkbar. Grenzen ergeben sich, wenn die finanziellen Mittel des Mandanten, wie es im Sozialrecht in vielen Fällen vorkommt, begrenzt sind. Da Vergütungsvereinbarungen in sozialrechtlichen Angelegenheiten nicht die Regel sind, muss der Rechtsanwalt die **Akzeptanz für Vergütungsvereinbarungen** erst wecken.[4]

Der Rechtsanwalt sollte deshalb dem Mandanten die **Auswirkungen der Angelegenheit**, die insbesondere bei Rentenangelegenheiten beeindruckende Gegenstandswerte ergeben würde, klar vor Augen führen und aufzeigen, in welchem Verhältnis dazu die zu vereinbarende Vergütung liegen würde. Weiter muss dem Mandanten klar werden, inwieweit der Rechtsanwalt die rechtlichen, aber auch die sonst fachlich erforderlichen Kenntnisse hat. In sozialrechtlichen Angelegenheiten ist oft das medizinische Wissen ebenso wichtig und wertvoll wie das rechtliche. Zudem sollte die besondere Erfahrung im Umgang mit Sachverständigen aus dem medizinischen und/oder technischen Bereich im Sozialrecht entgolten werden.

---

4 Anleitungen dazu insbesondere bei Müllerschön in: Hinne/Klees/Müllerschön/Winkler, Vereinbarungen mit Mandanten, 4. Aufl. 2019.

Der Gesetzgeber hat im RVG **drei Arten** der Vergütungsvereinbarungen geregelt, die 8 terminologisch auseinanderzuhalten sind. Zunächst einmal ist die **Gebührenvereinbarung** für die außergerichtliche Beratung und für Gutachtertätigkeit zu nennen. Für sie gelten die Vorschriften der §§ 3 a ff. RVG nicht. Weiter sind die **Vergütungsvereinbarungen** in § 3 a und § 4 RVG geregelt. Sodann regelt § 4 a RVG die **Vereinbarung von Erfolgshonoraren**.

Die **Gebührenvereinbarung** nach § 34 RVG und die Vergütungsvereinbarungen nach 9 den §§ 3 a ff. RVG unterscheiden sich insoweit, als die Gebührenvereinbarung zu **Beginn des Mandates** abgeschlossen wird. Zu diesem Zeitpunkt steht weder fest, ob die Bearbeitung mit der Beratung beendet ist, noch kennen weder der Rechtsanwalt noch der Mandant den tatsächlich erforderlichen Bearbeitungsaufwand. Eine Möglichkeit, sich auf die Vereinbarung vorzubereiten, haben beide Parteien nicht.

Nach dem Willen des Gesetzgebers soll die Notwendigkeit zum Abschluss einer 10 Gebührenvereinbarung auch nicht den Zugang zur rechtlichen Beratung erschweren. Deshalb sind für die Gebührenvereinbarung **keine Formvorschriften** vorgesehen. Das ist bei den Vergütungsvereinbarungen und den Erfolgshonorarvereinbarungen anders.

II. Vergütungsvereinbarung

Die grundsätzliche Vorschrift für Vergütungsvereinbarungen findet sich in **§ 3 a RVG**. 11 Die Vorschrift beinhaltet insbesondere den Verbraucher schützende Regelungen.

1. Formerfordernisse

Nach § 3 a RVG sind für Vergütungsvereinbarungen Formerfordernisse aufgestellt. So 12 muss die Vereinbarung in **Textform gemäß § 126 b BGB** abgefasst sein. Das ist eine Erleichterung zum Vorzustand. Danach war die Schriftform gemäß § 126 BGB vorgeschrieben. Das bedeutete, dass beide Unterschriften im Original auf derselben Urkunde vorhanden sein mussten. Eine Faxunterschrift oder eine Abgabe von Angebot und Annahme in verschiedenen aufeinander Bezug nehmenden Schriftstücken waren nicht ausreichend. Heute ist das der Fall.[5]

Die Vereinbarung muss **als Vergütungsvereinbarung** oder in vergleichbarer Weise **bezeichnet** sein. Das ist eine Verbesserung gegenüber dem Vorzustand, als die Bezeichnung (nur) als Vergütungsvereinbarung vorgeschrieben war. Es war seinerzeit streitig, ob die gebräuchliche Bezeichnung „Honorarvereinbarung" diesem Erfordernis noch genüge.

Die Vergütungsregelungen müssen **deutlich von anderen Vereinbarungen abgesetzt** 14 sein. Andere Vereinbarungen sind insbesondere die Bestimmungen zur Leistungsbeschreibung, zu den Zahlungs- und Abrechnungsmodalitäten etc Es empfiehlt sich daher, einen Vertrag mit verschiedenen Abschnitten (Auftrag, Vergütungsvereinbarung, weitere Vereinbarungen) aufzusetzen, von dem der mit „Vergütungsvereinbarung" überschriebene Teil ausschließlich Vergütungsregelungen enthalten sollte. Dies ist

---

5 Winkler/Teubel in: Hinne/Klees/Müllerschön/Winkler, Vereinbarungen mit Mandanten, 4. Aufl. 2019, § 1 Rn. 35, ff.

bereits eine Erleichterung. Zu BRAGO-Zeiten hat der BGH noch eine Honorarvereinbarung für unwirksam gehalten, weil in ihr eine Gerichtsstandsvereinbarung enthalten war.[6]

15 Essentiell ist die **Trennung** der Vergütungsvereinbarung **von der Vollmacht**. Der Gesetzgeber befürchtet, dass der Mandant bei Vorlage eines Vollmachtsformulars alles unterschreiben würde, und möchte ihn vor Übervorteilung schützen.

16 Weiter sind ein **Hinweis auf das Abweichen** von der gesetzlichen Vergütung sowie ein Hinweis auf die fehlende Erstattungsmöglichkeit des die gesetzliche Vergütung übersteigenden Anteils der vereinbarten Vergütung im Falle des Obsiegens geschuldet. Das sind Selbstverständlichkeiten, die als Nebenpflicht aus dem Honorarvertrag in ständiger Rechtsprechung gefolgt wurden.

17 Gemäß § 4 b RVG hat ein Verstoß gegen diese Formvorschriften zur Folge, dass der Rechtsanwalt keine höhere als die gesetzliche Gebühr fordern kann. Da es sich um eine einseitig Verbraucher schützende Vorschrift handelt, bleiben Unterschreitungen der gesetzlichen Gebühren wirksam. Bei einer erfolgten Überzahlung besteht ein Rückforderungsanspruch des Mandanten, der erst nach zehn Jahren gemäß § 199 Abs. 1 Ziff. 2 und Abs. 4 BGB verjährt.

2. AGB-Recht

18 Die Rechtsprechung erkennt regelmäßig in jeder Vergütungsvereinbarung das Ziel des Rechtsanwalts, diese Klauseln weiter zu verwenden. Damit ist die **Anwendbarkeit** des Rechts der allgemeinen Geschäftsbedingungen gegeben. Dabei wird nach der Rechtsprechung der Mandant in der Regel als Verbraucher anzusehen sein, obwohl § 13 BGB nicht auf die Person, sondern ihren Bezug zu einem Verbrauchsgeschäft abstellt.

19 Insbesondere sind Verstöße gegen das **Verbot überraschender und mehrdeutiger Klauseln** gemäß § 305 c BGB, die unangemessene Benachteiligung der anderen Partei und der Verstoß gegen das Transparenzgebot gemäß § 307 BGB verboten. Es empfiehlt sich daher eine kurze, einfache und klare Vereinbarung, die erkennen lässt, welche Ziele mit den vereinbarten Klauseln erreicht werden sollen.[7]

3. Arten von Vergütungsvereinbarungen

20 Hinsichtlich des Inhaltes von Vergütungsvereinbarungen gilt der Grundsatz der **Vertragsfreiheit**. Es kann grundsätzlich alles vereinbart werden, was der Mandant zu akzeptieren bereit ist und nicht die Grenzen des Angemessenen überschreitet.

a) Zeithonorar

21 Zeithonorare haben den Vorteil, dass der Rechtsanwalt alles das, was er getan hat, auch vergütet verlangen kann. Andererseits muss der Mandant nur das bezahlen, was auch wirklich an Aufwand angefallen ist. Das lässt die Vereinbarung eines Zeithonorars als die optimale Vereinbarung erscheinen.

---

6 BGH NJW 2004, 2818.
7 Muster für Vereinbarungen in: Hinne/Klees/Müllerschön/Winkler, Vereinbarungen mit Mandanten, 4. Aufl. 2019.

Allerdings hat eine solche Vereinbarung auch erhebliche **Nachteile**. Gemäß § 627   22
BGB ist bei einem Dienstvertrag über Dienste höherer Art jede Partei zur jederzeitigen Kündigung berechtigt. Dieses Kündigungsrecht ist nicht abbedingbar. Der Rechtsanwalt hat deshalb bei dieser Art von Vereinbarung wenig Planungssicherheit.

Außerdem ist für Rechtsanwalt wie Mandant nicht von vorneherein erkennbar, wel-   23
chen Aufwand die Angelegenheit nehmen wird und in welchem Verhältnis die Zeitvergütung zur gesetzlichen Vergütung stehen kann. Streit ist hier vorprogrammiert. Zudem wird es häufig so sein, dass die Kosten gemäß der Zeitabrechnung leicht ein Vielfaches der gesetzlichen Gebühren erreichen können.

Zudem ist der Nachweis der Leistungszeiten ebenso problematisch wie der ihrer   24
Erforderlichkeit. Die Rechtsprechung fordert hier einen erheblichen **Nachweisaufwand**.[8]

Die Abrechnung hat mangels anderer Vereinbarungen minutengenau zu erfolgen.   25
Zeittaktklauseln sind nur eingeschränkt zulässig. So soll eine Viertelstunden-Taktung unzulässig sein.[9] Nicht entschieden ist, ob eine kurze Taktung, zum Beispiel der Zehntelstunden-Takt (eine Einheit = 6 Minuten), zulässig ist. Für eine Taktung spricht, dass bei nur kurzen Tätigkeiten, zum Beispiel bei der Entgegennahme einer telefonischen Anfrage, ein zusätzlicher Aufwand für den Rechtsanwalt entsteht, der aus einer anderen Beschäftigung herausgerissen wird und sich wieder einarbeiten muss, ohne diesen Wiedereinarbeitungsaufwand einem anderen Auftraggeber berechnen zu dürfen. Auch spricht für die Taktung, dass der Abrechnungsaufwand deutlich vereinfacht wird.

Eine **Taktung** kann etwa so vereinbart werden: 26

Die Tätigkeit wird nach Stunden abgerechnet, wobei jede Stunde mit einem Betrag von 250 EUR entgolten wird. Die Abrechnung erfolgt in Abrechnungseinheiten von je einer Zehntel Stunde (= 6 Minuten). Jede begonnene Abrechnungseinheit löst den Vergütungsanspruch aus.

Hinsichtlich der Vergütungshöhe ist ein einheitlicher **anwaltlicher Stundensatz** in   27
Deutschland nicht feststellbar. Der Rechtsanwalt wird sich daran zu orientieren haben, dass er für die Erzielung eines Unternehmergehaltes in der Höhe eines durchschnittlichen Richtergehaltes unter Berücksichtigung der Kosten eines standardgemäßen Praxisbetriebs und der Kosten der Alters- und Gesundheitsabsicherung stündlich etwa 250 EUR einnehmen muss.

Der Rechtsanwalt sollte auf eine zügige Nachweisung und Abrechnung der Zeiten   28
achten, nicht nur um die Liquidität zu verbessern, sondern auch, weil so sichergestellt ist, dass nicht noch nach Abschluss des Mandates und der Nachweisung mit der Schlussabrechnung Einwände gegen die Zeitabrechnung erhoben werden.

Das sollte von vorneherein in der Vereinbarung aufgenommen werden, was etwa in   29
dieser Weise erfolgen kann:

Der Rechtsanwalt erfasst die geleisteten Tätigkeiten in einer Stundenabrechnung. Der Mandant erhält diese Abrechnung wöchentlich/monatlich. Mit Erhalt der Abrechnung ist die Vergütung

---

8   Mit extrem übersteigerten Anforderungen: OLG Düsseldorf AGS 2006, 534.
9   OLG Düsseldorf AGS 2006, 534.

fällig. Erfolgt der Rechnungsausgleich nicht binnen einer Frist von einer weiteren Woche, ist der Rechtsanwalt berechtigt, das Mandat – unabhängig vom Stand des Verfahrens – niederzulegen.[10]

30 Den Nachteilen einer vorzeitigen Beendigung des Mandates und dem damit eintretenden Entfall der erwarteten weiteren Vergütung kann mit folgenden Klauseln begegnet werden:

Der Rechtsanwalt stellt sicher, dass er für die Bearbeitung des Mandats entsprechend dem zu erwartenden zeitlichen Aufwand uneingeschränkt zur Verfügung steht. Der Auftraggeber sichert dem Rechtsanwalt im Gegenzug eine Mindestvergütung von ... zu.

Alternativ ergänzend:

Die Mindestvergütung erhält der Rechtsanwalt ergänzend zur hierneben vereinbarten Stundensatzvergütung.

Oder:

Auf diese Mindestvergütung werden die hierneben vereinbarten Stundenhonorare ganz / zu 1/2 angerechnet.

b) Pauschalhonorar

31 Das andere Extrem ist die Vereinbarung einer Pauschale für die gesamte Mandatsbearbeitung oder für definierte Teile von ihr. Diese Regelung hat den Charme der **Einfachheit und Überschaubarkeit** sowie der (anscheinenden) Sicherheit der Gebühren.

32 Tatsächlich ist diese Regelung **gefährlich**. Weder der Rechtsanwalt noch der Mandant vermögen abzusehen, wer letztendlich bei der Pauschale begünstigt werden wird. So können unerwartete Tätigkeiten erforderlich werden, die der Rechtsanwalt bei der Vereinbarung der Pauschale nicht vorhergesehen hat. Andererseits kann die Angelegenheit aber unerwartet schnell zu Ende gehen, so dass dem Mandanten die Pauschale nicht mehr einsichtig ist.

33 Eine Pauschale kann aber keine Absicherung gegen die Folgen der vorzeitigen **Mandatskündigung** geben. Bei Verträgen über Dienste höherer Art ist gemäß § 627 BGB die jederzeitige Kündigung möglich. Sie ist nicht abdingbar. Folge der Kündigung ist gemäß § 628 BGB, dass dem Rechtsanwalt nur die anteilige, seinen bisherigen Leistungen entsprechende Vergütung zusteht. Diese Vorschrift ist nach der ständigen Rechtsprechung des Bundesgerichtshofes ein unverzichtbarer Baustein im System des Synallagma. Sie kann deshalb nicht abbedungen oder umgangen werden.

34 Im Falle der Kündigung muss damit festgestellt werden, welchen Anteil die bisherige Tätigkeit im Verhältnis zur vereinbarten Gesamttätigkeit ausmacht. Das ist nur schwer möglich und schwächt die Durchsetzung der Vergütungsansprüche.

Pauschalhonorare sollten deshalb regelmäßig nur für bestimmte, kleine und leicht abgrenzbare Teilleistungen vereinbart werden, zum Beispiel für die Wahrnehmung von Gerichtsterminen.

c) Kombination von Zeit- und Pauschalhonorar

35 Sinnvoll ist häufig eine Kombination von Zeit- und Pauschalhonorar sowie von Abschnittspauschalen für bestimmte Einzelleistungen, um zum einen dem Aufwand

---

10 Dieser Hinweis erscheint erforderlich, um eine Überraschung des Mandanten auszuschließen.

der anwaltlichen Tätigkeit gerecht zu werden und zum anderen die Abrechnung zu erleichtern.

d) Weitere Möglichkeiten von Vergütungsvereinbarungen

Daneben sind alle anderen sinnvollen Vereinbarungen möglich. So kann ein bestimm- 36 ter **Faktor** der gesetzlichen Vergütung oder auch der mehrfache Anfall bestimmter Gebührentatbestände (zum Beispiel der Terminsgebühr) vereinbart werden. Auch die Abrechnung nach **Wertgebühren** anstatt von Betragsrahmengebühren, zum Beispiel bei Rentenangelegenheiten, kann eine sinnvolle Vereinbarung sein, die durch die Vereinbarung eines bestimmten Streitwertes ergänzt werden kann.

Fiktive Gebührentatbestände, zum Beispiel für Besprechungen, für Akteneinsicht, für 37 außerrechtliche Leistungen oder Ähnliches, können ebenso vereinbart werden wie bestimmte Erstattungsbeträge bei Auslagen.

Schließlich ist es sinnvoll, für den Fall der Erledigung wegen der einschränkenden 38 Rechtsprechung Regelungen zu treffen, die den **Anfall der Erledigungsgebühr** sicherstellen. Das kann etwa durch folgende Vereinbarung geschehen:

Im Falle des Erlasses eines Bescheides, der die Zahlung einer Unfallrente zum Inhalt hat, erhält der Rechtsanwalt für die Erledigung der Angelegenheit eine Vergütung in Höhe von 400 EUR.

Die **Erstattung von Auslagen** kann wie folgt vereinbart werden: 39

Für die Fertigung von Kopien, Abschriften etc erhält der Rechtsanwalt unabhängig von der Festsetzungs- oder Erstattungsfähigkeit vollen Ersatz. Jede Kopie wird mit einem Betrag von 0,50 EUR berechnet.

Führt der Rechtsanwalt Tätigkeiten außerhalb der Kanzlei aus, sind ihm die tatsächlichen Fahrtkosten zu erstatten. Bei der Benutzung von Zügen ist die Fahrkarte 1. Klasse, bei der Benutzung von Flugzeugen die Flugkarte der einfachsten Sitzklasse zu erstatten. Bei der Benutzung des eigenen Kraftfahrzeugs ist jeder tatsächlich gefahrene km mit einem Betrag von 1 EUR zu erstatten.

4. Grenzen von Vergütungsvereinbarungen

a) Sittenwidrigkeit

Die klare Grenze für Vergütungsvereinbarungen liegt bei Sittenwidrigkeit gemäß 40 § 138 BGB vor. Aus einer **ex ante-Sicht,** also aus der Sicht bei Vertragsschluss, ist zum einen zu prüfen, ob sich in der Vereinbarung ein auffälliges Missverhältnis zwischen Leistung und Gegenleistung zeigt, und zum anderen, ob sich hierin eine besonders verwerfliche Einstellung des Rechtsanwaltes offenbart. Das kann wegen der Ausnutzung besonderer Umstände beim Zustandekommen der Vereinbarung, zum Beispiel bei dem Ausnutzen einer Zwangssituation, aber auch bei einem sittenwidrigen Inhalt der Vereinbarung der Fall sein, wenn der Rechtsanwalt sein überlegenes Wissen zu seinem Vorteil ausnutzt.[11]

Folge der Sittenwidrigkeit ist die **Nichtigkeit** der Vereinbarung. An Stelle der verein- 41 barten Vergütung tritt der gesetzliche Vergütungsanspruch.

---

11 BGHZ 144, 343 (346).

b) Herabsetzung nach § 3 a Abs. 2 RVG

42 Ist eine vereinbarte Vergütung unter Berücksichtigung aller Umstände unangemessen hoch, so kann sie **durch das Gericht** auf den angemessenen Betrag herabgesetzt werden. Diese Beurteilung ist aus der **ex post-Sicht**, also zum Zeitpunkt der Beendigung des Mandates, zu treffen.

Diese Beurteilung ist sehr **problematisch**. Grundsätzlich besteht Vertragsfreiheit, so dass beide Parteien in einer Vergütungsvereinbarung vereinbaren können, was sie für richtig halten. Zudem ist das Grundrecht des Rechtsanwaltes auf freie Berufsausübung von der Einschränkung des § 3 a Abs. 2 RVG betroffen.[12]

43 Der Bundesgerichtshof hat in einer viel beachteten Entscheidung vom 27.1.2007 die unbestimmte Fassung der Vorschrift zu konkretisieren versucht. Nach dieser Entscheidung ist die Vereinbarung einer Vergütung, die das Sechsfache der gesetzlichen Gebühren überschreitet, regelmäßig unangemessen. Der Rechtsanwalt hat diese Vermutung zu entkräften, wenn ein ganz außergewöhnlicher Fall vorliegt, in dem die Überschreitung ausnahmsweise gerechtfertigt ist.[13]

44 Diese Entscheidung ist ausgerechnet zu den strafrechtlichen Gebühren ergangen, die, wie die sozialrechtlichen Gebühren auch, tendenziell unangemessen niedrig sind. Bei dieser Sachlage ist klar, dass bei besonders hohem Aufwand schnell eine Überschreitung der Angemessenheitsgrenze nach der BGH-Rechtsprechung vorkommen kann.

45 Nicht nur die Strafsenate des Bundesgerichtshofes, sondern auch das Oberlandesgericht Hamm sind dieser Sichtweise entgegengetreten.[14] Der Bundesgerichtshof hat dennoch in mehreren Entscheidungen seine Bewertung bekräftigt.

46 Inzwischen hat das Bundesverfassungsgericht klargestellt, dass die Rechtsprechung des Bundesgerichtshofes mit der Verfassung nicht vereinbar ist.[15] Das Bundesverfassungsgericht hat klargestellt, dass die Rechtsprechung sich durchaus an der gesetzlichen Gebühr orientieren darf. Eine starre Schranke widerspricht jedoch der Berufsausübungsfreiheit. Die Rechtsprechung des Bundesgerichtshofes kann zudem dazu führen, dass die Beschränkung der Vergütungsvereinbarung auf das Sechsfache der gesetzlichen Vergütung im Einzelfall nicht angemessen ist und der Rechtsuchende deshalb keinen zur Rechtshilfe bereiten Rechtsanwalt für seine Angelegenheit finden kann. Deshalb darf keine starre Beschränkung erfolgen, sondern die Angemessenheit ist **im Einzelfall** jeweils zu prüfen.

Folge der Herabsetzbarkeit ist die Verminderung der vereinbarten Vergütung auf das noch Angemessene.

c) Herabsetzung wegen vorzeitiger Beendigung des Mandates

47 Die vorzeitige Beendigung des Mandates durch **Kündigung** führt gemäß den §§ 627, 628 BGB dazu, dass der Rechtsanwalt nur das als Entgelt erhält, was **anteilig** seiner bisherigen Leistung im Verhältnis zur vereinbarten Gesamtleistung entspricht. Diese

---

12 BVerfG NJW 2006, 495.
13 BGH NJW 2005, 2142.
14 OLG Hamm AGS 2007, 550.
15 BVerfG 15.6.2009 – 1 BvR 1342/07.

Regelung ist ein unverzichtbares Element im System des Synallagma. Die Herabsetzung gemäß § 628 BGB geht der Herabsetzung nach § 3 a Abs. 2 RVG vor.[16]

5. Folgerungen für Vergütungsvereinbarungen im Sozialrecht

Die angemessene Absicherung der gegenseitigen Interessen durch eine Vergütungsvereinbarung ist möglich. Das bedeutet aber auch, dass eine Vergütungsvereinbarung niemals pauschal in immer derselben Form abgeschlossen werden darf, sondern dass die jeweiligen Interessen beider Parteien erforscht werden müssen und dass ihnen Rechnung getragen werden muss.   48

Die Flexibilität durch **individuelles Aushandeln** muss gewahrt bleiben; dann wird die Vereinbarung angemessen sein. Die Begründung der Regelungen (zum Beispiel durch Einleitungsklauseln) ist sinnvoll, weil so Dritte, nämlich das Gericht oder der Vorstand der Rechtsanwaltskammer als Gutachter, erkennen können, dass eine unbillig erscheinende Klausel tatsächlich einem berechtigten Ziel dient. Denn es ist damit zu rechnen, dass im Falle einer späteren Auseinandersetzung über die Vergütungsvereinbarung die Zivilgerichte diese in der pauschalen Annahme, Mandanten im Sozialrecht befänden sich in einer besonders schutzbedürftigen wirtschaftlichen Situation, besonders kritisch würdigen werden.   49

Es empfiehlt sich weiter, die **Dokumentation** der anwaltlichen Leistungen und die Art der Abrechnung unter den weiteren Vereinbarungen neben der Vergütungsvereinbarung zu regeln. Zudem sollte die Leistung des Rechtsanwalts durch begleitende schriftliche Unterrichtungen dokumentiert werden. Das erhöht sowohl die Transparenz gegenüber dem Mandanten als auch gegenüber etwaigen zur Beurteilung der Vereinbarung aufgerufenen Dritten.   50

Sinnvoll ist auch, sich regelmäßig **Anerkenntnisse** des Mandanten über den Vergütungsanspruch erteilen zu lassen, sehr kurz gestuft abzurechnen und die anteilig angefallene Vergütung auch zeitnah einzuziehen.   51

Zudem sollten dem Mandanten rechtzeitige **Hinweise auf die Kündbarkeit des Mandats** bei Zahlungsverzug sowohl in der Vergütungsvereinbarung als auch durch gesondertes, eindeutiges Schreiben gegeben werden, um sich nicht dem Vorwurf auszusetzen, den Mandanten in einer Drucksituation zu weiteren Zugeständnissen gezwungen zu haben.   52

Schließlich sollten Regelungen über pauschale **Abschlusszahlungen bei einem Leistungsverzug** des Mandanten vorgesehen werden, um den Ausfall der eingeplanten Vergütung für die Bearbeitung der Angelegenheit bis zum Ende auszugleichen.   53

Inhaltlich empfehlen sich im Sozialrecht wegen des **Transparenzgebotes** sowie auch deshalb, weil der Umfang der erforderlichen Tätigkeit für den in diesem Rechtsgebiet erfahrenen Anwalt in der Regel abschätzbar ist, Pauschalvereinbarungen für abgrenzbare Verfahrensabschnitte. Dabei sollten die Folgen einer vorzeitigen Beendigung, besonders der Fall des Anerkenntnisses oder der Erledigung durch einen abhelfenden   54

---

16 BGH NJW 1987, 315.

Bescheid der Gegenseite abweichend von der gesetzlichen Regelung vereinbart werden.

55 Die gesetzliche Regelung der Folgen von **Anerkenntnissen und Abhilfeentscheidungen** ist unzureichend. So ist nach der Rechtsprechung der Sozialgerichte die Erfolgsgebühr davon abhängig, dass der Rechtsanwalt eine die normale, geschuldete Anwaltstätigkeit übersteigende Bemühung nachweist. Das ist oft nicht möglich; andererseits ist und bleibt es unverständlich, warum die sorgfältige und zielführende Auseinandersetzung mit dem Sachverhalt, der Aktenlage etc, die durch das gesetzliche Honorar nicht ausreichend entgolten werden, nicht dann, wenn sie zu einer Abhilfe führen, doch entgolten werden sollten. Es sollten deshalb hierfür gesonderte Entgelte vorgesehen und deren Voraussetzungen klar geregelt werden.

56 In zweiter Linie ist die Vereinbarung von **Zeithonoraren** auch im Sozialrecht möglich. Das sollte immer dann vorgezogen werden, wenn absehbar ist, dass der erforderlich werdende Zeitaufwand eine besonders hohe Pauschale erfordern würde. In diesem Fall muss nämlich in Betracht gezogen werden, dass die Rechtsprechung eine erhebliche Überschreitung der gesetzlichen Vergütungspauschale als unangemessen bewerten könnte.

57 Bei einer **durchschnittlichen Vergütung** für das gerichtliche Verfahren bei Vorbefassung von 170 EUR gemäß Nr. 3103 VV wäre dann, wenn etwa im Verfahren neben einer mehrhundertseitigen Verwaltungsakte noch mehrere umfangreiche medizinische Gutachten mit dem Mandanten besprochen, ausgewertet und gegenüber dem Gericht kommentiert werden müssen, bei einem notwendigen Zeitaufwand von sechs Stunden und einem angemessenen Stundensatz von 250 EUR bereits das Neunfache der gesetzlichen Mittelgebühr und das Fünffache der Höchstgebühr erreicht.

58 Fälle solchen Aufwands sind nicht selten, sondern eher der Regelfall. Wenn die Rechtsprechung des Bundesgerichtshofes verfassungsrechtlich nicht haltbar ist, kann die Rechtsprechung doch im Ergebnis bei der Vereinbarung einer Pauschale in Höhe des Vielfachen der Höchstgebühr an das Vorliegen von Unangemessenheit denken. Bei Vereinbarung einer zeitbezogenen Vergütung würden die Bedenken der Rechtsprechung hier nicht bestehen, wenn sich der Aufwand als erforderlich darstellt.

59 Nachstehend wird beispielhaft eine alle Gebühren umfassende **Vergütungsvereinbarung** vorgeschlagen:

1. Auftrag

Der Rechtsanwalt führt für den Auftraggeber den Rechtsstreit gegen die Deutsche Rentenversicherung Bund vor dem Sozialgericht in Dortmund.

2. Vergütungsvereinbarung

Der Rechtsanwalt erhält für seine Tätigkeit eine Pauschale in Höhe des Doppelten der gesetzlichen Höchstgebühr für die Führung des Verfahrens.

Für die Wahrnehmung der mündlichen Verhandlung oder eines Erörterungstermins erhält der Rechtsanwalt zusätzlich ■■■

■■■ eine Pauschale von 250 EUR zuzüglich der Reisekosten, die sich nach dem tatsächlichen Aufwand richten.

■■■ eine Vergütung gemäß dem zeitlichen Aufwand. Die aufgewendete Zeit wird mit 250 EUR je Stunde entgolten. Notwendige Reise- und Wartezeiten gehören zu dem zu entgeltenden zeitlichen Aufwand.

Für den Fall, dass die Deutsche Rentenversicherung Bund im Laufe der Bearbeitung durch den Rechtsanwalt dem Begehren des Auftraggebers ganz oder teilweise nachgibt, erhält der Rechtsanwalt zusätzlich zur vereinbarten Vergütung eine Erledigungsvergütung von weiteren 250 EUR.

III. Erfolgshonorar, § 4 a RVG

Seit Mitte 2008 ist das Erfolgshonorar gesetzlich neu geregelt. Zunächst ist dabei der 60 Begriff des Erfolgshonorares zu klären.

Kein Erfolgshonorar sind die gesetzlich vorgesehenen Erfolgsgebühren und ihre Erhöhungen, insbesondere die Erhöhung der gesetzlichen Gebühr für Vergleich und Erledigung. Wird keine ausgesprochene Erfolgsvereinbarung getroffen, sondern lediglich analog zur gesetzlichen Regelung in den Nummern 1000 ff. VV-RVG eine Vergütung für den Fall der Erledigung oder Einigung vereinbart, handelt es sich gemäß § 49 b Abs. 1 S. 3 BRAO nicht um ein Erfolgshonorar. Die besonderen Voraussetzungen des § 4 a RVG gelten hier nicht. Ob die Erhöhung anderer gesetzlicher Gebühren im Erfolgsfall ein Erfolgshonorar darstellt, ist streitig.

Erfolgshonorare nach § 4 a RVG sind hingegen die Auslobung einer festen Summe für 61 den Erfolgsfall, die Vereinbarung einer Quota litis, gegebenenfalls in Kombination mit einer „no win – no fee"-Regelung.

Die Vereinbarung eines solchen Erfolgshonorars ist nur unter **strengen gesetzlichen** 62 **Vorgaben** zulässig. Es muss sich um eine strenge Einzelfallvereinbarung handeln; jede Erstreckung der Vereinbarung auf weitere Mandanten oder auf weitere Gegenstände ist schädlich. Zudem darf die Vereinbarung nur dann abgeschlossen werden, wenn der Auftraggeber aus wirtschaftlichen Gründen von der Rechtsverfolgung abgehalten würde. Das schließt insbesondere alle Fälle aus, in denen der Mandant Prozesskostenhilfe in Anspruch nehmen könnte.

Notwendiger Inhalt der Vereinbarung sind insbesondere die voraussichtliche gesetz- 63 liche Vergütung, die ohne die Vereinbarung entstehen würde, sowie gegebenenfalls die erfolgsunabhängige Vergütung, die der Rechtsanwalt berechnen würde, also zum Beispiel eine Pauschalgebühr oder eine Zeitvergütung. Weiter sind die mandantenbezogenen Voraussetzungen der Vereinbarung, also die besondere Situation, die zu der Notwendigkeit der Vereinbarung geführt hat, zu dokumentieren. Schließlich sind noch die wesentlichen Gründe für die Bemessung des Honorars, wie zum Beispiel der Grad der Erfolgsaussichten, zu nennen. Zuletzt muss noch der Hinweis, dass der Rechtsanwalt Gerichtskosten, Verwaltungskosten und die dem Gegner zu erstattenden Kosten nicht übernimmt und nicht übernehmen darf, aufgenommen werden.

Neben diesen gesetzlichen Vorgaben ist es empfehlenswert, die Definition des Erfolgs, 64 die Folgen des Teilerfolgs sowie gegebenenfalls den Abschlag auf die Vergütung bei Misserfolg ebenso in die Vereinbarung aufzunehmen wie die Tatsachen, die der Einschätzung von Kosten, Erfolgsaussichten etc zu Grunde liegen.

Wenn eine Minderung der Vergütung im Falle des Misserfolgs vereinbart wird, muss eine entsprechende Erhöhung der Erfolgsvergütung vereinbart werden. Wann eine solche Entsprechung gegeben sein soll, ist völlig ungeklärt.

Es zeigt sich hier, wie wenig praktikabel Erfolgshonorarvereinbarungen sind.

Fraglich ist auch, ob es besondere, sozialrechtliche Grenzen der Vereinbarung von Erfolgshonoraren gibt.

65 Bei sozialrechtlichen Rechtsstreiten, die auf den Gegenstandswert bezogen abzurechnen sind, gibt es sicher keine Besonderheiten. Die Klientel der Rechtsanwaltschaft in diesem Bereich ist nicht besonders schutzwürdig. Darüber hinaus sind **Erfolgshonorarvereinbarungen** grundsätzlich aber bei sozialrechtlichen Rechtsstreiten, in denen nach Betragsrahmengebühren abgerechnet wird, denkbar. Allerdings ist angesichts der im Regelfall unangemessen niedrigen gesetzlichen Vergütung nach Betragsrahmengebühren und dem Fehlen von Gerichtsgebühren kaum denkbar, dass der Mandant ohne die Vereinbarung eines Erfolgshonorars aus wirtschaftlichen Gründen grundsätzlich von der Rechtsverfolgung abgehalten werden würde.

Denkbar ist allenfalls, dass der konkret beauftragte Rechtsanwalt nicht bereit ist, zu gesetzlichen Gebühren tätig zu werden, der Mandant auch die Vertretung durch gerade diesen Rechtsanwalt wünscht, jedoch zur Leistung der angemessenen, vertraglich zu vereinbarenden Gebühr nicht bereit oder in der Lage ist und deshalb die Erfolgshonorarvereinbarung getroffen werden soll. In diesem Fall bestünden keine Bedenken gegen den Abschluss einer Erfolgshonorarvereinbarung.

66 Problematisch erscheint im Sozialrecht aber die Vereinbarung des **Erfolgshonorars** in Form einer Beteiligung am Ergebnis (quota litis), soweit es um **Sozialversicherungsleistungen** geht, die entweder der Absicherung des Lebensunterhalts, der gesundheitlichen Versorgung oder des Alters dienen. Inwieweit hier wegen der Beeinträchtigung der sozialen Funktion des Sozialstaats eine Sittenwidrigkeit der Vereinbarung vorliegen kann, wird die Rechtsprechung zu entscheiden haben.

67 Aber auch ein Erfolgshonorar in anderer Form als der quota litis kann in sozialversicherungsrechtlichen Angelegenheiten bedenklich sein. Das Sozialrecht dient durchweg der Absicherung der Bevölkerung in seinen Grundbedürfnissen. Eine Einschränkung dieser Leistungsgewährung beeinträchtigt die soziale Funktion des Staates.

Der Gesetzgeber hat zudem die Regelungen zum Erfolgshonorar zum Schutz der Rechtsuchenden bewusst als **Verbot mit Ausnahmevorbehalt** ausgestaltet. Es ist deshalb zu erwarten, dass im Sozialrecht an die Begründung der besonderen Umstände, die zur Vereinbarung des Erfolgshonorars erforderlich sind, weitaus höhere Ansprüche gestellt werden müssen, als es in anderen Rechtsgebieten der Fall ist.

68 Angesichts dieser Unsicherheit ist bei der Vereinbarung von Erfolgshonoraren im sozialrechtlichen Bereich mit großer Sensibilität und Vorsicht zu verfahren.

69 Die **Folge einer unwirksamen Erfolgshonorarvereinbarung** ist, dass die gesetzlichen Vergütungsansprüche wieder aufleben. Hat der Mandant gezahlt, gilt das Recht der ungerechtfertigten Bereicherung.

IV. Kostenerstattung durch Dritte

Ist der Rechtsanwalt im Wege der **Prozesskostenhilfe** beigeordnet worden, ist gemäß 70 § 3 a Abs. 3 RVG eine Vergütungsvereinbarung unwirksam; dasselbe gilt gemäß § 8 BerHG für Fälle der **Beratungshilfe**. Das gilt insbesondere auch für das Sozialrecht.

Bei Bestehen einer **Rechtsschutzversicherung** sind Vergütungsvereinbarungen mit dem 71 Mandanten ohne Weiteres zulässig. Sie binden die Rechtsschutzversicherung jedoch nicht, so dass hier gegenüber dem Mandanten klare Verhältnisse geschaffen werden müssen. Problematisch wird hier sein, eine Akzeptanz bei dem Mandanten zu wecken, zumal der Rechtsanwalt verpflichtet ist, den Mandanten auf die mangelnde Erstattungsmöglichkeit hinzuweisen. Wenn sich der Mandant dennoch zum Abschluss einer Vergütungsvereinbarung bewegen lässt, sollte schriftlich genau festgehalten werden, wie die Anrechnung der vom Rechtsschutzversicherer erstatteten gesetzlichen Vergütung erfolgt. Der Hinweis auf die Differenz zwischen den zu erstattenden Kosten und der vereinbarten Vergütung sollte so transparent wie möglich gestaltet werden.

Bei rechtsschutzversicherten Mandanten sollte zudem nicht vergessen werden, dass 72 das **Herstellen der Deckung** als gesonderte Angelegenheit abrechenbar ist und auch deshalb einer Vergütungsvereinbarung zugänglich ist. Gerade im sozialrechtlichen Bereich sollte dann, wenn der Mandant wegen des Bestehens einer Rechtschutzversicherung einer Vergütungsvereinbarung nicht zugänglich ist, jedenfalls auf diese Vergütung nicht verzichtet werden.

Stichwortverzeichnis

Fette Zahlen bezeichnen die Paragrafen, magere die Randnummern.